XINRAN

Baguettes chinoises

Traduit du chinois
par Prune Cornet

Éditions
Philippe Picquier

DU MÊME AUTEUR
AUX ÉDITIONS PHILIPPE PICQUIER

Chinoises

Funérailles célestes

Mémoire de Chine

Messages de mères inconnues

La traductrice tient à remercier de tout cœur Catherine Cornet et Marie-Louise Le Guern pour leur aide précieuse.

Titre original : *Kuaizi guniang*

Mas de Vert
B.P. 20150
13631 Arles cedex

www.editions-picquier.fr

En couverture : © Photolibrary

Conception graphique : Picquier & Protière

Mise en page : Ad litteram, M.-C. Raguin – Pourrières (Var)

ISBN : 978-2-8097-0230-9
ISSN : 1251-6007

Sommaire

Notes sur les noms chinois

En chinois, le nom de famille précède toujours le prénom. Prenons, par exemple, le nom de *Li Zhongguo* qui est dans ce récit le fils aîné de la famille Li. *Zhongguo* correspond à la façon d'écrire en pinyin (transcription phonétique en alphabet latin) les deux caractères qui forment le prénom de Monsieur Li.

Mais, compte tenu du fait qu'en chinois de nombreux caractères sont homophones, il est important de préciser desquels on parle. Ainsi 忠 (*zhong*), qui signifie « loyauté », se prononce exactement de la même façon que 中 qui désigne le « milieu ». C'est la raison pour laquelle, quand ils se présentent, les Chinois donnent systématiquement la signification des caractères qui composent leur nom afin d'éviter la moindre confusion. Ainsi, au chapitre 11 de ce livre, lorsque le policier qui interroge Li Zhongjia (frère cadet de Li Zhongguo) doit écrire son nom, il lui demande : « *Li* comme prunier ? *Zhong* comme loyauté ? *Jia* comme famille ? »

L'affaire se complique encore quand on sait qu'en général les Chinois portent chez eux un nom qui diffère de celui qui figure sur les documents officiels. C'est pourquoi, au chapitre 3, les responsables qui accueillent Cinq dans leur centre thermal, croyant qu'il s'agit d'un surnom, sont si surpris d'apprendre qu'elle n'a pas d'autre nom.

A Panpan
mon fils,
mon meilleur ami,
le moteur qui alimente mon cœur de mère

Prologue

Avant d'émigrer en Angleterre en 1997, j'animais une émission de radio à Nankin intitulée *Mots sur la brise nocturne*. Il s'agissait de recueillir les confidences des femmes puis de débattre à l'antenne de leurs problèmes. Toujours en quête de nouveaux sujets pour mon programme, je voyageais souvent aux quatre coins de la Chine. Dans un petit village au nord de la province du Shanxi, j'avais entendu dire qu'une femme s'était suicidée en avalant un pesticide parce qu'elle n'arrivait pas à donner naissance à un garçon ou, comme le disent les Chinois, à « pondre un œuf ». Apprenant que personne ne voulait se rendre à son enterrement, j'ai interrogé son mari pour savoir ce qu'il ressentait. « On ne peut pas leur en vouloir, m'a-t-il dit sans le moindre ressentiment, ils ne veulent pas attraper la poisse. Et puis, c'est sa faute à elle si elle n'a su mettre au monde qu'une poignée de *baguettes* et aucune *poutre* ! » J'ai été profondément choquée par cette façon de désigner les filles et les garçons. Je n'en avais jamais entendu parler jusqu'à ce jour mais cela semblait traduire parfaitement la façon dont les Chinois appréhendent la différence entre les hommes et les femmes. Ainsi, tandis que les hommes qui subviennent aux besoins de la famille sont considérés comme les piliers sur lesquels repose le toit du foyer, les femmes, elles, sont de simples outils de travail, de fragiles ustensiles dont on se sert tous les jours, puis qu'on jette. Cette image m'a emplie de chagrin et d'amertume, mais tandis que je réfléchissais à ce que venait de me dire cet homme, j'ai entendu la voix d'une de ses filles s'élever derrière moi : « Je vais leur montrer, moi, à tous ces villageois, qui est une *baguette* et qui est une *poutre* ! »

En tant que journaliste, j'ai fait la connaissance de beaucoup de baguettes dans ces villages pauvres, et toutes vivaient le même calvaire au sein de mariages arrangés. Au début, je ne les rencontrais que lorsque je me rendais à la campagne. Mais lorsque la Chine a entrepris de réformer son économie dans les années 1980 et que les paysans ont été autorisés à quitter leur campagne pour aller chercher du travail, les baguettes ont déferlé en ville. Elles y étaient serveuses ou femmes de ménage dans les restaurants, les magasins et les hôtels. Les citadins les regardaient souvent d'un mauvais œil ou les ignoraient comme si elles n'existaient pas. Moi, au contraire, j'essayais d'aller à leur rencontre pour connaître leur histoire.

Lorsque je suis arrivée à Londres, j'ai beaucoup pensé à elles. En effet, pour survivre les premiers temps en Angleterre, j'ai travaillé pendant une courte période comme serveuse et femme de ménage dans un magasin. Le regard de ces Occidentaux me traversait, probablement comme le regard des citadins traversait ces pauvres baguettes en Chine... Et j'ai compris ce à quoi devait ressembler leur vie. Leur confiance en elles et leur détermination qui les poussaient à trouver leur place et à s'imposer loin de chez elles et de leurs familles m'ont portée et inspirée. Comme je l'ai dit, cette période de ma vie fut brève, car ensuite j'ai enseigné et publié mon premier roman, *Chinoises*. Depuis, je suis souvent retournée en Chine et j'ai observé les extraordinaires changements qui la transforment tandis qu'elle entre dans le XXIe siècle. A chacun de mes voyages, je vois des centaines de baguettes s'inscrire dans la nouvelle structure qui porte la Chine, tandis que ce pays, fermé à ses voisins pendant si longtemps, s'affirme de plus en plus comme pièce essentielle de l'armature qui soutient le monde.

Pendant très longtemps j'ai souhaité coucher sur le papier les histoires des filles que j'avais rencontrées. J'avais le sentiment que si je ne témoignais pas de ce que j'avais vu, je le regretterais profondément. Parmi toutes les jeunes femmes qui se sont confiées à moi, il y en a trois qui sont particulièrement chères à mon cœur et dont les histoires parlent pour beaucoup d'autres. Pour protéger leurs identités, je les présente dans mon livre comme trois sœurs travaillant à Nankin. En réalité, elles ne sont pas apparentées et j'ai rencontré l'une d'elles à Shanghai.

J'ai eu grand plaisir à écrire sur Nankin, ma ville préférée en Chine. D'importance majeure dans l'histoire chinoise et située sur le cours inférieur du Yangzi, elle fut choisie par six dynasties comme capitale et par Sun Yat-sen également, quand il devint président provisoire de la République de Chine fondée le 29 décembre 1911. Les vestiges qui témoignent de sa longue histoire sont multiples : le superbe temple de Confucius sur les rives de la rivière Qinhuai et l'imposant mur d'enceinte érigé entre 1366 et 1386 par l'empereur Zhu Yuanzhang qui fonda la dynastie des Ming. Bien qu'il s'agisse de la plus ancienne au monde, cette solide muraille fut construite avec tant d'ingéniosité qu'elle se dresse encore aujourd'hui, presque indemne. Il va de soi que le Nankin moderne s'est étendu bien au-delà de ses anciennes frontières, et des treize portes qui existaient à l'origine, il n'en reste plus que deux. Mais lorsqu'on marche sur les remparts, comme j'aimais le faire quand je vivais et travaillais dans cette ville, on peut voir en contrebas les arbres centenaires qui bordent les anciennes douves et replonger dans le passé. Nankin est connue pour ses fleurs de prunier et, au printemps, j'adorais regarder les premiers boutons roses s'ouvrir et se détacher sur le vert foncé des cèdres. A l'extérieur du mur d'enceinte, des parcs sont apparus où, tout au long du jour, des promeneurs se succèdent pour se reposer dans la verdure. Le matin, les personnes âgées viennent y faire de l'exercice ou jouer aux échecs ; plus tard dans la journée, les femmes s'y retrouvent pour bavarder, faire leurs travaux de couture et préparer les légumes ; et en début de soirée, les hommes enfin y font une halte, en revenant du travail, jusqu'à ce que leurs femmes ou enfants les rappellent à la maison pour le dîner.

En 2002, je suis retournée en pèlerinage dans un de mes coins favoris, la portion de muraille située au sud de la ville. J'ai été stupéfaite de voir à quel point elle avait changé. Des centaines d'immeubles étaient sortis de terre au-delà des remparts, comme autant de pousses de bambou après la pluie, et une avenue commerçante était née. L'endroit est parfait, ai-je pensé, c'est là, près de la porte Zhonghuamen qui depuis six cents ans traverse les épreuves du temps et a été témoin de tant de joies et de peines, que doit débuter l'histoire de mes baguettes !

1

Sous le grand saule

Près des anciennes douves de Nankin, se trouve un vieux saule majestueux très apprécié des résidents voisins. A l'ombre de ses branches, les hommes jouent aux échecs, les femmes épluchent leurs légumes et se distraient en papotant. De temps à autre, elles jettent un coup d'œil au-delà des douves, au mur d'enceinte décrépit dont la porte magistrale remonte à l'époque des Ming. Aujourd'hui, il n'est plus si facile de repérer le saule dans le tohu-bohu : le marché local, qui propose aussi bien des fruits et des légumes que des animaux et des vélos, est devenu si populaire que les foules s'y pressent dans les ruelles autour des éventaires et dans les boutiques. Une nouvelle agence pour l'emploi s'y est installée, qui attire des queues de migrants pressés de prendre part au boom chinois.

Cela n'avait pas toujours été comme ça. A la fin des années quatre-vingt-dix, les venelles proches de l'ancienne porte sud étaient beaucoup plus calmes. Peu de gens avaient une voiture, le périphérique n'existait pas encore, et si vous vouliez vous rendre rapidement quelque part, il fallait endurer une course cahotante qui vous secouait les osselets dans un taxi de fortune, un de ces tracteurs à trois roues produits à grande échelle pour l'agriculture. Pourtant, même à cette époque, la circulation devait paraître invraisemblable à tout nouvel arrivant des campagnes. Pour ceux-là, qui n'avaient jamais vu de voitures, de tours, de téléphones, et qui pour la plupart étaient illettrés, la ville avec sa muraille d'enceinte offrait une perspective imposante, voire effrayante. Heureusement pour eux, les hommes et les femmes rassemblés autour du grand saule se montraient toujours très affables envers les étrangers, toujours prêts à les tuyauter auprès de leurs amis ou relations pour leur trouver un travail. Peu à peu, le grand saule devint le lieu incontournable pour qui cherchait un emploi, et le marché adjacent prit de l'ampleur… au bonheur du gouvernement local, ravi de percevoir les loyers du nombre croissant de nouveaux commerçants, mais au grand dam des résidents, gênés par le tumulte croissant et la saleté.

Cette histoire débute en 2001, le marché était alors de taille raisonnable, et si les habitués du grand saule se démenaient volontiers pour trouver du travail aux nécessiteux, ils n'étaient pas encore débordés par l'ampleur de la tâche. Tout commence un frais matin de février, à l'arrivée d'une jeune fille du nom de San, « Trois » en chinois. Plantée là, à côté du grand saule, elle était abasourdie par ce tourbillon de gens tout autour d'elle. La pauvre fille s'était enfuie de chez elle car ses parents projetaient de la marier au fils infirme d'un potentat local. Elle avait eu de la chance : son Deuxième Oncle, ému par sa détresse, avait accepté de l'aider à quitter son village de l'Anhui. Il travaillait sur les chantiers de construction de Zhuhai, une ville florissante sur la côte sud-est de la Chine, et ne revenait au village qu'au Nouvel An pour célébrer la fête du Printemps. Dès son retour, cette année-là, il avait compris le triste sort réservé à Trois et lui avait promis en secret de l'emmener quand il repartirait à la fin des vacances.

Deuxième Oncle était le frère cadet de la famille Li, le père de Trois était l'aîné. Les deux frères, poursuivis tous deux par la même guigne, n'avaient pour progéniture que des filles. Ainsi, Trois était la troisième fille d'une fratrie de six. Son père, très déçu de ne pas avoir eu de fils, n'avait jamais pris la peine de donner de véritables noms à ses filles : elles devaient se contenter du numéro correspondant à leur ordre d'arrivée.

C'était bien joli d'aider Trois à s'enfuir, encore fallait-il ensuite s'en occuper. Deuxième Oncle s'était creusé la cervelle et s'était souvenu de son ami de Nankin, Gousheng. Migrant comme lui, il travaillait sur le même chantier. Deuxième Oncle passait souvent la nuit chez lui, à Nankin, pour couper le long voyage qui séparait Zhuhai de l'Anhui. Sa femme, chaleureuse et courageuse, vendait du tofu dans une petite gargote ; elle serait la personne idéale pour prodiguer d'excellents conseils à Trois.

Ce que Deuxième Oncle ignorait – et qui s'avérerait très utile par la suite –, c'est que la femme de Gousheng faisait partie des marchands les plus connus du quartier et que son échoppe se situait tout près du grand saule. Tous l'appelaient « Dame Tofu » et s'amusaient à raconter que son caractère était plus piquant que son huile pimentée, et que sa voix portait bien au-delà de son petit boui-boui.

Heureuse coïncidence, il se trouve que Dame Tofu avait elle aussi, en son temps, refusé d'épouser l'homme que lui destinaient ses parents. Au début des années quatre-vingt-dix, elle avait donc choisi de se faire la belle avec son amoureux, Gousheng, plutôt que d'épouser le fils de la famille voisine et de servir de monnaie d'échange contre une femme pour son grand frère. Elle avait réussi à convaincre Gousheng de fuir le plus loin possible. Ils avaient pris le bus jusqu'au terminus, Xuzhou, la plus lointaine destination joignable à partir de leur gare routière. Mais à l'idée que leurs parents puissent encore les débusquer, ils avaient serré les dents et allongé quelques dizaines de yuans supplémentaires pour acheter des billets de train et filer le plus loin possible au sud : Nankin. C'est là que leurs rêves avaient dû céder le pas à la réalité. Il leur restait tout juste de quoi passer trois nuits dans l'une des auberges les plus modestes de la ville, après quoi ils seraient sans le sou. Ainsi, le deuxième jour, Gousheng avait rejoint un groupe d'ouvriers en partance pour le Grand Sud, tandis que Dame Tofu, elle, s'était dégoté un petit boulot dans une minuscule échoppe où l'on vendait des beignets de tofu puant à emporter, une spécialité incontournable de Nankin.

A partir de là, ils n'avaient pas eu la vie facile. Gousheng ne revenait à Nankin que lors de ses congés de Nouvel An, quand tous les migrants remontaient passer un mois chez eux. Mais même pendant cette période, le couple n'avait pas pu vivre sa relation au grand jour : sans l'autorisation de leur village, ils ne pouvaient obtenir un certificat de mariage et toute cohabitation était encore illégale. Quand on leur réclamait le fameux certificat, alors qu'ils s'efforçaient de dénicher quelqu'un capable de leur en fournir un faux, ils déclaraient l'avoir perdu et être sur le point d'en recevoir un autre. Au bout de quelques années, ils avaient réussi à économiser une coquette petite somme : juste assez pour que Dame Tofu puisse suborner la police de Nankin et obtenir enfin l'autorisation de se marier et de s'établir à son compte.

Elle installa son échoppe, grande comme un mouchoir de poche, dans une ruelle située à deux pas du grand saule. Echoppe était encore un bien grand mot pour ce qui ressemblait davantage à un appentis de tôles rouillées assemblées de guingois, et dont la devanture était ouverte à tous vents. Pour toute richesse, elle y disposait d'un wok, d'un bidon d'essence transformé en poêle à charbon, d'un bureau d'écolier sorti d'on ne sait où, recouvert de formules mathématiques, et d'un banc confortable pour une personne, un peu juste pour deux. Enfin, ajoutez à cela une petite bouteille d'huile pimentée, une autre de sauce de soja et quelques paires de baguettes jetables bon marché, et le tour était joué.

Les plaisanteries sur Dame Tofu allaient bon train. Les gens du coin disaient que son mètre soixante-dix était plus célèbre que ses beignets mais reconnaissaient que la chaleur de son cœur était bien plus ardente que celle desdits beignets au sortir du wok. Elle nourrissait à l'œil les petits gloutons du quartier : s'enrichir n'était pas son premier souci, elle tenait avant tout à sa réputation. Ce qu'elle abhorrait par-dessus tout, c'était de voir les filles de la campagne se faire malmener. Dès que l'une d'entre elles arrivait à son échoppe et demandait son chemin jusqu'au grand saule pour trouver du travail, Dame Tofu la forçait à avaler plusieurs brochettes de tofu puant avant de se remettre en route, sans se soucier de savoir si la « gâterie » était à son goût. On raconte que, fortes de cette expérience, les jeunes femmes qui revenaient la voir se munissaient d'un *mantou*, petit pain cuit à la vapeur, ou d'une galette, afin d'éviter le supplice de ces égards : ce tofu dont l'odeur empestait à plusieurs kilomètres à la ronde... Mais ces deux dernières années, comme le marché du grand saule s'était considérablement étendu et que plusieurs centaines de paysans y affluaient désormais chaque jour, elle avait dû cesser d'en gratifier les nouveaux arrivants. Pourtant, sa renommée n'avait cessé de croître et, près des douves au sud de la ville, pas une âme ne pouvait ignorer qui était Dame Tofu.

Trois fut l'une des dernières victimes du fétide « cadeau de bienvenue ». Mais étant affamée ce matin-là, comme Deuxième Oncle, elle s'était régalée de ce festin. Dès qu'ils furent rassasiés, Dame Tofu recouvrit son feu et fit signe qu'elle s'absentait au propriétaire du stand voisin qui vendait des petits-déjeuners. Sans même quitter son tablier, elle embarqua Trois avec elle sous le grand saule pour demander à ses amis, joueurs d'échecs, de faire appel à leurs relations afin d'aider la jeune fille à s'en sortir. A leur arrivée, elles les trouvèrent en pleine querelle : cramoisis jusqu'aux oreilles, ils menaient un débat houleux pour désigner le vainqueur, tandis qu'à côté d'eux quelques vieilles femmes choisissaient des légumes en caquetant. La voix criarde de Dame Tofu rétablit aussitôt le calme et mit un terme au chahut des vieillards :

« Hé ! Messieurs, arrêtez donc de vous chamailler avec vos échecs et venez plutôt faire une bonne action en sauvant quelqu'un du naufrage. »

A ces mots, ils répondirent tour à tour :

« Dame Tofu ! Et qui est donc cette donzelle aux abois pour laquelle tu pars en croisade aujourd'hui ?

— A ce rythme-là, autant faire entremetteuse, fermer ta gargote et ouvrir à la place une agence pour l'emploi des jeunes campagnardes ! Tu pourrais l'appeler “Centre international pour l'intégration ville-campagne” !

— Ouais, c'est vrai ça. Dans six mois, les moindres recoins de notre ruelle seront couverts d'enseignes de sociétés à capitaux mixtes, internationales, mondiales, il ne manquera plus que les Nations Unies pour compléter le tableau. Le gouvernement s'époumone à promouvoir l'internationalisation, il n'a qu'à venir voir ici, c'est chose faite ! »

Ces mots déclenchèrent l'hilarité générale, et tous ceux qui se trouvaient sous l'arbre s'esclaffèrent. Mais ces railleries n'importunaient plus Dame Tofu. Philosophe, elle estimait que tous ces gens qui n'avaient pas les moyens de se cultiver pouvaient bien se distraire un peu en cancanant, car sinon ils mourraient d'ennui. C'est donc avec grand plaisir qu'elle entretenait ses talents relationnels :

« Oncle Gao, comme vous y allez ! Vous, le plus sage et le plus expérimenté d'entre nous, vous dites déjà que notre communauté du saule s'internationalise ! Seriez-vous visionnaire ? Et vous, Monsieur Guan Buyu, aux dires de tous, vous êtes capable d'assister à toute une partie d'échecs sans piper mot, un vrai gentilhomme ! Mais ce n'est peut-être pas ce qui vous amuse. Je me trompe ?

— En effet, je…

— Ah, j'en étais sûre ! Tout le monde joue aux échecs mais vous, ce qui vous plaît, c'est de manipuler les gens comme des pions. Et pour cela il faut de l'éloquence, n'est-ce pas ?

— Qui aurait pu imaginer que notre Dame Tofu deviendrait si douée en rhétorique ? Dès qu'elle ouvre la bouche, ce n'est plus que logique et philosophie.

— Mais c'est grâce à vous si j'ai fait tant de progrès. L'ombre que nous procure notre grand saule est une école à ciel ouvert qui nous réunit tous. Xiao Fang a bien été capable d'obtenir un poste important dans un grand magasin, alors qui dit que ma nouvelle recrue ne va pas accomplir, elle aussi, de grandes choses ? Monsieur Guan, n'est-ce pas vous qui dites souvent : "Il n'y a pas un instant à perdre quand on peut sauver une vie car la gratitude est éternelle" ? Alors si c'est le cas, dépêchez-vous de trouver une idée pour Trois, elle a atterri dans notre ville par hasard et ne connaît personne ici. Elle est venue s'y réfugier pour fuir une situation difficile, mais vous savez bien que les filles de la campagne sont tout aussi vivaces et robustes que ces plantes qui fendent la caillasse pour survivre.

— Dame Tofu, calmez-vous. Comme le dit le proverbe, il faut réfléchir avant d'agir. Il ne faut pas caser la gamine n'importe où et s'en laver les mains après.

— Justement, arrêtez de prendre les choses à la légère et de tourner autour du pot. Cessez de bavasser, de parader et venez-en au fait. Si vous avez une solution, faites-la entendre, sinon réfléchissez. Plus vite nous pourrons congédier Dame Tofu, plus vite nous pourrons reprendre les hostilités ! Nous n'allons quand même pas abandonner une partie en plein milieu. »

A ces mots, les suggestions fusèrent :

« Il paraît que Ma Dahao vient d'ouvrir un Centre international d'équipement pour la maison. Peut-être recherchent-ils du monde ?

— Réfléchis un peu. Il faut être fort comme un colosse pour transporter ces matériaux ; je ne doute pas que cette gamine soit solide, mais avec son mètre cinquante-huit à tout casser, elle n'a pas la carrure pour ce boulot.

— Et du côté du restaurant de raviolis *La Bonne Fortune* ? Oncle Wang, vous qui êtes leur voisin, pourquoi ne pas lui donner un petit coup de pouce pour l'y faire entrer ?

— Hors de question ! A l'évidence, cette gamine n'a jamais mangé autre chose que de la farine de patate douce et du riz, et vous croyez qu'elle serait douée pour faire des raviolis ? Le patron de *La Bonne Fortune* cherche des menottes capables d'en fabriquer au moins trente à la minute, je ne peux pas me permettre de le tromper en faisant passer un cheval de trait pour un cheval de course.

Monsieur Guan entra alors dans la conversation :

— Petite Sœur, lui dit-il d'un ton très amène, dis-nous plutôt quel travail serait à la taille de tes petites mains agiles et peut-être serons-nous alors plus à même de trouver une idée.

— Quelle anguille, dites-vous ? L'anguille jaune des rizières, celle-là ? Ma mère dit que les meilleures sont celles de la taille d'un stylo ; plus grandes, elles sont trop vieilles, plus petites, il n'y a rien à manger… Mais de quelle taille parlez-vous au juste ? » Trois se mordait les doigts de ne rien comprendre au jargon de ces gens de la ville.

Sa réplique déclencha un tonnerre d'éclats de rire. Dame Tofu posa son bras sur les épaules de Trois et tout en protégeant son oreille de l'autre main, elle lui murmura :

« *Agile* n'a rien à voir avec *anguille*, c'est juste un mot un peu élaboré qui signifie “bien se débrouiller”. En fait, il voulait savoir ce que tu sais faire. »

Trois vira à l'écarlate. Elle se remémora les conseils que lui avait prodigués Deuxième Oncle concernant le langage des citadins. Ils ne s'expriment jamais de façon grossière, lui avait-il dit, sans pour autant être plus explicite sur le langage en question.

« Il paraît que je suis douée pour présenter les légumes. Ma mère dit toujours que je sais très bien les choisir et les arranger dans son panier quand elle va au marché. Elle dit aussi que ma façon de les disposer à l'étalage attire les regards et lui permet d'en tirer un bon prix. Je peux aussi m'occuper d'enfants, c'est moi qui ai pris soin de mes trois petites sœurs. »

Quelqu'un lui coupa aussitôt la parole :

« Tu es née la troisième et tu as encore trois petites sœurs derrière toi ?

— Oui, mon père reproche toujours à ma mère de n'avoir su mettre au monde que des baguettes les unes après les autres.

— Mais qu'est-ce que tu racontes ? Mettre au monde des baguettes ? Quelles baguettes ? » Plusieurs voix s'élevèrent en chœur.

« Dans mon village, c'est comme ça qu'on appelle les filles, des baguettes. Les garçons, eux, ce sont des poutres. Ils disent que les filles ne servent à rien et que ce n'est pas avec des baguettes qu'on peut soutenir un toit. »

Trois ne cessait de regarder Deuxième Oncle, terrifiée à l'idée de dire une bêtise.

« Mais alors… il n'y a pas de planning familial ? Personne n'est chargé de faire appliquer la politique de l'enfant unique dans votre campagne ?

— Ça… j'en sais trop rien.

— Personne ne s'occupe de vous dans votre brigade de production ? »

Intrigués par le fait que sa famille ait pu avoir six enfants en toute impunité, ils ne s'intéressaient plus à son histoire de baguettes.

« Il paraît qu'à la campagne on punit les familles qui ont un deuxième enfant en saccageant leur mobilier et en détruisant leur maison. Comment se fait-il que la brigade de production ne s'en soit pas prise à vous ?

— Je ne sais pas, c'est Troisième et Quatrième Oncle qui dirigent la brigade, mais je ne les ai jamais vus casser des trucs chez les gens ni démolir des maisons.

— C'est donc ça. Mais alors, si les membres de ta famille sont si influents, pourquoi es-tu partie chercher du boulot ailleurs ?

— Je… »

Trois ne savait plus quoi dire, Dame Tofu vint à sa rescousse.

« Bon sang ! Laissez cette pauvre gamine tranquille ! Elle est partie de chez elle pour gagner sa vie et vous l'embêtez avec toutes vos questions. Bon, je vais tout vous expliquer : elle aussi s'est enfuie pour échapper à un mariage, ses deux oncles qui se conduisent en tyrans dans leur village sont capables des pires vilenies. Non contents de mystifier leur monde et d'ignorer les directives de la politique de contrôle des naissances, ils ont aussi voulu s'attirer les faveurs du chef du district en la mariant de force avec son fils infirme. Quant à sa grande sœur, à tout juste dix-sept ans, elle a dû épouser l'oncle du chef du canton, un barbon veuf de plus de cinquante ans... Tout ça m'écœure à la fin ! Que toutes ces jouvencelles soient les jouets de ces salopards, sous prétexte qu'ils ont le pouvoir et l'argent, ça me révulse ! »

Ce cri d'indignation poussé par Dame Tofu fut suivi d'un silence compatissant.

Trois, perplexe, ne comprenait pas pourquoi plus personne ne disait rien. Dans son village, pas une femme n'aurait osé s'en prendre de façon si virulente à des dirigeants, ni même à des hommes ordinaires ; et en tout cas, pas un homme n'aurait prêté la moindre attention aux discours et aux théories d'une femme, comme le faisaient ici les joueurs d'échecs avec Dame Tofu. Tout était donc bien différent en ville, et Deuxième Oncle n'avait pas menti quand il disait qu'ici les femmes avaient le cran de s'adresser aux hommes avec aplomb et la tête haute.

« Alors, fillette, tu disais que tu étais douée pour présenter les légumes ? Viens donc par ici et arrange-moi ça, montre-nous ce que tu sais faire ! » Une femme vêtue d'une veste chinoise couleur encre de Chine lui mit sous le nez le panier de petits légumes qu'elle avait en main.

Trois jeta un œil à Dame Tofu qui l'encouragea du regard, puis elle se mit à genoux et s'affaira autour des légumes, le geste prompt. En raison des grandes différences de température entre les nuits froides et les journées ensoleillées, les feuilles de ces jeunes pousses arboraient des couleurs et des tailles variées. Tous furent fascinés par le spectacle : en un rien de temps, Trois retira les feuilles jaunies ou desséchées et fit plusieurs petits tas selon la taille et la grosseur des légumes. Enfin, elle disposa le tout en forme de fleurs. En moins de deux minutes, le méli-mélo de petits légumes, en vrac dans le panier, se transforma comme par magie : certains formèrent des choux ou des fleurs à cœur blanc et corolle verte, d'autres furent déployés en éventail. Mais la plus époustouflante des compositions fut un petit arbre de légumes, un vrai bonsaï ! Ils en restèrent bouche bée.

Après une longue apnée, Dame Tofu reprit une profonde inspiration et dans un cri jubilatoire s'exclama :

« Incroyable, c'est une artiste ! Un phénix sorti d'une basse-cour ! Dommage que le tofu ne se présente qu'en brochettes, si on pouvait en faire des fleurs, j'aurais bien mis son art à profit dans ma gargote pour devenir riche.

— Jeune demoiselle, si Dame Tofu est d'accord, permets-moi de t'emmener avec moi. Mon petit frère vient d'ouvrir un restaurant et pour attirer les clients, avec ce don-là, tu feras merveille. »

La proposition émanait de Monsieur Guan, Dame Tofu enchaîna aussitôt :

« Merci, Monsieur Guan ! Vous faites honneur à votre réputation de fin stratège. Quand vous rencontrez quelqu'un, vous distinguez d'un coup d'œil le pion du roi. Mais je vous préviens : si vous osez malmener ce petit prodige, vous aurez affaire à moi et à mon wok !

— Rassurez-vous, Dame Tofu. Ma belle-sœur est comme vous, elle est toujours prête à défendre la cause des jeunes campagnardes outragées. Mademoiselle Trois n'a rien à craindre. »

Et c'est ainsi que Trois commença à travailler à *L'Imbécile heureux*, le restaurant du petit frère de Guan Buyu. Au printemps suivant, après une année de labeur, elle retourna dans son village pour les fêtes du Nouvel An. Durant cette année-là, elle avait souvent profité de ses jours de congé pour se rendre sous le grand saule et remercier les âmes charitables qui l'avaient mise sur le chemin ensoleillé qu'elle suivait à présent. Elle se rappelait les paroles de sa mère : « Si une personne te sauve la vie avec une gorgée d'eau, il te faudra lui creuser un puits pour la remercier. » Ce qu'elle avait gagné ce jour-là, sous cet arbre, c'était bien plus qu'un travail. Trois s'était métamorphosée : de chrysalide elle était devenue papillon, de simple pousse elle s'était épanouie en fleur, toujours un peu plus loin de la boue et de la terre, elle s'était peu à peu rapprochée du ciel.

2

Nouvelle année, nouvelle vie

Trois avait beau être comblée, sa mère et son village lui manquaient. Avant de trouver le courage de rentrer chez elle, elle passa de nombreuses nuits blanches à chercher le moyen d'échapper à tous les coups de bambou que son père devait lui réserver pour la punir de son escapade. Ce fut Wang Tong, la gérante de *L'Imbécile heureux*, qui lui suggéra une solution : pourquoi ne pas aller chercher de l'aide auprès de ses amis, les joueurs d'échecs et les éplucheuses de légumes, et leur demander de poser avec elle sur une photo ? Deuxième Oncle, qui rentrait avant elle au village, montrerait la photo à ses parents et leur raconterait que tous ces gens autour d'elle étaient des officiels de haut rang – bien plus importants que le chef du district – et qu'ils lui avaient prêté main-forte à son arrivée. Aux dires de Deuxième Oncle, le stratagème avait fonctionné à merveille. Il oubliait cependant d'avouer que tous ne s'y étaient pas laissé prendre… Dès son retour au village, il avait vu le père de Trois foncer sur lui, furibond, brandissant son fourneau de pipe, l'accusant d'avoir enlevé sa fille. Après lui avoir arraché la photo des mains, le père de Trois avait cessé ses menaces et grommelé :

« Et on voudrait me faire croire que ces ménagères avec leurs paniers sont des gens importants ? J'aimerais bien voir ça… » Puis il avait fourré la photo dans les mains de sa femme et détalé.

La mère de Trois, qui se torturait l'esprit depuis presque un an en imaginant le pire, ne pouvait détacher son regard de la photo : « Reviens, ma fille ! » souffla-t-elle en pleurant.

A son arrivée au village, une horde de gens se mirent à crier en tous sens : « Trois est de retour, la fille sur la photo avec tous ces hauts dirigeants ! » et « Regardez comme elle nous est revenue ! Sa peau est fine et délicate, quelle belle vie elle doit avoir ! »

Le père de Trois, lui, ne disait mot. Son visage fermé ne s'éclaira que lorsqu'il vit l'argent que Trois avait amassé à la sueur de son front. Il reçut le paquet de liasses avec un léger signe de tête, ses yeux s'embuèrent de larmes et il esquissa un sourire : il y avait là bien plus que ce que toute sa famille aurait pu économiser en travaillant dans les champs pendant deux ans. Plusieurs jours d'affilée, la mère de Trois, fébrile, s'affaira pour recevoir chez elle toutes les jeunes filles du village, passionnées par les histoires que Trois leur racontait sur sa vie en ville ; du matin au soir, tout en faisant le ménage, elles écoutaient, abasourdies. Sans s'en apercevoir, elles eurent tôt fait de nettoyer la maison de fond en comble : la réserve qui avait été négligée toutes ces années fut remise en état, même les plus vieux outils brillaient à présent comme des sous neufs.

A la fin des célébrations du Nouvel An, quand Trois commença à préparer ses valises pour rentrer à Nankin, toutes les filles du village clamèrent qu'elles voulaient la suivre. Les jeunes sœurs de Trois imploraient leur père du regard et les filles de Deuxième Oncle le supplièrent de les laisser accompagner Trois en ville pour découvrir le monde. Une telle responsabilité lui fit peur. Pour mettre fin à leurs jacassements à toutes, il leur rétorqua qu'il n'emmènerait personne d'autre. Selon lui, Trois devait se familiariser davantage avec la vie citadine mais il promettait de reconsidérer la question l'année suivante.

Depuis les années quatre-vingt, sous réserve d'être munis d'une lettre de recommandation de leur village, les paysans pouvaient quitter leurs terres et chercher du travail en ville. Incapables de gagner décemment leur vie à la campagne, nombre d'entre eux avaient plié bagage pour se rendre à la ville voisine. Et même en acceptant de basses et pénibles besognes payées moins de dix yuans par jour, comme maçon, balayeur, ouvrier dans les carrières, transporteur de marchandises, surveillant de parking à vélos ou veilleur de nuit, ils y gagnaient mieux leur vie qu'en suant sang et eau sur leurs terres. Aussi, à l'aube du nouveau millénaire, toujours plus nombreux et venant de toujours plus loin, les paysans, tous âges confondus, affluèrent en masse pour tenter leur chance en ville. Seules les femmes restèrent au foyer et prirent la relève dans les champs. Mais il était rarissime qu'une femme ne se marie pas et parte seule travailler en ville. Dans le village, Trois était la première. Pourtant, les hommes qui revenaient pour le Nouvel An, témoignant de ce qu'ils voyaient en ville, racontaient que des campagnardes de plus en plus nombreuses s'y livraient pour la plupart à des activités peu recommandables… Que si elles échappaient à la prostitution, on les parquait à faire de basses besognes dans des usines, où il leur fallait demander la permission d'aller aux toilettes et subir une retenue sur leur salaire pour y être allées. Aussi, pour une fille comme Trois, arriver en ville et poser aussi ouvertement sur une photo avec tout ce beau monde, c'était du jamais vu ! Mais comment savoir si celles qui la suivraient auraient autant de chance ?

Quand Trois revint au village à l'issue de sa deuxième année en ville, elle rapporta de bien plus grosses liasses que l'année précédente et fit beaucoup d'envieux. Aussi, durant toutes les célébrations de la fête du Printemps, la famille de Trois fut le seul et unique sujet de conversation. Sa mère (qui n'avait jamais été très loquace), son père (qui n'avait jamais pu se faire une place dans la communauté faute d'avoir eu un fils), les dirigeants de la brigade de production, Troisième et Quatrième Oncle (« des hommes, des vrais », qui avaient eu chacun trois ou quatre fils), Deuxième Oncle (le « bon à rien » sans fils qui n'avait jamais osé s'affirmer face à ses frères), partout, dans les cuisines et les bureaux de la brigade, tous se creusaient la tête pour choisir les heureuses élues qui suivraient Trois en ville pour y gagner leur vie. Bien sûr, du côté des parents, pas un seul ne considérait qu'une fille puisse y accomplir de grandes choses. Comment une simple baguette pouvait-elle nourrir l'espoir de devenir une poutre ?

Pourtant les liasses de Trois étaient bien réelles… Et si une baguette pouvait servir à gagner de l'argent, pourquoi ne pas en profiter ? Mais Li Zhongguo était prudent. Les baguettes étaient bien fragiles et si l'une d'elles venait à se briser, la honte serait sur sa famille.

Li Zhongguo avait eu six filles, et ce triste record l'avait tant humilié qu'il n'osait plus relever la tête. Bien qu'il fût l'aîné de sa fratrie, cette fatalité l'avait rabaissé dans le clan familial, et au village on le traitait souvent d'« homme à baguettes » pour lui clouer le bec. Pas une de ses filles n'échappait à cette malédiction car qui, dans le village, voudrait se risquer à épouser la fille d'un homme incapable de « planter sa graine » ? Trois sur les six avaient passé la vingtaine et pas un entremetteur n'avait franchi la porte pour les marier. Il avait fallu attendre la généreuse intervention de l'influent Troisième Oncle pour que l'aînée de la famille Li épouse enfin l'oncle veuf du chef du canton ; la vierge s'était ainsi retrouvée mariée à un barbon plus vieux de dix ans que son père. Maintenant qu'en tant que beau-père il faisait partie de la famille du chef du canton, Li Zhongguo n'avait plus à craindre les railleries des villageois et ne redoutait plus de les regarder droit dans les yeux. Pour aider son grand frère à regagner encore plus de crédit, son quatrième petit frère, dont la renommée grandissait dans le district, entreprit de servir à son tour d'entremetteur pour marier la deuxième fille de Li Zhongguo. Le fiancé était un bon parti, c'était le fils du chef du district, mais il était infirme. Deux, qui affichait pourtant un caractère bien trempé, demeura impassible et n'émit aucune protestation. Mais quand ses parents reçurent les cadeaux de fiançailles, elle sauta le soir même dans un puits. Et Li

Zhongguo retrouva sa femme serrant dans ses bras le corps inanimé de sa fille qu'on venait de tirer hors de l'eau. Par ce froid glacial, la malheureuse ne portait que ses sous-vêtements, elle avait pensé à se dévêtir avant de mourir pour laisser ses affaires à ses sœurs. Le cœur brisé, son père, qui commençait à peine à relever la tête, la baissa de plus belle. Quand quelqu'un vint demander que Trois remplaçât sa sœur dans ce mariage, la mère atterrée menaça son mari de suivre sa fille dans le puits, s'il acceptait. Accablé, Li Zhongguo était aux abois. En aidant Trois à s'enfuir, Deuxième Oncle l'avait sauvée de ce mariage et avait permis à son père d'échapper à ses responsabilités. Le décès de sa deuxième fille ayant réduit à néant ses chances de retrouver sa dignité, et sans espoir de descendance, Li Zhongguo n'avait plus rien à attendre de la vie.

Pourtant au fond de son cœur, il reconnaissait que Trois, depuis qu'elle gagnait bien sa vie en ville, avait beaucoup aidé sa famille à retrouver son honneur. Sa femme, jusqu'alors si apeurée en présence d'autrui, commençait même à donner de la voix. Li Zhongguo réfléchit longuement au sort qu'il devait réserver à ses autres filles. Devait-il se résoudre à les laisser partir avec Trois ? Le décès de la seconde et les lamentations de l'aînée l'avaient finalement convaincu de ne plus laisser ses filles souffrir des brimades qu'elles enduraient à la campagne. Mais alors, qui partirait ? Quatre étant muette, la question ne se posait pas. De Cinq, on disait dans tout le village qu'elle était laide et stupide. Cela dit, ils auraient moins de souci à se faire pour elle que si elle était belle. Quant à Six, elle était la seule fille du village à être allée jusqu'au collège et, aux dires des hommes partis travailler en ville, les jeunes femmes éduquées y étaient très courues. C'est ainsi que Li Zhongguo décida que Cinq et Six suivraient leur grande sœur en ville, mais elles devraient d'une part assumer seules leurs erreurs éventuelles, et d'autre part gagner beaucoup d'argent et ne pas le gaspiller.

Avant les premières lueurs de l'aube et en catimini, Deuxième Oncle, Trois, Cinq et Six prirent congé de Li Zhongguo sur le pas de la porte et se mirent en route. Ils avaient tenu à commencer leur voyage très tôt pour éviter de dépenser une fortune dans un hôtel en ville. Ils voulaient aussi avoir le temps d'apporter leurs présents de Nouvel An à Dame Tofu avant de se mettre en quête d'un travail pour Cinq et Six au marché du grand saule. Elle saurait sûrement leur recommander quelqu'un d'utile pour les aider dans cette entreprise.

Inquiet à l'idée qu'elles puissent faire de mauvaises rencontres en ville, Deuxième Oncle profita des deux premières heures de route qui les séparaient de la gare routière pour mettre les trois sœurs en garde : « Ne souriez jamais à un inconnu et n'écoutez pas ses boniments. » Jamais il n'avait entendu parler d'un citadin s'intéressant à une campagnarde pour l'épouser, il fallait qu'elles le sachent. Il continua de les sermonner dans le car qui les conduisait en ville et leur énonça tout ce qu'il savait des us et coutumes locaux. Il leur expliqua qu'on devait se laver chaque jour après le travail, se brosser les dents matin et soir, que les citadines se parfumaient et s'appliquaient des crèmes de jour sur le visage, qu'un homme ne devait pas sortir sans chemise, ni une femme sans pantalon. Il fallait prévoir de se munir de papier pour aller aux toilettes et parfois de monnaie pour avoir le droit d'y entrer ; ne jamais saluer personne en entrant dans un magasin pour éviter qu'une vendeuse ne vous dépouille de tout votre argent en vous mettant une montagne d'articles dans les bras ; éviter les boutiques où peu de choses sont à vendre et la clientèle rare, car ce sont là des lieux réservés aux étrangers et aux gens fortunés. Enfin, leur dit-il, ne crachez pas par terre et n'essuyez pas votre morve sur l'écorce des arbres ou sur les murs… A leur arrivée à Nankin, et pendant la demi-heure de marche qui les séparait encore de chez Dame Tofu, Deuxième Oncle ajouta : « Quand vous entrez quelque part, baissez la tête et dites "bonjour", quand vous sortez, n'oubliez pas de vous retourner pour dire "au revoir". Inclinez-vous toujours quand vous remerciez quelqu'un… » Après plus de six heures passées à les abrutir d'un discours ininterrompu, Deuxième Oncle avait la bouche si sèche qu'il ne lui restait plus qu'un filet de voix quand il se retrouva en face de Dame Tofu.

Cela faisait près d'un an que Trois n'était pas retournée dans la petite échoppe de Dame Tofu. Elle l'avait bien croisée plusieurs fois l'année précédente, mais toujours sous le saule. Aussi, quelle ne fut pas sa surprise en découvrant la métamorphose des lieux ! L'appentis de fortune, aux murs graisseux et noircis par les fumées du wok, avait laissé place à une petite boutique en dur semblable à toutes celles qui bordaient cette ruelle où l'on trouvait toutes sortes de choses à boire et à manger. Ne subsistait que l'enseigne *Chez Dame Tofu*. Disparu, le bureau d'écolier recouvert de graffitis, envolé, le banc boiteux sur lequel on se serrait pour manger ; ils étaient remplacés par quatre petites tables carrées peintes en rouge, entourées de quelques chaises en bois ; en lieu et place du vieux fourneau, une véritable cuisinière et un petit buffet avec des portes en verre pour ranger et empiler tous les bols et les couverts jetables. Les murs blancs arboraient des affiches aux couleurs vives : il y en avait une avec Guanyin, « la déesse du Ciel éparpillant des fleurs », une autre montrant un marmot replet et joufflu tenant dans ses bras une énorme carpe sur laquelle on pouvait lire cette formule propitiatoire du Nouvel An : *Que cette nouvelle année vous apporte l'abondance !* (Quand Trois posa son regard sur ce bambin, elle le plaignit de tout son cœur, le croyant mis au supplice par cette carpe bondissante…) Quant à la dernière affiche, Trois, qui ne lisait pas assez bien pour en déchiffrer les caractères, ne savait qu'en penser. On y voyait un gamin étranger, blond aux yeux bleus, se régaler de brochettes de tofu, le pouce en l'air en signe de contentement, avec au bas de l'image un slogan qui disait : *Les brochettes de Dame Tofu sont célèbres dans le monde entier !* Visiblement, Dame Tofu était très fière de cette composition sino-étrangère, c'était l'œuvre d'un étudiant d'une école secondaire spécialisée qui l'avait réalisée pour elle en échange d'une vingtaine de ses brochettes. Un habile montage sur son ordinateur lui avait permis de remplacer la glace que tenait le gamin par les fameuses brochettes.

Deuxième Oncle empila tous ses cadeaux pour Dame Tofu sur deux petites tables. En les ouvrant, elle s'exclama poliment qu'il n'aurait pas dû faire de telles folies…

« Et voilà que ça recommence ! Mais qu'est-ce qui vous a pris de m'apporter tout ça ? Ce n'est pas faute de vous l'avoir répété, pourtant. Il ne fallait pas vous donner tout ce mal, voyons ! Je ne vous en aimerai pas plus pour autant. Et puis les choses ont changé maintenant : pour peu qu'on y mette le prix, on trouve de tout en ville… Aiya ! Le riz gluant de l'année ! Rien de mieux pour faire un délicieux “pudding aux huit trésors” ! Ici, on ne trouve que celui de l'année dernière. Et ça ? Ce sont bien des piments dorés ? Ça fait des années que je n'en ai vu de pareils ; séchés et plongés dans l'huile, ils prennent une couleur mordorée. C'est vous qui cultivez tout ça ? Et regardez-moi ça ! De la fécule de racine de lotus, impossible d'en trouver de cette qualité en ville, ici on la croirait coupée à la chaux. Et moi qui n'arrête pas de parler de vos patates douces séchées, avec leur doux petit goût sucré qui vous flatte le palais pendant des heures. Bouillies, frites ou sautées, elles sont bonnes toute l'année. Et ça, qu'est-ce que c'est ? Des crevettes sèches décortiquées ? C'est la première fois que vous m'en rapportez, non ? Avant, vous les donniez aux porcs, et regardez maintenant ! Les citadins récupèrent ce que vous réserviez au bétail comme s'il s'agissait d'un vrai trésor. Pas vrai ? Les raviolis à la feuille de moutarde sont devenus plus chers que les raviolis à la viande, et ces petites carpes herbivores, dont les pêcheurs nourrissaient aussi les cochons, se vendent une fortune aux citadins depuis qu'on les leur sert en friture sous le nom d'“amours blancs”… Aiya ! C'est trop d'honneur, je suis vraiment gênée. On dit bien qu'un geste de générosité mérite en retour une infinie gratitude mais cela ne vous oblige pas à me payer un si lourd tribut chaque année ! Je vous suis vraiment très reconnaissante…

« Mais qu'est-ce que je vois là ? Vous m'avez amené deux nouvelles ? Trois sait fort bien se débrouiller maintenant, elle n'a plus besoin de moi pour battre le rappel. Aujourd'hui, les affaires vont bon train sous notre grand saule. Trois a dû le voir, tous les jours les gens affluent en masse : ceux qui cherchent du travail et les employeurs qui recrutent. Et si ça continue, notre arbre va devenir une véritable attraction ! Quant à notre Monsieur Guan, vous vous souvenez de lui ? Celui à qui vous m'aviez chargée de remettre vos cadeaux de Nouvel An, eh bien, il vient tout juste d'ouvrir un Centre d'affaires international pour aider les gens qui, comme vous, cherchent les entreprises qui embauchent. Ces intellectuels sont vraiment rapides de la comprenette, non ? En plus, grâce à ses relations, il n'a rien déboursé, tout a été subventionné par le gouvernement local…

« Bon, les enfants, vous devez être fatigués de m'écouter. Je vais vous faire frire quelques brochettes et quand vous aurez fini, vous irez vite vous dégoter une bonne place sous le grand saule, près du bureau de Monsieur Guan. Je ne vous accompagne pas aujourd'hui, juste après les vacances les affaires reprennent et il m'est difficile de m'absenter. Et puis, vous verrez, maintenant le marché du grand saule est bien organisé, deux minutes vous suffiront pour vous repérer. Trois connaît plein de monde là-bas, alors vous n'aurez aucun mal à trouver ce que vous cherchez. Demandez juste à votre oncle de vous donner deux ou trois conseils sur la façon de répondre aux gens. Mais surtout, faites savoir à vos employeurs potentiels que vous avez des frères en ville, ça évitera aux vieux vicelards de se faire des idées. Peu importe le nombre des années, chair fraîche ou vieille peau, tout peut y passer ! Pauvres types… »

Redoutant que les judicieux conseils de Dame Tofu n'effraient ses deux nièces tout juste débarquées en ville, Deuxième Oncle s'empressa d'y couper court :

« Merci, mais nous n'allons pas abuser de votre gentillesse, inutile de nous faire à manger, il vaut mieux que nous partions chercher une bonne place tout de suite, c'est plus sûr. Et puis, il faut que je prenne le train de midi.

— Attendez ! Je vais vous assaisonner les brochettes et vous pourrez les emporter, elles ne seront pas assez grillées mais ça vous calera l'estomac, c'est l'essentiel. Allez, tenez, avec cinq par personnes, vous tiendrez jusqu'à midi. Et vous, les deux sœurs, si vous restez bredouilles aujourd'hui, revenez passer la nuit chez moi, vous serez un peu à l'étroit mais ça vous évitera de vous faire escroquer dans un bouge. »

Après avoir remercié Dame Tofu, Deuxième Oncle emmena les trois sœurs au grand saule. Il était presque dix heures et déjà une foule bigarrée avait investi les lieux. Dans l'espoir d'un travail, tous se tenaient là immobiles, avec leurs baluchons. Hommes aux visages burinés, sillonnés de rides par le travail des champs, jeunes femmes engoncées dans de multiples couches de vêtements aux couleurs vives – rouge cerise, vert émeraude, orange vif et bleu ciel... –, couleurs portées les jours de fête par les femmes de la campagne. Quant aux recruteurs, on les repérait facilement à la belle étoffe de leurs costumes sobres et discrets, parcourant la foule, calmes et détendus.

Six, anxieuse, s'exclama :

« Nous sommes arrivés trop tard, plus personne ne voudra de nous maintenant ! »

Deuxième Oncle la rassura :

« En ville, les patrons passent leurs soirées dans des réunions et des dîners d'affaires qui s'éternisent souvent jusqu'à l'aube. Pour ceux-là, c'est encore bien trop tôt, ils ne sont pas arrivés. Plus ce sont de grands patrons, plus ils arrivent tard. »

Entre-temps, Trois croisa nombre de connaissances :

« Oncle Wang ! Oncle Li ! Toujours en train de vous chamailler aux échecs ? Et vous, Tante Luo, comment ça va ? Madame Wang, dites-moi un peu, qui vend les meilleurs légumes aujourd'hui ?

— Oh, ça alors ! C'est notre petite Trois ! Tu es venue chercher du renfort pour aider à *L'Imbécile heureux*, c'est ça ?

— Non ? Tu viens chercher du travail pour tes sœurs ? Voilà qui est nouveau ! Pourquoi pas au restaurant ? Les affaires marchent plutôt bien et ça te permettrait de garder un œil sur elles.

— Tu veux leur trouver mieux ? Peu importe l'endroit pourvu que ça gagne, non ?

— Mais bon, c'est vrai, si ta sœur est allée jusqu'au collège, on lui fera sans doute de meilleures propositions.

— Et puis, si vous faites toutes les trois des choses différentes, vous pourrez vous enrichir mutuellement.

— Tu as vu Monsieur Guan ? C'est à lui qu'il faut parler, il a des relations et on peut toujours compter sur lui. Dès qu'il a ouvert son agence, ça a marché comme sur des roulettes. Alors maintenant, il n'arrive plus jamais avant dix heures et demie, et à cette heure la queue est déjà bien formée.

— Mais vous, il ne vous fera pas attendre. La chance sourit toujours aux braves gens ! »

Trois fut très touchée de ces quelques phrases de réconfort. Après deux ans passés au restaurant, elle appréciait cette amabilité à sa juste valeur. Pour la plupart, les citadins n'exprimaient que mépris envers les migrantes. Cinq, elle, ne comprenait pas grand-chose à ce qu'elle entendait, mais son regard suivait l'effervescence de cette foule colorée. Et Six observait les visages de ceux qui discutaient avec Trois tout en jouant aux échecs ou en choisissant des légumes : beaucoup d'entre eux ressemblaient aux « grands cadres » figurant sur la photo avec elle.

« Hé, jeunes demoiselles, vous cherchez du travail ? »

Deux femmes d'un certain âge s'avancèrent au-devant des trois sœurs : l'une maigrelette, l'autre rondelette, toutes deux portaient un uniforme blanc immaculé, dont le col et le bas des manches étaient ornés de deux liserés rouges.

« Oui, oui, elles cherchent un emploi, moi j'ai déjà trouvé. »

Trois s'empressa de leur présenter ses deux sœurs :

« Voici mes deux sœurs, Cinq et Six. Nous venons toutes les trois du même village. Cinq sait très bien tenir une maison, elle cuisine et s'occupe de tout ; ma petite sœur Six est la seule à être allée jusqu'au collège et en plus elle parle un peu d'*anglais étranger* !

— Nous n'avons pas besoin d'une secrétaire ni d'une pipelette. Nous cherchons juste une fille sérieuse et honnête qui sache faire son travail et tenir sa place. »

Sur le devant de leur uniforme était inscrit le nom du lieu qui les employait : *Centre de la culture de l'eau.* Ni Trois ni Deuxième Oncle n'en avaient entendu parler, mais personne n'osa poser de question de peur des moqueries.

Voyant les deux femmes se faire des messes basses, Trois tendit l'oreille mais n'en saisit que des bribes : « … si elle est trop belle, on viendra nous la prendre… si elle est effrontée, ça posera des problèmes… quelqu'un d'honnête… oui, enfin, plutôt timide, c'est mieux… »

« Dis-moi, jeune demoiselle, as-tu déjà travaillé en ville ? » demanda la Rondelette à Cinq.

Interdite, Cinq, que personne n'avait jamais appelée « demoiselle », ne pouvait imaginer que l'on pût s'adresser à elle de façon si prévenante. Aussi, Deuxième Oncle crut bon d'intervenir :

« Cinq, voyons, c'est à toi que s'adressent ces deux dames. Je suis désolée, Mesdames, cette jeune fille n'a jamais quitté son village, elle ne parle pas beaucoup, veuillez l'excuser…

— Hé, Monsieur, pour qui vous prenez-vous ? Ne venez pas jouer les machos ici ! En ville, hommes et femmes sont égaux, laissez-la donc s'exprimer », interrompit aussitôt la Maigrelette.

Pauvre Deuxième Oncle ! Dire qu'au village on le traitait de « petite semence », tout juste un homme, et voilà qu'en ville on l'accusait d'être macho !

Et la Rondelette de renchérir gentiment pour encourager Cinq à prendre la parole :

« Eh bien, jeune demoiselle, si tu cherches du travail, il va falloir apprendre à parler toute seule, tu m'entends ?

— Je… je suis jamais allée nulle part, pas même aux villages voisins, et quand je vais à la foire ou aux champs, j'ai pas besoin d'aller loin, tout se trouve à moins de deux *li* de chez moi. Je suis jamais allée en ville mais je sais travailler dur.

— Très bien répondu, dit la Rondelette. Maintenant, dis-nous un peu, que fais-tu quand ta famille te manque ?

— Je pleure. »

A ces mots, Trois la secoua :

« A quoi ça sert de pleurer ? Dis-leur plutôt qu'avec le temps, on s'habitue et ça passe.

— Avec-le-temps-on-s'habitue-et-ça-passe », répéta mécaniquement Cinq sur le même ton que sa sœur.

Les deux femmes gloussèrent, échangèrent un regard, visiblement séduites par l'honnêteté et la franchise de Cinq.

« Et quel salaire veux-tu ? demanda doucement la Maigrelette.

— Je… je sais pas trop. »

Cinq lança un regard suppliant à Deuxième Oncle et à ses sœurs.

Mais Deuxième Oncle, mouché par la remarque des deux femmes, n'osait plus relever la tête. Six était prise au dépourvu, elle ne savait rien des salaires en vigueur en ville. Trois réalisa qu'elle avait omis ce sujet dans sa liste de recommandations et redoutait fort que par sa faute Cinq n'ait à en pâtir.

« Voici ce qu'on vous propose : comme il se doit, tu commenceras au bas de l'échelle. Tu seras nourrie, logée et, en plus de ton salaire mensuel, tu auras des pourboires. Si ça te convient, nous pouvons nous occuper des formalités et du contrat dès à présent. Sinon, discutes-en encore avec tes amis ou cherche autre chose.

— Attendez… Attendez ! »

Trois, anxieuse, voulut les retenir. Elle savait bien que Six n'aurait aucun mal à trouver un emploi. Pour Cinq qui était beaucoup moins jolie, moins éduquée et moins maligne, cela promettait d'être plus difficile. Après tout, ces deux femmes semblaient dignes de confiance et leur uniforme indiquait qu'elles travaillaient pour une grande société. Cinq ne pouvait pas laisser passer une chance pareille.

« Je vous en prie, implora Trois, laissez-moi deux minutes pour lui expliquer tout ça, vous voulez bien ? »

Les deux femmes jetèrent un coup d'œil à leur montre.

« Ne vous inquiétez pas, nous reviendrons vous voir et si Cinq est d'accord, restez là. »

Sur ce, elles se mirent en route.

« C'est bon, je suis d'accord ! » s'exclama tout à coup Cinq, en ouvrant grand les bras pour leur barrer le passage.

Elle se doutait bien que les deux femmes repartaient en quête d'une autre personne, et que si elles trouvaient quelqu'un de mieux, elles ne reviendraient pas la chercher. Cinq qui, depuis l'enfance, souffrait d'un complexe d'infériorité s'était déjà fait ravir plusieurs opportunités par des filles de son village. Cette fois, il n'était pas question de laisser qui que ce soit lui faucher cet emploi sous le nez.

« C'est sûr, ta décision est prise ? Sois tranquille, nous ferons une photocopie du contrat quand nous irons au bureau accomplir les formalités. Comme ça, tu pourras en donner une copie à tes sœurs afin qu'elles sachent où tu travailles, où tu dors et quel est le montant de ton salaire. Tout est écrit sur le contrat. En cas de litige, tu pourras également demander à quelqu'un de te représenter. Il y a plus d'une centaine d'employés au Centre de la culture de l'eau, voici notre numéro d'enregistrement. »

Tout en expliquant calmement la procédure à Cinq, la Maigrelette ouvrit son porte-documents.

« Sache également que notre garant est Monsieur Guan », ajouta la Rondelette.

A ces mots, Trois se sentit enfin rassurée et s'empressa de répondre :

« Merci pour cette information. Moi aussi, j'ai trouvé mon travail grâce à Monsieur Guan et cela fait maintenant deux ans que je travaille dans le restaurant de son frère cadet. En fait, c'est lui que nous attendions. »

A ce moment-là, une clameur se fit entendre : « Monsieur Guan est arrivé ! Le voilà ! »

Trois réalisa alors que tous ceux qui l'attendaient le connaissaient. Oh là là, quelle poisse ! marmonna-t-elle, abandonnant aussitôt l'espoir de profiter de son lien avec Monsieur Guan pour éviter la queue. Faisant contre mauvaise fortune bon cœur, elle rejoignit avec Six l'immense file des chercheurs d'emploi, tandis que Cinq suivait les deux femmes en blanc au bureau des inscriptions où n'attendaient que trois ou quatre personnes.

« Ça alors, mais c'est Trois ! Viens avec moi, j'ai des choses à te dire. »

Alors qu'il se dirigeait vers son bureau, Guan Buyu l'avait repérée dans la foule. Trois, ravie, n'en revenait pas. Monsieur Guan l'avait reconnue, elle, au milieu de tous ces gens. Comme elle était fière !

Aux yeux de Trois et Six, le bureau de Monsieur Guan était pour le moins imposant : pour y accéder il fallait d'abord traverser un grand hall avec, d'un côté, trois ou quatre responsables de l'enregistrement, et de l'autre, deux personnes chargées d'établir les contrats. Guan Buyu disposait quant à lui de son cabinet particulier. Le bureau sur lequel il travaillait leur apparut aussi grand qu'un lit, et la chaise en cuir sur laquelle il était assis avait un dossier si haut qu'il y paraissait tout petit malgré son mètre quatre-vingts. Bien que la pièce ne fût somme toute pas si vaste, trois de ses murs étaient couverts de livres. Au premier coup d'œil, Trois remarqua sur le bureau le cadeau qu'elle avait chargé Dame Tofu de lui remettre au Nouvel An : un luxueux brocart de Nankin à nuages multicolores. N'y connaissant rien en soie, elle avait spécialement mandaté quelqu'un pour acheter ce cadeau à sa place dans le très célèbre magasin *Rui Fu Xiang*. Ça lui avait coûté un demi-mois de salaire mais elle ne regrettait rien car, comme sa maman le lui répétait si souvent : « L'ingratitude ne reste jamais impunie. »

« Trois, ma belle-sœur m'a dit que tu te débrouillais très bien au restaurant et que tu étais devenue son bras droit. J'en suis très heureux pour toi. C'est exactement ce que nous voulons faire ici : aider les jeunes femmes de la campagne comme toi à trouver leur place en ville, en toute liberté et sans préjudice. Mais je n'aime pas te voir prendre les mauvaises habitudes des citadins et dépenser des sommes extravagantes en cadeaux. Je sais bien que ta famille n'aurait que faire de ce brocart, aussi je ne te le rendrai pas. En revanche, prends cet argent et donne-le à ta maman de ma part. A l'avenir, si tu veux me remercier, contente-toi d'être quelqu'un de bien. C'est entendu ? Bon, maintenant, dis-moi un peu, qui est-ce ? Une de tes amies ?

— C'est ma petite sœur, Six. Mon autre sœur cadette, Cinq, est également avec nous, mais deux femmes en uniforme blanc d'un certain Centre de la culture de l'eau l'ont déjà emmenée faire la queue pour son contrat de travail.

— Ah, mais c'est le *Palais du dragon d'eau* ! Excellente nouvelle ! C'est une bonne entreprise. Décidément, vous avez beaucoup de chance dans la famille !

— Mais, justement, je n'ai pas très bien compris ce qu'ils font dans ce centre… »

Trois continuait de se faire du souci et craignait qu'on profite de la naïveté de sa sœur.

« Rien de mal, rassure-toi, tu ne me fais donc pas confiance ? Cinq te le dira d'ailleurs elle-même par la suite, mais j'aimerais bien que tu me tiennes quand même au courant de ses premières impressions. Son niveau d'éducation… »

Tout en parlant, il tournoyait sur sa chaise.

« Waouh ! » Six poussa un cri de surprise.

« Qu'y a-t-il ? s'exclamèrent Trois et Guan Buyu de concert, détournés soudainement de leur conversation.

— Je… je n'avais jamais vu quelqu'un tourner sur sa chaise comme ça », bredouilla Six, gênée d'avoir attiré l'attention.

Guan Buyu éclata de rire.

« Dis-moi, Six, lorsque tu étais en classe avec ton professeur, que rêvais-tu de faire plus tard ?

— Travailler dans une bibliothèque ! C'est mon professeur qui m'en a parlé. Il m'a dit qu'en ville il y avait un endroit appelé "bibliothèque" où l'on pouvait consulter des livres, les toucher, un endroit où l'on pouvait passer sa journée entouré de livres. Si je pouvais travailler dans un endroit pareil, ce serait fabuleux ! »

Cette pensée illuminait ses yeux de joie.

« Ça alors ! Tu es la première paysanne à émettre le souhait de travailler dans une bibliothèque. Comme c'est curieux ! Il y a si peu de citadins qui pensent à cette profession, comment se fait-il qu'une jeune fille venant de la campagne puisse être portée à ce point vers la littérature ? »

Monsieur Guan semblait murmurer dans sa barbe. A l'issue de sa réflexion il lui sourit.

« Six, je ne peux malheureusement pas t'aider à trouver une place dans une bibliothèque aujourd'hui, et de toute façon ce travail demande des connaissances bien spécifiques, notamment en archivage. En revanche, j'ai un ami qui va bientôt ouvrir une maison de thé où les clients auront tout loisir de consulter des livres en savourant leur thé. Si tu veux, je peux m'arranger pour t'y faire entrer en tant que serveuse, cela te permettra de te familiariser avec les livres. Et qui sait ? Tu pourras peut-être décrocher plus tard un meilleur boulot dans ce domaine. Qu'en penses-tu ?

— Vous êtes sérieux ? Oh, Monsieur Guan, je ferai tout pour y arriver ! Soyez-en sûr ! »

L'enthousiasme empourpra le visage de Six.

« Va donc rejoindre ta sœur dans la queue pour établir ton contrat. Prends cette note et donne-la aux responsables, ils sauront quoi faire. Et souviens-toi surtout, conduis-toi bien, travaille bien et lis de bons livres ! »

Guan Buyu se leva pour lui serrer la main.

« Six, ravi d'avoir fait ta connaissance, je te souhaite de réussir ! »

A dix-sept ans, Six n'avait encore jamais serré la main d'un homme, mais elle avait appris dans ses livres qu'elle devait le faire aussi naturellement que possible.

« Merci à vous, je vous promets de bien me conduire, de bien travailler et de lire de bons livres ! »

Après un rapide coup de fil, le responsable chargé d'établir le contrat de Six informa les deux sœurs que ce n'était qu'à partir de midi qu'une personne de la maison de thé pourrait venir la chercher. Et justement, les deux femmes en blanc qui venaient d'en finir avec les formalités d'usage demandèrent elles aussi à Cinq de patienter sous le grand saule en attendant qu'elles achèvent les dernières démarches officielles au Centre de la culture de l'eau. Trois décida alors de raccompagner Deuxième Oncle avant d'emmener ses deux sœurs se promener près des douves.

Deuxième Oncle qui les attendait, accroupi auprès de leur monceau de bagages, observait enjoué le spectacle que lui offrait la foule du grand saule occupée à bavarder et à marchander. Il n'aurait jamais imaginé qu'avant midi Cinq et Six auraient toutes deux trouvé du travail. C'était un vrai miracle. Il en était tout à la fois ébahi et heureux, un peu inquiet aussi…

Avant de prendre congé de Deuxième Oncle, Trois se rendit sous le grand saule, en cassa une branche dont elle prit soin d'enlever les premiers bourgeons. D'un ongle elle traça sur l'écorce deux petits cercles en profondeur puis évida le cœur de la branche pour obtenir un tube. A l'extrémité, elle préleva un petit morceau d'écorce et forma l'embouchure de son sifflet, comme le lui avait appris sa mère. Enfin, elle le mit en bouche, émit le premier *tut-tut* et le tendit à Deuxième Oncle : « Quand nous te manquerons, prends-le et siffle ! » Elle lui signifiait par là son souhait que la chance du grand saule lui sourît à son tour.

3

A L'Imbécile heureux

Ce n'est que tard dans l'après-midi que Trois fut de retour à *L'Imbécile heureux*. Sans même prendre le temps de déposer ses quelques effets personnels dans sa chambre, à deux ruelles du restaurant, elle s'était précipitée tête la première dans le coup de feu qui précédait le dîner. Cela faisait deux ans qu'elle travaillait à *L'Imbécile heureux*, qu'elle avait fait de cette coque de noix perdue dans l'océan rugissant des restaurants sa seconde maison. C'est là qu'elle avait appris qui elle était... C'est là que cette baguette sans éducation et perpétuellement brocardée par les siens à la campagne avait finalement pris conscience de sa valeur et gagné pour la première fois un certain respect. C'est là qu'avait commencé sa nouvelle vie et qu'elle s'y poursuivait.

Pour ouvrir *L'Imbécile heureux*, Guan Buyu et son petit frère avaient dû convaincre parents et amis d'investir quelques deniers dans leur projet. Il faut dire qu'à l'origine les deux frères ne savaient rien du monde des affaires. Disons, pour être plus précis, que comme beaucoup de Chinois et depuis des générations, leur famille affichait un certain mépris envers les commerçants, croyant au vieil adage : « Pas d'affaires sans magouilles »...

Aussi, le père et les deux fils Guan, conformément à la tradition de leurs ancêtres, s'étaient toujours présentés comme des lettrés. Leur grand-père maternel n'avait jamais mis les pieds hors d'un établissement d'éducation supérieure. Il avait même réussi pendant la Révolution culturelle, bien que condamné comme faisant partie de l'« élite intellectuelle », à conserver un poste à l'université… comme préposé au nettoyage des toilettes. Jeune à cette époque, et de tempérament fougueux, il savait qu'il pourrait facilement se moquer de tous ces paysans haineux et illettrés qui dirigeaient à présent l'université. Quand il avait dû se plier à la rédaction obligatoire de sa « lettre de résolution », comme tout le monde, il y avait écrit qu'il adhérait aux grands desseins de la Révolution culturelle. Et se conformant aux directives imposant que l'on affichât cette lettre sur son lieu de travail, il avait logiquement collé la sienne aux toilettes. Mais celle-ci pouvait être lue de deux façons différentes…

Dans la mesure où certains caractères chinois se prononcent de la même façon, cette langue permet de se livrer à loisir à de joyeux calembours. On citera par exemple le nom de Cinq, dont la prononciation en chinois, *wumei,* peut signifier soit « cinquième petite sœur », soit « charmant ». Finaud, notre Vieux Guan s'était à l'époque délecté de ces homophonies pour rédiger sa lettre de résolution et faire passer son message sans éveiller les soupçons. Ainsi, si vous écoutiez quelqu'un lire cette lettre à haute voix, le message pouvait donner :

Je m'engage à nettoyer tous les jours la merde laissée par les représentants du féodalisme, du capitalisme et du révisionnisme ; je m'engage aussi à balayer le chemin carrelé de blanc et à suivre scrupuleusement l'enseignement de nos dirigeants paysans.

Mais si vous regardiez les caractères, le message pouvait aussi se lire ainsi :

Je m'engage à nettoyer tous les jours l'histoire du féodalisme, du capitalisme et du révisionnisme ; je m'engage aussi à balayer les intellectuels et à suivre les pieds crottés de nos dirigeants paysans.

Bien sûr, le paysan assigné à la direction de l'université ne savait pas lire. Aussi, quand tout le monde s'esclaffa en découvrant la lettre du Vieux Guan sur le mur des toilettes, il demanda à ce qu'on la lui lût à haute voix. N'ayant pas la moindre idée de ce que pouvait être un calembour et ne connaissant rien à cette magie qui consiste à manipuler un caractère pour un autre, il n'entendit là rien de suspect... ce qui évita au Vieux Guan de se retrouver à planter des patates douces dans le nord de la province du Jiangsu. Mais sa femme, traumatisée par l'expérience, avait en guise de mise en garde changé le prénom de son fils Yu (signifiant « parle ») en Buyu (ne parle pas) et quand naquit le second, dans le même esprit, elle l'avait appelé Buyan (ne dit rien). Par chance, ce n'est qu'en sortant du lycée que Buyu fut envoyé plusieurs années à la campagne. Aussi, quand la Révolution culturelle prit fin en 1977 et que les examens d'entrée à l'université furent rétablis, il les réussit sans difficulté. Quatre ans plus tard, il décrocha son diplôme et enseigna à l'université. Bien qu'il n'eût pas rédigé de thèse, il fut néanmoins reconnu comme un expert en sociologie par ses collègues.

Buyan n'avait pas eu la chance de son grand frère. Après avoir échoué aux examens d'entrée à l'université, il s'était résigné à vendre des bouquins dans la chaîne de librairies Xinhua. Son père, déçu qu'il ne fît pas honneur à ses ancêtres, se consola en se disant qu'au moins ses deux fils travaillaient dans un domaine culturel.

Dans les années quatre-vingt, le début de la politique de Réforme et d'Ouverture fut appréhendé par les gens éduqués comme un simple mouvement politique de plus, avec un nom différent, mais probablement tout aussi éphémère que les précédents. Méfiants, ils restèrent dans l'expectative car, comme chacun sait, « le premier chapon qui s'empâte est aussi le premier qui passe à la casserole ! » Mais les choses prirent une tout autre tournure : poussés au changement par la pauvreté, les paysans démunis, les petites gens du peuple sans statut social, les délinquants rééduqués par le travail mais paradoxalement au chômage – bref, tous ceux qui n'avaient rien à perdre – saisirent cette chance et se lancèrent dans le petit commerce de rue. Quelques années plus tard, ceux qui avaient risqué l'aventure furent récompensés de leurs efforts et, contre toute attente, devinrent les premiers nouveaux riches depuis les années cinquante. Certains réussirent même l'exploit de se hisser au rang des « foyers à dix mille yuans ». Il va sans dire que pour tous ces employés du service public dont le salaire mensuel ne dépassait pas les cent yuans, le choc était terrible.

Au début des années quatre-vingt-dix, les citadins, comme au sortir d'un mauvais rêve, prirent enfin conscience de leur erreur : au seuil de leurs portes, les rues étaient aux mains de tous ces péquenots illettrés ! Mais faute d'éducation et d'expérience, ceux-ci n'avaient qu'un horizon limité et ne pouvaient espérer accomplir de grandes choses. Le corollaire de cette ouverture du marché fut la folie qui s'empara de tous les foyers pour se moderniser, s'équiper d'électroménager et décorer leur intérieur. Cette course à la modernité et l'amélioration du niveau de vie qui va de pair, ainsi que cette liberté, sans précédent en Chine, de choisir sa propre carrière provoquèrent une frénésie de consommation dont l'onde de choc se propagea du nord au sud du pays. Pour les citadins, il fallait réagir vite face à cet océan d'opportunités qui s'offraient à eux et il devint très à la mode de « se jeter à l'eau ». Même ceux qui n'avaient aucune expérience du commerce ni le moindre rudiment de gestion n'hésitèrent pas à « plonger » en se servant du gouvernement comme d'un gilet de sauvetage. C'est ainsi que nombre d'entre eux signèrent des contrats avec l'Etat pour monter leur société et recrutèrent des fonctionnaires comme consultants. Quant à ceux qui ne pouvaient jouer de leurs relations, ils ouvrirent tout bonnement leur boutique chez eux. La plaisanterie du moment racontait que, « sur neuf cents millions de Chinois, huit cents millions faisaient des affaires et les cent millions restants étaient sur le point d'en faire ». Bons nageurs ou pas, tous firent le grand plongeon mais nombre d'entre eux ne refirent jamais surface. Bien en sécurité sur la berge, les observateurs ne pouvaient pas voir tous ceux qui coulaient à pic, mais ils pouvaient témoigner du retour triomphant des grands patrons qui avaient fait fortune. Ceux qui se lancèrent dans la course avec retard prirent de bien plus gros risques, et ce d'autant plus qu'ils se jetaient souvent à l'eau avec l'épargne de leur vie, celle de leurs parents et de leurs amis. Il fallut attendre l'an 2000 pour que cette vague d'entrepreneurs privés commence à refluer des régions les plus densément peuplées du Nord-Est de la Chine.

Père et fils de la famille Guan étaient de ceux qui pensaient au début que ce déchaînement d'enthousiasme pour les affaires conduirait la société au chaos : cette recherche de succès rapides et de bénéfices immédiats ne pouvait conduire le pays qu'à la ruine et lui faire perdre ses valeurs. Aussi, lorsqu'en 2001 Guan Buyan rassembla des fonds pour ouvrir un restaurant, alors que les rives de l'océan dans lequel avaient plongé tant de gens étaient jonchées d'épaves, son entourage plongea, lui, dans la stupéfaction. Et de surcroît, il voulait l'ouvrir dans la rue où s'étaient installés ses concurrents américains McDonald's et Kentucky Fried Chicken ! Pendant un moment, ses amis ne parlèrent que de ça :

« Au bout de vingt ans, il faut croire qu'ils en ont eu marre de trépigner, envieux, sur la berge ! Et s'ils s'imaginent qu'on dirige un restaurant comme une librairie Xinhua, ils se mettent le doigt dans l'œil... Comme l'Etat est propriétaire de ces milliers de librairies à travers le pays, c'est lui qui détient le capital et les employés n'ont pas leur mot à dire quant au choix des publications. En outre, il en assure la clientèle dans la mesure où ces publications sont destinées aux unités de production qui les achètent en masse et les redistribuent à leurs employés. Ça roule tout seul. Rien à voir avec la restauration rapide… Il y a dix ans, ces gargotes poussaient comme des champignons et partout dans les rues flottaient des odeurs de cuisine. Aujourd'hui ne subsistent que les restaurants qui font partie d'une chaîne ou ceux qui sont occidentalisés. Et puis, pour attirer les clients de nos jours, même un paysan illettré s'arrangera pour trouver un nom à consonance occidentale du genre : *N'Donald* ou *Kentucky Duck.* Alors Guan Buyan, avec son *Imbécile heureux*, croyez-moi, il va droit dans le mur ! »

Un autre ami de renchérir auprès du grand frère de Guan Buyan :

« Il faut qu'il ait perdu la tête pour s'imaginer qu'avec son maigre pécule, il va pouvoir faire fortune. Toi, son grand frère, pourquoi n'essaies-tu pas de l'en dissuader ? »

Mais dans cette affaire, comme aux échecs, Guan Buyu resta fidèle au surnom qu'on lui avait donné, Guanqi Buyu, l'observateur silencieux. Et il chercha à comprendre la vraie motivation de son frère. Bien qu'ils n'en aient jamais sérieusement discuté ensemble, Guan Buyu était convaincu qu'il ne se lançait pas à la légère dans pareille entreprise, juste pour suivre le mouvement ou pour le plaisir de prendre des risques inconsidérés. Sans doute n'avait-il plus aucune perspective dans son boulot… Il faut dire que dans les années quatre-vingt, ce fut dans les domaines de la religion, de la presse, de l'édition et de la justice que les réformes se firent attendre. Ce n'est qu'en 1998 que les choses bougèrent significativement dans la presse et les médias. Alors qu'on comptait moins de cinq mille maisons d'édition pour une population de plus d'un milliard trois cents millions, maintenant elles se décentralisaient et se divisaient. Une évolution qui conduisit à une refonte quasi militaire de l'industrie éditoriale, y compris de la chaîne de librairies Xinhua. Compte tenu des réformes en cours, et Guan Buyan ne pouvant se prévaloir ni d'un poste important ni d'un titre particulier, il préféra démissionner avant d'être jeté dans la charrette des licenciements. Il trouvait plus glorieux de se déclarer « à la poursuite d'une plus haute ambition »…

De plus, conscient qu'on dirige plus facilement une petite embarcation, Buyan envisageait raisonnablement la chose : un petit restaurant sans trop de personnel ni devanture tape-à-l'œil lui suffirait. Le choix de l'emplacement, près d'une zone commerciale ou touristique, lui permettrait de mener sa barque tranquillement. Comme le dit le proverbe, « un ventre vide n'a que faire de beaux atours ». Aussi, après mûre réflexion, Buyu conclut que le choix de son frère n'était pas si hasardeux que ça.

Guan Buyan, plus petit que son frère, ne mesurait qu'un mètre soixante-dix, ce qui aux yeux des femmes lui valait d'être relégué au rang des « nabots » car au-dessous du seuil critique du mètre soixante-seize. Il était aussi moins cultivé que lui et n'avait pas son discernement. Guan Buyu, bien qu'il enseignât la sociologie à l'université, avait gardé l'œil vif, l'ouïe fine et savait saisir sa chance quand elle se présentait. Aussi, cela ne lui prit que quelques soirées et quelques verres avec la police du quartier et les cadres locaux pour devenir consultant de l'agence pour l'emploi qu'on l'autorisait à ouvrir au pied du grand saule. N'était-ce pas là que souriait à tous la bonne fortune ?

Sa bourse se remplit et sa renommée grandit à mesure qu'il aidait les chômeurs et les *mingong* – travailleurs migrants – à trouver du travail. Outre sa contribution au comité de quartier qui lui permettait de toucher d'importantes taxes administratives, il percevait des honoraires conséquents en tant que conseiller.

Moins extraverti et ambitieux que son grand frère, Guan Buyan savait depuis l'enfance qu'il ne pourrait jamais se mesurer à lui. Aussi s'était-il jusque-là contenté de son sort et de sa petite vie tranquille dans sa librairie : tant qu'il avait de quoi manger dans son bol, il n'en demandait pas plus. Comment aurait-il pu imaginer que juste après son mariage, soit vingt ans après le début des réformes, le marché de l'édition tremblerait sur ses bases ? Fidèle au précepte qui veut qu'un Chinois se doit de sauver la face comme un arbre son écorce, il avait démissionné. En rentrant chez lui, il en avait discuté avec sa femme. Après tout, ils n'avaient plus à subvenir aux besoins de leurs parents et n'avaient pas d'enfant. Pourquoi ne pas tenter leur chance ? Il ne briguait pas le titre de « héros du peuple des restaurateurs », mais qui sait, peut-être cela lui permettrait-il de « devenir quelqu'un » !

Bercé tout au long de son enfance à la ritournelle des slogans de Mao, Buyan se creusa les méninges pour trouver un slogan pour son restaurant ; c'est ainsi qu'on put lire le jour de l'ouverture : *Ne laissez pas McDonald's et Kentucky Fried Chicken détourner nos enfants de leur goût pour la fraîcheur !* Et ce nom, *L'Imbécile heureux*, d'où lui venait-il ? C'était en souvenir de ses parents. En effet, après le décès de sa mère (morte d'hémorragie à sa naissance), son père disait toujours qu'elle savait garder le sourire en toutes circonstances. « Ne vous inquiétez pas ! disait-elle. Si vous n'avez pas de quoi vous réjouir, amusez-vous de tout, car il n'y a rien de mieux qu'un imbécile heureux ! » Guan Buyan ne savait de sa mère que ce qu'on lui en avait dit, et la seule photo qu'il avait d'elle était une copie de celle qui figurait sur son permis de travail. Toutes les autres avaient été détruites pendant la Révolution culturelle en raison de leur connotation avec le passé. Ainsi, aux dires de son père, il n'y avait plus de photo de mariage car sa robe brodée avait été considérée comme « féodale » ; plus de photo du jour de l'obtention de son diplôme car sa robe de cérémonie avait été décrétée « capitaliste » ; quant à la photo de groupe où elle figurait aux côtés d'experts russes, détruite également car « révisionniste » depuis que les relations entre les deux pays étaient rompues. Il faut dire qu'en ville, pratiquement rien de ce qui appartenait aux trois catégories précitées n'avait échappé aux destructions massives de la Révolution culturelle.

L'Imbécile heureux se situait dans un quartier très animé de la ville, à proximité du temple de Confucius dans la ruelle des Gardes Rouges. On racontait qu'au temps des Ming, cette rue était célèbre dans tout le bas Yangzi comme lieu de débauche et de prostitution. Plus d'une dizaine de maisons closes y avaient pignon sur rue et foisonnaient de courtisanes excellant dans les arts du chant et de la danse. Les clients qui pénétraient dans les cours de ces établissements devaient deviner le nom de la demoiselle sur laquelle ils jetaient leur dévolu, à partir d'extraits de poèmes des dynasties Tang et Song. Même les grands gaillards postés à l'entrée accueillaient et raccompagnaient leurs hôtes en leur récitant des vers : ceci assurait une sélection stricte et excluait tous les rustres n'entendant rien à la poésie ou n'ayant jamais vu la queue d'un pinceau de calligraphie.

C'est au début des années cinquante que la ruelle du Fard à Joues avait été rebaptisée ruelle des Gardes Rouges. Les prostituées réformées y gagnaient désormais leur vie en calligraphiant des distiques propitiatoires qu'on affichait de chaque côté des portes, ou en jouant les écrivains publics pour les illettrés. Quand suivirent les dix ans de la Révolution culturelle, victimes de violentes critiques politiques et de cruels châtiments corporels, les quelques vieilles et robustes prostituées qui subsistaient encore disparurent jusqu'à la dernière. A la fin des années soixante-dix, la ruelle avait viré au *rouge à cent pour cent* et n'était plus habitée que par des fonctionnaires ouvriers et paysans. Ceux-ci utilisèrent les fameuses pierres à encre de l'Anhui (que les prostituées avaient pris soin de cacher sous les planchers) pour caler les pieds de leurs lits bancals, et les pinceaux de calligraphie en poils de loup conservés précieusement depuis des générations, en goupillons pour nettoyer les bouteilles à lait. Quant au prestigieux papier Xuancheng réservé jadis à l'usage des peintres et des lettrés, il servit à résoudre les « problèmes d'évacuation » du prolétariat… Bref, à leur torcher le derrière ! Et la soie sur laquelle les courtisanes réalisaient de délicates peintures fut récupérée au profit des bambins en guise de couches. Les brûleurs d'encens datant des Ming furent rétrogradés au rang de vulgaires récipients pour stocker les haricots secs ou le riz, et les bureaux à tiroirs secrets bordés de miroirs – qui étaient l'apanage des lettrés – transformés en cages à poules ou étagères de rangement. Le reste du mobilier servit de bois de chauffe et, tout comme les manuels érotiques illustrés des croquis de *l'art de l'alcôve* et des techniques permettant aux hommes de conserver leur énergie vitale, il alimenta les fourneaux de cuisine des nouveaux habitants. On disait alors qu'une chaise longue à opium permettait de cuire quatorze repas. En résumé, tout ce que ces fonctionnaires ouvriers et paysans n'avaient jamais vu auparavant fut taxé de « féodal, capitaliste ou révisionniste » et détruit. Les gardes rouges n'imaginaient pas que ces délicates chaussures de porcelaine de la taille d'un pouce (qu'ils prenaient pour des instruments de torture destinés à coincer les pieds des tenancières des anciennes maisons closes pour les punir) étaient en réalité les fameuses « coupes lotus d'or » utilisées pour servir des alcools ou du vin. Ne réchappèrent intacts du massacre que les lits d'alcôve gravés de dragons et de phénix, aux matelas de crins de cheval, sur lesquels d'innombrables prostituées et leurs clients avaient dormi. Après une nuit confortable dans l'un de ces lits, les ouvriers et paysans, habitués à dormir sur des planches ou à même le sol, laissaient fuser des commentaires acides du genre : « Pas étonnant si ces traînées transformaient leurs clients en chiffes molles, une nuit là-dedans suffit pour avoir les os en compote ! » Mais aucun d'entre eux ne put se résoudre à réduire en cendres ces « lits de débauche » et pour les réformer ils glissèrent des photos du président Mao en lieu et place des scènes érotiques qui décoraient le cadre des lits. Tous les habitants de Nankin s'accordaient pour dire que la ruelle des Gardes Rouges était la rue la plus révolutionnaire de toute la ville. Mais c'est sans doute parce que la réforme y avait été si radicale que son histoire en était oubliée depuis longtemps. Ce n'est qu'à la fin des années quatre-vingt-dix qu'on redécouvrit toutes ces rues célèbres par le passé. Les fonctionnaires de la ville les intégrèrent alors dans la liste des sites historiques chinois, rappelant aux habitants combien la ruelle du Fard à Joues avait été florissante et prospère pendant plusieurs dynasties et plus d'une centaine de générations. Pourtant, soit par méconnaissance des faits historiques, soit par peur de sa mauvaise réputation, les médias n'avaient jamais révélé au grand jour l'histoire de la ruelle du Fard à Joues…

Aussi, quand le géant américain Kentucky Fried Chicken annonça qu'il voulait ouvrir un restaurant au coin de cette ruelle, les autorités de la ville s'empressèrent de donner leur accord avant de se gausser dans son dos : « Ces Américains qu'on dit si intelligents, quelle idée ont-ils de vouloir s'installer dans ce coin minable plutôt que d'investir le quartier en or de la prestigieuse avenue Sun Yat-sen ? C'est vraiment prendre un bol à aumônes pour une coupe en or ! » Mais personne n'a jamais su si les Américains avaient ou non eu vent de l'histoire de cette ruelle…

L'Imbécile heureux avait donc ouvert ses portes presque à côté du Kentucky Fried Chicken, un tout petit peu plus loin dans la ruelle des Gardes Rouges. Son modeste panonceau rustique faisait bien pâle figure comparé à la gigantesque et tapageuse enseigne du géant américain. Sa devanture faisait moins de cinq pas de large et tandis que les autres restaurants attiraient le client avec des menus illustrés d'alléchantes photos, *L'Imbécile heureux* n'avait dans sa vitrine qu'un plateau garni des produits proposés à la dégustation. Pourtant, nombreux étaient les passants qui, à sa vue, stoppaient leur course pour jeter un œil à l'intérieur et se laissaient tenter. Ce plateau suspendu dans la vitrine était l'astuce qu'avait trouvée Guan Buyan pour mettre à profit tout le talent de Trois qui, d'un vulgaire étalage de légumes, faisait une véritable œuvre d'art. Dès potron-minet, la femme de Buyan se rendait au marché fermier d'à côté pour y faire ses emplettes. Elle en rapportait toutes sortes de légumes frais qu'elle confiait à Trois pour lui permettre de réaliser, comme chaque jour, le nouveau décor de la vitrine. Le plateau en question était tout simple, bordé de bois de santal et suspendu par deux rubans de brocart au bout desquels pendait de chaque côté un nœud chinois traditionnel très élaboré. Dessous figurait le fameux slogan de Guan Buyan, en caractères de couleur verte : *Ne laissez pas McDonald's et Kentucky Fried Chicken détourner nos enfants de leur goût pour la fraîcheur !* Les natifs de Nankin sont connus dans toute la Chine comme de grands amateurs de fruits et légumes frais, pourtant même dans cette ville il était rare d'en trouver dans un grand hôtel. Imaginez donc leur surprise en découvrant dans la vitrine de ce modeste restaurant des légumes de saison ! Les résidents voisins prirent rapidement l'habitude de venir s'inspirer des compositions en devanture avant de faire leurs courses. Un locataire du quartier, venu du Nord de la Chine, racontait que sa petite amie, installée dans la ruelle des Gardes Rouges depuis plus de six mois, se faisait un devoir d'aller tous les jours à *L'Imbécile heureux*, non pour y manger mais juste pour savoir quels légumes acheter !

La salle du restaurant était meublée de tables colorées en plastique, une dizaine de quatre personnes et quatre de deux. Dans le couloir qui menait à la cuisine, un buffet bas, aluminium et or, recevait les plats froids. Sur le comptoir se trouvaient la caisse, les menus, les couverts. A la place des fabuleuses cascades et montagnes qui décoraient les murs de tous les autres restaurants, *L'Imbécile heureux* avait préféré accrocher une rangée d'assiettes en carton que Trois décorait, tels des tableaux, d'une simple feuille ou d'un cœur de légume. Parfois, il lui arrivait aussi de fixer des verres au mur et de les remplir de fruits coupés en deux. Chaque jour, Trois changeait et réinventait ces petites compositions de fruits et de verdure, pour le plus grand plaisir des clients qui y amenaient leurs enfants afin de leur dispenser les rudiments du monde naturel. Les questions naïves des bambins faisaient souvent rire aux éclats les clients des tables voisines. Et c'est ainsi que *L'Imbécile heureux* faisait de ces petites gens des gens vraiment heureux.

Au menu du restaurant figuraient des plats sautés typiques de Nankin mais aussi des plats froids d'autres provinces. C'est Wang Tong qui avait eu l'idée de les introduire dans la carte, car d'une part elle les trouvait faciles à préparer et à conserver, et d'autre part ils s'accordaient très bien avec le climat chaud de la région du bas Yangzi. Contrairement à la cuisine du Nord qui doit mijoter longtemps – ce qui est une perte de temps, d'énergie et ternit la couleur des légumes –, les plats sautés traditionnels de Nankin, colorés et peu épicés, se prêtaient beaucoup mieux à la configuration des lieux : avec une cuisine de deux mètres carrés, seulement deux réfrigérateurs et une clientèle qui débarquait par vagues, il s'avérait difficile de préparer des plats à l'avance. Proposer une cuisine rapide permettait, en cas de coup de feu, de faire un saut au marché et de renouveler les stocks en vingt minutes.

Une autre bonne idée de Wang Tong fut de fixer les prix un peu plus haut que ceux des autres restaurants, soit cinq fens de plus. Nous n'allons pas attirer nos clients en bradant notre cuisine, la fraîcheur de nos produits a un prix et il faut l'imposer sans pour autant prendre nos hôtes à la gorge, disait-elle. Cinq fens, c'est le sixième du prix d'une boîte d'allumettes, ceux qui voudront vraiment manger chez nous ne feront pas d'histoire pour si peu ! Quant aux autres, de toute façon, ils se plaindraient des prix même si on ne leur demandait que la moitié d'un yuan pour un plat…

Mais encore fallait-il trouver une pièce de cinq fens. A la fin des années quatre-vingt-dix, avec l'augmentation du coût de la vie, les valeurs du fen et même du jiao étaient devenues si faibles que les pièces de un, deux et cinq fens comme les billets de un ou deux jiaos avaient pratiquement disparu. A l'arrivée du nouveau millénaire, certains commençaient à en faire collection ! Cinq fens ne représentaient qu'un profit dérisoire pour le restaurant, mais là n'était pas le souci de Wang Tong. Elle savait qu'en ville personne ne se baissait pour ramasser une pièce de cinq fens, mais mises régulièrement de côté, ces piécettes seraient d'un grand secours pour les filles de la campagne.

Guan Buyan trouva l'idée si bonne qu'il pria son père de lui donner une vieille boîte à biscuits en fer, et il colla dessus une note qui disait : *Si vous souhaitez apporter votre aide aux pauvres enfants qui n'ont pas la chance d'aller à l'école, ayez la générosité de déposer votre pièce de cinq fens dans cette boîte. Nous vous informerons ultérieurement des progrès qu'ils auront pu faire grâce à votre contribution. Merci.*

Le jour de l'ouverture et sur les recommandations de son grand frère, Buyan invita plus d'une trentaine de cadres locaux de tous grades, afin de s'assurer de leur bienveillance future à l'égard de son affaire. Ayant bien d'autres chats à fouetter, et le restaurant étant bien trop petit pour présenter le moindre intérêt à leurs yeux, les « potentats » invités se contentèrent d'échanger quelques formules de politesse et repartirent aussitôt, leur tribut de deux bouteilles sous le bras. Seul un cadre administratif fit du zèle et se pencha d'un peu plus près sur la boîte à biscuits qui prônait « une petite contribution pour une grande cause ».

« Voilà qui est tout à fait illégal ! Ne savez-vous pas que seuls les organismes religieux agréés sont autorisés à collecter des fonds pour des œuvres de charité ?

— Mais le gouvernement n'a-t-il pas lancé lui-même un appel aux citoyens pour qu'ils aident à éradiquer la pauvreté ? répliqua aussitôt Wang Tong.

— C'est exact, mais c'est à vous de faire don de vos vêtements et de votre argent, et non de collecter l'argent des autres !

— Mais ce n'est pas… »

Guan Buyan tira sa femme par le bras et enchaîna :

« Monsieur le dirigeant a tout à fait raison : quand notre affaire tournera, rien ne nous empêchera d'envoyer nous-mêmes de l'argent pour aider les campagnes.

— Exactement ! On ne peut contrevenir à la loi même pour une noble cause. »

Sur ces bonnes paroles, le fonctionnaire quitta les lieux, crédité d'une bouteille de plus que les autres, et la boîte à piécettes, déclarée hors la loi, fut proscrite. Ce qui n'empêcha pas Wang Tong de prélever chaque semaine son lot de cinq fens sur les revenus du restaurant et de les placer sur un compte à part.

Faire quelque chose pour ces enfants de la campagne lui tenait particulièrement à cœur depuis sa visite au village de Guanyun, au nord de la province du Jiangsu, village où sa sœur aînée avait vécu durant la Révolution culturelle. Il faut préciser qu'à cette époque les familles des villes pouvaient garder un enfant avec eux à condition d'envoyer les autres à la campagne. Wang Tong avait donc eu de la Révolution culturelle une tout autre expérience que sa sœur. Dans ce village, les gens étaient si pauvres que faire les frais d'un timbre était un luxe inabordable. Le facteur local, pris d'une vraie compassion pour les jeunes instruits qui ne pouvaient communiquer avec leurs familles que par écrit, leur avait appris à décacheter à la vapeur les lettres qu'ils recevaient pour renvoyer leur courrier dans la même enveloppe sans avoir à l'affranchir. Ce faisant, il devint le sauveur de ces jeunes affamés soumis au régime strict de la patate douce. Bon nombre d'entre eux se seraient sûrement ôté la vie s'ils n'avaient pu, grâce à lui, communiquer avec le monde extérieur.

Quand sa sœur lui avait raconté cette histoire à son retour en ville, Wang Tong n'avait pas cru qu'une telle misère pût exister, d'autant plus qu'aucun journal n'avait jamais relaté de tels faits. Décidée à se rendre compte par elle-même, elle avait imploré sa sœur de l'emmener au village de Guanyun. Ce qu'elle y vit la bouleversa : une fillette de quinze ans déambulait sans pantalon aux premiers frimas de l'automne, et d'autres enfants se chamaillaient en pleurnichant pour un morceau de patate douce. Un tel fossé entre la ville et la campagne était inimaginable ! A leur arrivée, la famille qui les accueillait était au désespoir car le billet de dix yuans qu'ils avaient pris soin de cacher dans une jarre en terre enfouie sous le fourneau de la cuisine – soit, toutes leurs économies de l'année – avait été grignoté par des rats. Sa sœur avait passé toute la nuit à assembler tant bien que mal, à la lueur blafarde d'une loupiote, tous les menus morceaux pour reconstituer le billet. Elle avait l'espoir de l'échanger contre un neuf à la banque, et l'affaire était selon la famille d'autant plus urgente que ce billet de dix yuans était menacé de péremption. Elle avait fait l'impossible mais le résultat de ses efforts ne ressemblait que très vaguement à un billet de dix yuans. Par chance, quand elle l'avait présenté le lendemain matin à la banque du district, le personnel s'était montré très compatissant et avait accepté de le lui échanger. Lorsque, à son retour, elle avait tendu le billet flambant neuf au vieil homme, toute la famille en était tombée à genoux de reconnaissance. Wang Tong avait versé un torrent de larmes : comment la vie pouvait-elle être si dure dans un village si proche de Nankin ?

Travaillant alors dans une imprimerie, elle avait, depuis cette visite, récupéré tout le papier mis au rebut. Elle agrafait les feuilles en petits cahiers qu'elle envoyait ensuite à la famille qui avait hébergé sa sœur dans le village de Guanyun. Elle voulait que tous ces enfants privés d'école puissent au moins dessiner…

Quand Guan Buyan voulut convaincre sa femme d'ouvrir un restaurant, Wang Tong avait d'abord refusé. Depuis sa tendre enfance, elle adorait la littérature et il n'était pas question qu'avant même d'avoir atteint la trentaine, elle se lance dans une entreprise individuelle et devienne la patronne servile de ce type d'établissement. L'idée de devoir aduler les huiles locales, faire risette aux clients et fusiller du regard les petits lui faisait horreur. Mais lorsque Guan Buyan avait perdu son travail, elle avait pris peur : comment un homme incapable de subvenir à ses propres besoins pourrait-il faire un bon père ? Après tout, ils n'étaient mariés que depuis deux ans et n'avaient pas d'enfant, pourquoi ne pas « se jeter à l'eau » et fonder leur entreprise ? Ça ne nécessitait pas une grosse mise de fonds et dès l'instant qu'on ne dilapidait pas son patrimoine, pourquoi pas ?

Encore fallait-il ne pas sous-estimer l'ampleur de la tâche car, comme le rappelle un proverbe chinois : « Un cheval peut mourir d'épuisement avant d'avoir atteint le sommet de la montagne. » Au cours des deux premières années d'exercice, Wang Tong apprit à devenir plus réaliste et révisa ses aspirations. Le couple était encore loin d'avoir concrétisé ses rêves, mais tous deux avaient confiance en leur projet et gagnaient chaque jour en expérience.

Six mois auparavant, Wang Tong avait démissionné de son travail à l'imprimerie pour se consacrer à plein temps au restaurant. Elle était d'autant plus reconnaissante à Trois dont le talent unique acquis dans sa campagne avait transformé *L'Imbécile heureux*. Elle adorait voir ses clients en famille, petits et grands, faire le tour du restaurant en discutant des compositions de fruits et légumes. Pour enrichir ses connaissances et faire de nouvelles trouvailles, elle partait chaque jour de bon matin acheter les produits frais tout juste arrivés sur le marché. Par ailleurs, elle s'aperçut que l'ambition et le talent de Trois l'avaient métamorphosée : désormais elle n'était plus d'avis qu'il était indigne de faire du commerce, ni qu'il fallait accepter son destin sans broncher ; et son tempérament indolent, qui mettait jadis sa sœur si en colère, devint plus vif et plus extraverti.

Wang Tong était une vraie Nankinoise, elle aimait manger, faire ses courses et mettait autant d'enthousiasme et d'énergie à choisir ses légumes qu'à faire les boutiques de vêtements ou de bijoux.

Les touristes chinois en visite à Nankin connaissent les spécialités locales, ils veulent y déguster son célèbre canard laqué et le canard au sel. Les Nankinois, plus fins gourmets, s'enquièrent aussi du dosage de la saumure comme de la provenance des volailles ; leurs morceaux favoris, dans lesquels ils disent trouver la « saveur de la vie », sont la tête, le cou, les ailes, les pattes, le gésier et le cœur. Un proverbe local le confirme : « Tout dans le canard et dans l'oie est un trésor ! » Qu'il s'agisse du duvet utilisé dans la confection des vestes et des couettes, ou du sang, des intestins et des os qui servent à la préparation du bouillon de la délicieuse « soupe de sang de canard », la moindre parcelle du précieux volatile est mise à profit. Sans oublier le bouillon également utilisé pour la succulente soupe de raviolis, très prisée des Nankinois au petit-déjeuner comme au déjeuner.

Ces derniers sont aussi très friands d'herbes sauvages et vous proposeront avec grande fierté leurs « Huit Fraîcheurs Sèches » et leurs « Huit Fraîcheurs Aqueuses ». La première préparation se compose de pourpier, tête de poule, *malantou*, céleri sauvage, rocambole, lyciet, bourse-à-pasteur ou capselle et roseau à balais. Quant à la deuxième, c'est un heureux mélange de crevettes, d'escargots, de racine de lotus, de poisson, de châtaignes d'eau, de graines d'euryale, de zizanie et de cresson. Pour les gastronomes, la spécialité locale la plus plébiscitée, ce sont ces roseaux sauvages ramassés sur les rives du fleuve, leur verdeur et leur saveur en font l'accompagnement idéal du tofu puant séché.

Les Nankinois sont aussi très friands de soupe de fleurs de chrysanthème et de bourgeons de cédrel odorant (acajou de Chine) cueillis juste avant la fête de Qingming, sautés avec des œufs ou servis froids avec du tofu. Ils raffolent de tous ces plats à base de plantes et d'herbes sauvages qui leur donnent un petit goût de nature, de vie champêtre, de mousson, et leur apportent tous les jours une touche de fraîcheur et le sentiment d'être en communion avec les saisons.

Quand elle se rendait aù marché, Wang Tong ne se contentait pas d'acheter des produits locaux, elle remplissait également son panier de légumes importés de l'étranger ou d'autres régions de Chine. Bien souvent personne ne savait comment les appeler, et ce sont les maraîchers qui leur attribuaient un nom selon leur forme. C'est ainsi que Wang Tong ramena un jour des « Sourires Occidentaux » (sorte de concombre vert pâle), et un « Nez de George Bush » (espèce de courge creuse et ridée, pointue à la base et au bulbe renflé sur le haut)... Les clients se prirent au jeu et rivalisaient d'inventivité pour trouver de nouveaux noms à ces curieuses cucurbitacées. On assistait alors au restaurant à des joutes endiablées auxquelles se joignait le Vieux Guan, père de Buyan et beau-père de Wang Tong, armé de sa bible de botanique. Wang Tong s'amusait parfois à suspendre à la porte du restaurant un légume mystérieux, invitant les lettrés et autres experts à faire connaître leur avis sur le nom du légume. Elle confia même à Trois en plaisantant qu'avec son aide, elle ferait de *L'Imbécile heureux* le premier Palais des Expositions de légumes chinois !

De son côté, Trois s'amusait beaucoup à voir tous ces citadins s'agglutiner autour de ces plantes sauvages, curieux d'en découvrir les propriétés, tandis que dans sa campagne elles poussaient partout comme des mauvaises herbes. Elle découvrit avec stupeur qu'à leurs yeux il était bon de trouver de la terre sur les légumes et des trous d'insectes dans les feuilles. Ils y voyaient la preuve que les légumes étaient frais et dépourvus de pesticides aux effets délétères pour la santé. Quoi de plus ridicule ! Si dans une livre de légumes, il y avait deux cents grammes à jeter, c'était cher payé au nom de la « fraîcheur ». Et dire que sa mère se donnait tant de mal pour enlever la terre et les feuilles abîmées avant de présenter ses légumes au marché, ça lui fendait le cœur ! Pour sa mère, l'important était que ses clients puissent avaler jusqu'au moindre fen de l'argent qu'ils avaient dépensé pour ses légumes.

Bien qu'à l'évidence Trois eût l'esprit vif et la main agile, son éducation après deux ans d'école primaire restait rudimentaire. Son apprentissage de la vie citadine fut donc pénible et laborieux. Pour rattraper son retard et apprendre le plus rapidement possible à se conduire sans susciter les moqueries, elle mit un point d'honneur à observer et à calquer ses manières sur celles de son entourage : Guan Buyan, sa femme, le cuisinier, une étudiante qui venait travailler le week-end, ainsi que les clients. Mais il y avait tant à apprendre ! Les hommes de son village qui travaillaient en ville toute l'année et ne revenaient qu'au Nouvel An n'avaient, par exemple, jamais fait allusion à tous ces différents titres des citadins : président, inspecteur, secrétaire général, officier... La liste n'en finissait pas. Parmi les clients notamment, il y avait des « chefs » de tous acabits. Un ami de Wang Tong, journaliste, lui avait un jour confié qu'à la radio il valait encore mieux prétendre que les poules avaient des dents que de faire une erreur sur le titre honorifique d'un fonctionnaire. Selon la gravité de l'offense, on pouvait écoper d'une amende ou se voir limoger sans ménagement. L'idée qu'une telle bévue de sa part puisse faire du tort au restaurant la terrifiait. Et tout homme bedonnant qui franchissait la porte du restaurant la faisait désormais trembler.

De par leur éducation et leur culture de citadins, Guan Buyan et sa femme ne soupçonnaient pas le supplice enduré par Trois, livrée à elle-même dans ce monde terrifiant. Mais ils prenaient soin d'elle chacun à sa façon. Comme s'il la croyait incapable de se débrouiller seule, Guan Buyan, paterne, lui prodiguait moult recommandations pour prévenir tout incident. Wang Tong, plus détendue que son mari, traitait Trois comme une jeune sœur, elle ne lui reprochait jamais son ignorance ni ne se moquait de ses bêtises. Ainsi, la première fois qu'elle était allée aux toilettes chez ses patrons, Trois s'était trouvée plongée dans le plus grand dilemme face à un siège dont elle ignorait l'usage, quand chez elle un simple trou à ras du sol permettait de s'exonérer. Dans l'urgence, elle avait fini par sauter à pieds joints sur le siège pour s'y accroupir. La chose faite, la chasse d'eau posa une autre énigme que toute sa réflexion ne put résoudre. Elle referma la porte et retourna avec Wang Tong au restaurant, sans souffler mot. Le soir, à son retour à la maison, le couple fut saisi par l'odeur nauséabonde qui avait envahi les lieux. En ouvrant la porte des toilettes, il découvrit deux empreintes de pas sur le siège et un magnifique étron qui flottait à la surface de l'eau. Guan Buyan manqua de perdre connaissance et s'en prit aussitôt à sa femme : comment avait-elle pu oublier de montrer à la simplette l'usage de ces commodités ? Wang Tong, beaucoup plus indulgente, se contenta de nettoyer en silence et ce ne fut que plusieurs semaines plus tard, quand Trois revint chez elle, qu'elle lui montra comment s'asseoir convenablement sur le siège. Trois, embarrassée, prit tout à coup conscience de la mauvaise « impression » qu'elle avait dû laisser lors de son premier passage dans cette demeure immaculée et si délicatement parfumée.

4

Le Palais du dragon d'eau

Les deux femmes qui accompagnaient Cinq au *Palais du dragon d'eau* avaient la langue bien pendue. Dans le bus, elles jacassèrent durant tout le voyage et Cinq n'en fut que plus à l'aise. Finalement les citadines étaient aussi bavardes que les campagnardes. Mais tout ça ne lui en dit pas plus sur le travail qui l'attendait au centre car elle ne comprenait pas un mot. Déçue, elle tendit le cou pour mieux voir par la fenêtre le spectacle des rues et des passants pressés.

La plupart des immeubles ressemblaient à ceux qu'elle avait vus sur les photos que Troisième Oncle avait faites du chef-lieu du district : façades recouvertes de carrelage blanc et murs latéraux en brique brute. Les bâtiments de Nankin semblaient néanmoins beaucoup plus récents, plus propres et bien plus beaux que les maisons de brique de son village. Dans les rues, les gens marchaient au pas de course, parmi eux beaucoup de femmes, et tous trimballaient des paquets de toutes tailles. Cinq se souvenait d'avoir entendu Trois et Deuxième Oncle vanter la peau fine et le teint délicat des citadines, pourtant elle ne vit que des visages tartinés de maquillage si épais qu'ils lui rappelèrent les visages peints de la troupe d'opéra qui venait parfois se produire au village. Seules quelques vieilles femmes sortaient sans fard mais elles portaient des vêtements de couleurs si criardes et de si mauvais goût que Deuxième Tante les avait jugées carrément « indécentes ». A vrai dire, aucun citadin ne trouvait grâce à ses yeux. Elle avait fait une fois le voyage dans le Sud pour rendre visite à Deuxième Oncle et n'avait pas cessé à son retour de les critiquer. Deuxième Oncle, lui, n'en avait jamais dit aucun mal, c'était à se demander s'ils étaient allés au même endroit.

En ville, très peu d'enfants jouaient dans les rues, Cinq se demandait où ils avaient bien pu passer. Dans son village, l'été, les ruelles débordaient d'enfants dès l'aube. Les plus petits couraient dehors toute la journée, roupie au nez et fesses à l'air. Les plus grands aidaient leurs parents aux champs. Vers la fin de l'automne et l'hiver venu, quand il n'y avait plus grand-chose à faire dans les champs, le village s'animait de plus belle et les garçons plus âgés s'affrontaient bruyamment dans des jeux de bâtons et de boules de terre. Les filles, bien sûr, aidaient leur mère aux tâches ménagères et apprenaient avec elle la couture et l'artisanat. C'est pourquoi Cinq ne se souvenait pas de s'être jamais amusée étant enfant.

Tandis que le bus se frayait un passage dans les rues bondées, ce qui intrigua le plus Cinq, ce furent ces grandes portes vitrées – ou étaient-ce des fenêtres ? – derrière lesquelles des hommes et des femmes, tout maigres, se tenaient résolument figés, dans la même position. Que faisaient-ils là ? Et pourquoi tant de passants s'arrêtaient-ils pour les regarder ? Cinq espérait bien un jour aller les voir et éclaircir ce mystère.

En descendant du bus, et après s'être adressées à Cinq dans un langage pour elle très abscons, la Rondelette descendit la rue avec Cinq tandis que la Maigrelette partait dans une autre direction.

« Alors, dis-moi, pourquoi as-tu dit que tu t'appelais Cinq ? Ton nom officiel n'est pas inscrit sur tes papiers. Tu as sûrement un autre nom ?

— Un nom officiel ? Qu'est-ce que c'est ?

— C'est le nom que tu utilises quand tu vas à l'école, tu m'as bien dit que tu étais allée à l'école ?

— Non…

— Pourquoi ?

— Mon professeur a dit à mon père que j'étais trop stupide et qu'il ferait mieux de me reprendre pour travailler aux champs. Et puis il a dit que ça lui éviterait de gaspiller son argent pour rien.

— Tu y es donc allée un peu, non ?

— Une semaine et demie.

— Seulement ? Vraiment ?

— Oui, je vous assure, si vous me croyez pas, demandez à ma grande sœur.

— Non, je te crois, répondit la Rondelette, le regard compatissant.

— Qu'est-ce qui va pas avec "Cinq" ? C'est pas un joli nom ?

— Si, si, c'est très joli. C'est juste que… »

La Rondelette ne savait plus comment expliquer les choses à cette fille qui semblait débarquer d'une autre planète.

« Cinq, c'est le nom qu'on te donnait chez toi. Si tu veux, ici, tu peux avoir un autre nom. Ne t'inquiète pas, quand on t'inscrira tout à l'heure, Directeur Shui ou un membre de son équipe te donnera un nom de travail.

— C'est quoi, un nom de travail ? »

La pauvre Cinq n'en revenait pas. Dans son village, elle n'avait jamais entendu personne parler de nom officiel, de nom de travail… Et là tout à coup, tous ces nouveaux mots !

« Le nom de travail, c'est celui que tu porteras quand tu travailleras dans notre centre. Nous y voilà. Voici la porte de service, pour nous les employés ; les clients, eux, rentrent par la grande porte dans la bouche du dragon…

— Waouh ! » s'exclama Cinq en regardant au loin, à droite, dans la direction que pointait la Rondelette.

Il y avait un magnifique dragon aux écailles multicolores couché le long de la route. Il faisait au moins deux cent cinquante mètres de long ! Dans la grosse perle qu'il tenait dans la bouche avait été percée une grande porte ronde, si large que cinq personnes pouvaient la franchir de front. Cinq, elle, se contenta de pousser les deux battants étroits de la porte de service en fer pour entrer.

Dès qu'elle fut à l'intérieur, une bouffée de vapeur chaude aux senteurs d'herbes médicinales ainsi qu'un ronron de machines l'accueillirent. Prise au dépourvu, Cinq se figea et, dans un réflexe protecteur, porta ses mains à son visage. La Rondelette sourit et la prit doucement par le bras pour lui faire visiter les lieux. Dans un dédale de couloirs moites et bruyants, elle lui sortit des mots barbares comme « salle des pompes » et « préparations médicinales » en prenant soin d'ajouter que ce serait bientôt plus calme. En effet, une vingtaine de mètres plus loin, après avoir franchi une autre porte en fer, le bruit cessa. Elle n'entendit plus qu'un gazouillis d'eau provenant des multiples tuyaux de toutes tailles qui couraient dans le couloir, le long des murs et du plafond.

« Tous ces tuyaux contiennent de l'eau, c'est notre matière première, la clé de notre réussite au *Palais du dragon d'eau* ! »

Cinq avait entendu les personnes âgées raconter tout un tas d'histoires sur le *Palais du dragon d'eau* : il était peuplé de crevettes soldats, de crabes généraux assistés d'une armée d'animaux aquatiques luttant ensemble dans les vagues... Jamais il n'avait été question de tuyaux, de pompes ou de quelconques préparations médicinales. Jamais, au grand jamais, elle n'aurait imaginé atterrir en ville dans un endroit pareil. Et si elle se noyait ? Elle voulait prévenir la Rondelette, lui dire qu'elle ne savait pas nager. Au village, seules quelques fillettes savaient nager et sa mère lui répétait souvent de ne pas s'approcher de l'étang car, disait-elle, les fantômes des eaux, rassasiés de corps détrempés, ne feraient qu'une bouchée d'un petit caneton qui n'avait jamais mouillé ses plumes. Elle se souvenait d'une amie d'enfance, Hehua, qui avait glissé dans l'étang en lavant ses affaires et n'avait pas refait surface.

Mais avant qu'elle n'ait pu exprimer ses craintes, un grand cri la fit sursauter.

« Déjà de retour, Banyue ? La chance t'a souri aujourd'hui ? Je me souviens, la semaine dernière, tu t'es gelée toute la journée sans trouver personne.

Ah, voici donc notre nouvelle assistante ! Bonjour, jeune fille ! »

Une femme d'une cinquantaine d'années, vêtue d'un uniforme blanc, manches et col rayés de vert, les salua en hâte.

« Elle s'appelle Cinq. Cinq, voici Ping qui s'occupe du bassin de la Culture de l'Esprit, elle est très gentille. Directeur Shui nous demande sans cesse de lui trouver une assistante stable. Faut dire que ces temps-ci, on croirait qu'elles ont toutes de l'huile sous les pieds, à peine arrivées, elles décampent comme coccinelles sur toile cirée ! C'est bien beau d'avoir un niveau d'études et des notions d'anglais, mais dès que l'une de ces diplômées arrive, une autre s'en va pour devenir "secrétaire particulière". Nous voilà bientôt chasseurs de têtes ! Mais trouver une fille à la fois éduquée et compétente, c'est quasiment mission impossible. Tu te souviens de celle qu'on avait recrutée il y a deux mois ? Elle me plaisait beaucoup, pas très loquace ni très avenante mais l'œil vif. Qui aurait cru que dès le premier jour, en voyant les clients se changer, elle serait effrayée au point d'éclater en sanglots et de détaler sans demander son reste ! Depuis, j'ai conseillé à Directeur Shui de présenter brièvement aux nouvelles recrues les activités du centre avant qu'elles ne prennent leurs fonctions. Elles comprendraient qu'il n'y a rien de licencieux ici et que nous ne faisons que perpétrer une véritable tradition chinoise. Bon, à tout à l'heure, Ping ! »

Quand elle fut présentée à Directeur Shui, Cinq fut frappée par la taille de son ventre. Il était si énorme qu'on aurait pu y mettre un porcelet. Comment le ventre d'un homme pouvait-il devenir si gros ? Elle repensa alors au personnage le plus grand et le plus gras de son village. On le surnommait Bao Daye, littéralement « Vieil Homme Trésor », en raison de l'étendue de son savoir. Personne au village n'avait parcouru le monde aussi loin que lui, jusqu'aux confins du Nord-Est de la Chine, là où les arbres sont hauts, les hommes grands et les chevaux puissants. Même les galettes y étaient plus larges que la taille de nos poêles ! L'histoire ne disait pas s'il avait trop mangé ou avalé un quelconque trésor mais les villageois assuraient tous que Bao Daye gardait tout son savoir dans sa bedaine et que cela lui permettait d'avoir réponse à tout et de raconter d'innombrables histoires. Directeur Shui devait donc être un véritable érudit et méritait par là le plus grand respect de sa part. Aussi, Cinq qui voulait pourtant se tenir bien droite sentit son corps se courber inexorablement pour le saluer.

« Enchanté, Mademoiselle Cinq, mon nom est Shui, mon prénom Zhun, mais ici les employés m'appellent tous Directeur Shui. Je ne suis pas grand amateur de ces formules, "Directeur Machin" ou "Directeur Truc", mais puisque tout le personnel m'appelle ainsi, autant faire comme eux, à moins que tu n'aies une meilleure idée... Bon, Cinq, parle-moi un peu de toi. Je ne pense pas que ce formulaire m'en apprenne beaucoup sur ta vie, alors raconte-moi. Tu as cinq minutes, ça suffit ? Je... attends, pardon... Allô ? »

Directeur Shui avait ramassé quelque chose sur son bureau, il bomba le ventre, se dirigea vers une autre pièce et s'y engouffra non sans peine à travers la porte étroite. Celle-ci refermée, Cinq l'entendit parler et devina qu'il était au téléphone. Pourtant le combiné qu'il avait pris sur son bureau ne ressemblait en rien au téléphone de la brigade de production, il n'était rattaché à aucun fil. Trois lui avait raconté qu'en ville tout le monde se baladait avec un téléphone et s'en servait pour papoter avec des amis, lire des blagues et même pour savoir l'heure. Ça devait être ça, un téléphone portable !

Directeur Shui resta enfermé un bon moment avant de ressortir, et Cinq en profita pour scruter son immense local. Bien plus vaste que celui du secrétaire de la brigade de production, on y trouvait un majestueux bureau rouge foncé, brillant comme un sou neuf, sur lequel trônait un fort curieux objet : une vitre entourée d'un cadre en plastique derrière laquelle on pouvait voir évoluer des poissons, du jamais vu ! Et puis il y avait, à côté d'elle, deux autres chaises dures comme la sienne et trois sièges de différentes tailles recouverts de tissu rouge. Sur quatre jolies consoles reposaient des statues colorées qui lui étaient plus familières. L'une d'elles représentait les Huit Immortels traversant la mer, une autre Shou Lao, dieu de la Longévité, sculpté dans un bois jaune avec une longue barbe flottante, des yeux rieurs et son bâton de pêcher ; sur la console du coin, Guanyin, la grande déesse de la Miséricorde, la préférée de Cinq. Pour que tant d'hommes s'agenouillent à ses pieds, ce devait être une femme d'exception ! Cinq repensa à son père et à cette façon qu'il avait d'insulter sa mère chaque fois qu'il était ivre, toujours la même rengaine sur son incapacité à lui pondre un fils ! Privé de descendance, l'aîné de la famille Li avait perdu la face. Dans ces moments-là, sa mère allait toujours s'agenouiller devant la statue de Guanyin et lui brûlait un bâtonnet d'encens. Le temps qu'il soit consumé à moitié, son père s'était tu et avait tourné les talons en soupirant. Un jour, Cinq était rentrée à la maison prendre des outils pour les travaux des champs et avait surpris son père implorant Guanyin de lui accorder un fils. Sans Guanyin, Cinq s'était souvent dit que ces incessantes querelles auraient fait déguerpir toute la maisonnée, y compris poules et chiens ! Enfin, sur la quatrième console de Directeur Shui, figurait une autre statuette en terre rouge que Cinq identifia d'après les portraits qu'elle voyait partout dans les maisons de son village : le président Mao. Les personnes âgées disaient qu'après Guanyin, c'était le président Mao qui montrait le plus de bonté à l'égard des paysans. N'était-ce pas sur son ordre que les révolutionnaires avaient brûlé toutes les reconnaissances de dettes qu'avaient signées les villageois aux grands propriétaires terriens ? Sans lui, racontait son grand-père, sa famille aurait certainement dû vendre la maison pour rembourser les dettes et ils seraient tous morts de faim. Pourtant, à mieux y regarder, Cinq avait un doute : c'était bien le visage du président Mao, mais avec ces sandales en sparte et le chapeau de paille à la main, le bonhomme avait tout du paysan. Plongée dans ses pensées, Cinq sursauta quand retentit la sonnerie du téléphone sur le beau bureau lustré. Directeur Shui réapparut dans la pièce, toujours en conversation sur son portable :

« Humm… vous avez raison, mais vous savez comment sont les gens de nos jours, ils prennent le pouvoir, en usent et en abusent. Je ne pense pas que… Attendez, j'ai un appel sur l'autre ligne. » D'une main, il couvrit l'écouteur de son portable et de l'autre, il décrocha : « Allô ? Mademoiselle Lin, qui cherche à me joindre ? Dites-lui que je ne serai là qu'à partir de huit heures ce soir. S'il veut me voir, qu'il me rejoigne dans la salle de massage des pieds. »

Il raccrocha et s'apprêtait à reprendre la conversation sur le portable quand il réalisa que Cinq l'attendait toujours. Il s'empressa alors de conclure : « Ecoutez, venez plutôt prendre un bain ici, nous aurons bien plus de plaisir à discuter après avoir tombé la veste ! Ne dites pas ça, voyons… Vous savez que ce n'est pas mon genre d'abuser de mon pouvoir avec mes amis ! OK, très bien, faites-moi signe quand vous partez, et je m'assurerai qu'on vous réserve une cabine très calme. C'est entendu, je vous attends ! »

Directeur Shui remit son portable dans sa poche et s'efforça de retrouver le fil de ses pensées.

« Pardon, pardon, tu es… Ah oui, c'est ça, tu es Cinq, n'est-ce pas ? La nouvelle assistante. Alors, dis-moi, c'est bien comme ça qu'on t'appelle dans ta famille ? Cinq ? Préférerais-tu qu'on t'appelle autrement ? Non ? Aucune importance, Cinq, ça me plaît bien. »

Sans même lui laisser le temps de répondre, Directeur Shui appuya sur une petite sonnette qui se trouvait sur son bureau : une fille longiligne, comme celles qu'elle avait vues dans les vitrines en ville, surgit dans la pièce. Habillée tout de vert, sa silhouette moulée captait le regard. Le cœur de Cinq s'affola, elle n'osa pas lever les yeux sur elle.

« Mademoiselle Lin, voici Cinq, notre nouvelle recrue. Soyez gentille de bien vouloir la conduire jusqu'au bureau des employés et de la présenter à Ingénieur Wu. Par ailleurs, c'est maintenant mon heure de lecture mais si le directeur Chen de la mairie cherche à me joindre, passez-le-moi, merci.

— J'y veillerai, Directeur Shui. C'est noté : aucun appel entre une et deux heures sauf s'il s'agit du directeur Chen à la mairie. Allez, Cinq, on y va, je t'emmène voir Ingénieur Wu. »

Remarquant la tête baissée de Cinq, Mademoiselle Lin entreprit de détendre l'atmosphère en lui posant quelques questions :

« Cinq, dis-moi, d'où viens-tu ?

— De la région de Chuzhou dans la province de l'Anhui, répondit Cinq d'un filet de voix aussi faible qu'une susurration de moustique.

— Tu es déjà venue à Nankin ?

— Non, murmura-t-elle.

— Cinq, quelles sont tes fleurs préférées ?

— Quelles fleurs ? »

Abasourdie, Cinq n'osait toujours pas relever la tête, les yeux rivés sur les deux jolies jambes qui marchaient à côté d'elle.

« Les fleurs de ton jardin ou les fleurs sauvages ? Lesquelles tu préfères ?

— Les fleurs de patate douce, répondit Cinq sans hésitation.

— Les fleurs de patate douce ? A quoi ça ressemble ? Je n'en ai jamais vu. »

Les deux chaussures vertes à talons stoppèrent net. Cinq n'avait vu qu'une paire de chaussures à talons auparavant, celle que Troisième Oncle avait achetée pour sa femme dans une petite ville du district. Les villageois en avaient longtemps fait des gorges chaudes, jusqu'au jour où sa femme, prétextant que ses chaussures lui faisaient mal, avait cessé de les porter. Celles que portait la fille en vert étaient beaucoup plus hautes, comment pouvait-elle ne pas souffrir ?

« Allez, Cinq, dis-moi à quoi ressemble une fleur de patate douce. Décris-la-moi. »

Les chaussures à talons se remirent en route.

« Moi ? Mais je… »

Cinq ne savait absolument pas comment décrire cette fleur. Elle était si commune à la campagne, tout le monde devait savoir à quoi ça ressemblait, non ? Cinq se remémora encore une fois les paroles de sa mère et poursuivit :

« Certaines fleurs de patate douce sont aussi grosses que le poing d'un bébé de cent jours, d'autres sont toutes petites, comme l'ongle du pouce d'une femme ; en boutons, on dirait des trompettes, et quand elles s'ouvrent, des entonnoirs avec des pétales ovales. Elles sont blanches sur le bord et pourpres au centre. Et puis, quand on regarde un champ de patates douces en fleur, c'est comme un grand ciel vert étoilé, c'est magnifique… »

Pauvre femme, pensait Cinq. Dire qu'elle ne sait même pas à quoi ressemble une fleur de patate douce !

Mademoiselle Lin n'avait même jamais entendu parler d'un « ciel vert » et la réponse de Cinq piqua sa curiosité.

« Merci, Cinq, pour cette étonnante description. Maintenant, dis-moi, si quelqu'un t'invite au restaurant, quels sont les plats que tu aimes ?

— Hein ? Quoi ? Quelqu'un veut m'inviter ? Je suis jamais allée au restaurant, mon père dit toujours que les filles ne peuvent pas prendre part aux banquets. »

La voix de Cinq commençait à s'affirmer.

« Pourquoi pas ? Et le karaoké, tu aimes ? Tu préfères le cinéma ? Pourquoi tu ne relèves pas la tête ? Tu sais, nous avons presque le même âge. »

Cinq, toujours tête baissée, n'osait pas regarder cette fille en vert dont la silhouette ondulait à ses côtés. A dire vrai, toutes ces questions sibyllines la laissaient sans réponses. Mademoiselle Lin ne s'en formalisait pas et continuait son discours comme si de rien n'était : « Cinq, sache qu'ici les gens sont tous très corrects, enfin je veux dire, ce sont des gens bien. J'ai travaillé dans de nombreuses sociétés et Directeur Shui est de loin le plus cultivé de tous les directeurs que j'ai connus, c'est aussi le plus intègre et le plus juste. Tu peux passer trois ans dans certaines sociétés sans jamais apercevoir le directeur ; Directeur Shui, lui, connaît tout le monde et prend toujours le temps de bavarder avec ses employés. Tu sais, avec ou sans éducation, chacun a des compétences et tu découvriras bientôt que tu as beaucoup de chance de travailler ici. Maintenant je vais te présenter Ingénieur Wu. Son nom est Wu Dali mais comme il est l'ingénieur en charge de la maintenance, on l'appelle Ingénieur Wu. Il ne parle pas beaucoup mais il est honnête et très compétent pour tout ce qui est technique : quand une machine se détraque, il décèle à l'oreille l'origine du problème, et d'un seul coup d'œil, il juge de la qualité de l'eau des bassins. Tu peux faire le tour des sociétés, tu ne trouveras pas un ingénieur qui lui arrive à la cheville, c'est un réparateur hors pair ! Ce n'est pas pour rien si Directeur Shui nous dit qu'Ingénieur Wu est un vrai trésor et qu'il vaut à lui seul la moitié de notre société. D'ailleurs, personne ne désobéit jamais à un ordre venant de lui. »

Bien que Cinq eût du mal à comprendre tout ce qu'elle entendait, elle se fit un portrait de l'homme : certainement grand et imposant. Elle réalisa l'énormité de son erreur quand elle se retrouva face à lui. Les gens de son village l'auraient qualifié de « demi-portion ». De fait, il faisait la même taille que Cinq, environ un mètre soixante, il était sec comme un fagot de bois. Sa peau tendue sur les os laissait transparaître toutes ses veines, au moindre de ses mouvements on voyait s'articuler et ondoyer les os et les muscles de son corps étique.

« Bonjour, dit-il d'une voix douce, inattendue de la part d'un homme. Je suis Wu Dali et tu dois être Mademoiselle Cinq, enchanté ! Nous allons bientôt travailler ensemble. Au début, ne t'inquiète pas si tu es un peu perdue. Toute personne choisie par Sœur Banyue est à mes yeux digne de confiance, je suis sûr que tu apprendras très vite. N'hésite pas à ouvrir grand les yeux pour observer et la bouche pour t'informer. Dans quelques jours, tu connaîtras tous les rouages de notre *Palais du dragon d'eau.* »

Ingénieur Wu s'exprimait de façon très claire et depuis son arrivée au centre, c'était la première fois qu'elle avait tout compris. Détendue, elle acquiesça de la tête et ne put s'empêcher de jeter un œil sur Mademoiselle Lin, « la fille en vert difficile à comprendre ». Comme elle était jolie ! Elle ressemblait aux photos de stars de cinéma que Trois avait rapportées au Nouvel An. Mais les canons de beauté des femmes de son village différaient visiblement de ceux des femmes de la ville. Chez elle, une beauté avait un visage rond de pleine lune, une bouche en cerise et des lèvres aussi fines que des feuilles de saule. Sur les photos de Trois, les femmes avaient au contraire un visage allongé, le menton pointu, les joues creuses et une bouche aux lèvres si charnues qu'on aurait pu y faire frire le dîner.

Cinq se souvint de ses escapades dans la réserve où, munie d'un miroir, elle comparait son visage à celui des femmes en photo dans l'espoir d'une ressemblance. Puisque aux yeux des villageois, elle n'était pas belle, peut-être avait-elle quelque chose qui correspondait à ces canons des villes ! Et puis à dix-sept, dix-huit ans, toutes les filles sont belles. Mais après s'être longuement penchée sur ces clichés, elle ne trouvait plus aucune fille du village jolie, et même Six que tous décrétaient pourtant charmante avait à son goût des lèvres bien trop fines. Mais cette fille en vert, elle, elle avait tout.

Fascinée, Cinq ne pouvait détourner son regard de Mademoiselle Lin.

« Cinq, tout va bien ? »

Ingénieur Wu lui tapota l'épaule.

« Oui, oui, ça va… Elle est si belle ! »

Ces mots d'une émouvante sincérité lui échappèrent spontanément, plongeant dans l'embarras la fille en vert qui s'éclipsa aussitôt en glissant quelques mots à l'oreille d'Ingénieur Wu. Cinq la suivit des yeux jusqu'à ce qu'elle disparaisse puis soupira en marmottant :

« Mais pourquoi je l'ai pas regardée plus tôt ?

— Qu'est-ce que tu dis ?

— Rien, chuchota Cinq, éperdue, les yeux empreints du beau visage de la fille en vert, rien du tout… »

Patient, Ingénieur Wu attendit d'être sûr d'avoir toute son attention avant de poursuivre :

« Allons-y, il faudra bientôt nous mettre au travail. Mais avant tout, il faut que je te parle un peu du *Palais du dragon d'eau*.

— Mais je sais rien, qu'est-ce que je peux faire ? »

Cinq s'était toujours trouvée bonne à rien et il lui fallait un temps infini pour apprendre quoi que ce soit.

Elle se remémora le jour où Trois, de retour au village après son premier séjour en ville, avait essayé de lui apprendre à présenter les légumes. Un jour et demi s'était écoulé à l'issue duquel Trois s'écriait encore : « Comment notre mère a-t-elle pu nous faire si différentes ? Ne vois-tu pas que tu abîmes les légumes à les manipuler avec si peu de soin ? » Son père qui fumait à leur côté, tapant sa pipe contre le four, l'avait enjointe de se calmer : « Mais qu'est-ce qui t'arrive ? Cesse de t'en prendre à ta sœur parce qu'elle est moins dégourdie que toi et Six, de toute façon vous n'êtes que des baguettes. Et ne crois pas que quelques mois en ville y ont changé quelque chose et que tu peux maintenant prendre tes sœurs de haut ! »

Trois avait pleuré toute la nuit qui avait suivi cette verte semonce et Cinq ne s'en était sentie que plus coupable. Et voilà qu'à présent Ingénieur Wu pensait pouvoir lui expliquer son travail en quelques mots. Et si je pige pas tout de suite ? s'inquiétait Cinq. Trois soutenait que les gens des campagnes étaient naturellement moins intelligents que ceux des villes, alors elle, la plus bête du village… Cinq était en proie au plus grand désarroi.

Ingénieur Wu commença par emmener Cinq déjeuner à la cantine des employés. Il s'arrangea pour qu'elle fût assise dans un coin face au mur et qu'elle tournât le dos au flot ininterrompu des employés venus prendre leur repas. Conscient de ses difficultés à communiquer, il craignait de lui causer un stress trop important et de ruiner définitivement sa confiance en la confrontant à tant d'étrangers. Ce concept de Centre de la culture de l'eau était relativement récent, et même aux Nankinois, il avait fallu un certain temps pour apprécier ce nouveau loisir. Il avait perçu qu'il devrait s'appliquer à s'exprimer clairement pour que Cinq saisisse la teneur de son travail, faute de quoi sa nouvelle vie en ville tournerait au cauchemar…

Cette compassion que manifestait Ingénieur Wu envers les gens de la campagne lui venait de sa mère. Née au Sichuan, elle était venue travailler avec son mari à Nankin dans les années cinquante et ses trente années passées en ville n'avaient pas atténué son sentiment d'infériorité. Même lorsque, à la fin de sa vie, elle s'était occupée des personnes âgées esseulées de son quartier, par dérision, elle parlait d'elle en disant « la sauvage » ; il était rare en effet qu'elle plaisantât ou qu'elle sortît se promener avec des amies. Ingénieur Wu, qui avait grandi dans le silence de sa mère, montrait ainsi une profonde empathie à l'égard de filles comme

Cinq qui, venues de villages dirigés par des hommes, ne recevaient que peu d'amour et d'attention. Il les comparait à ces brins d'herbe se frayant un passage dans les fissures des rochers pour capter la lumière du soleil, respirer, s'épanouir avant d'être battus par la pluie et le vent. Avec leurs brimades, comme il était facile pour ces hommes d'étouffer dans l'œuf toute l'espérance de ces filles ! Même si leur ignorance leur donnait le courage de quitter leur foyer pour découvrir le monde, cette même ignorance à leur arrivée en ville était source de nombreuses interrogations, de peurs et de complexes. Le choc culturel que provoquait la nécessité de s'adapter à un mode de vie si différent les plongeait dans d'infinies souffrances. Et c'est ainsi qu'on expliquait le suicide de certaines d'entre elles qui, ayant toujours vécu recluses à la campagne, ne savaient pas faire face aux pressions de cette nouvelle vie, ni gérer leur soudaine liberté. Ingénieur Wu refusait que Cinq connaisse ce destin tragique, il voulait l'aider à aborder cette transition paisiblement et il savait comment y parvenir.

« Voilà ton déjeuner, mange.

— J'ai pas faim… et puis j'ai pas encore travaillé. »

Cinq se rappelait cet incident survenu alors qu'elle n'avait que quatre ans, quand son père lui avait tapé sur la tête en disant : « Mais tu n'as rien fait ! Comment pourrais-tu manger ? » Si le coup n'avait pas été rude, il avait néanmoins laissé une cicatrice indélébile dans son esprit et celui de ses sœurs : il fallait travailler pour mériter sa pitance !

« Tu n'as peut-être pas faim mais ici, en ville, tous les employés doivent manger à l'heure des repas, sinon il faut attendre jusqu'au repas suivant et personne ne gardera ta nourriture au chaud. Alors dépêche-toi de finir ! Ça fait partie de ton salaire. Applique-toi dans ton travail et tout ira bien.

— D'accord, je vais manger... »

Cinq acquiesça de la tête et dévora son repas. En quelques minutes, elle engloutit à grand bruit tout le riz sauté et la soupe aux légumes de son plateau. Satisfait, Ingénieur Wu sourit. Il comprit que si elle n'avait rien avalé, elle aurait certainement fait un malaise. Un bon appétit laissait présager que cette petite serait un bon élément. Il tenait cette conviction de celui qui lui avait appris son métier : selon lui, ceux qui avaient bon appétit, qui mangeaient vite et n'étaient pas difficiles se révélaient d'excellents travailleurs durs à la tâche. C'était d'ailleurs pour cette raison que, dans l'Antiquité, les artisans recrutaient toujours leurs apprentis après les avoir convoqués à un banquet appelé « Repas de bienvenue pour saluer notre maître ». C'était là le test pratique de leur aptitude...

Quand Ingénieur Wu eut fini de manger, il posa son plateau sur la table d'à côté et sortit quelques feuilles de papier de la poche intérieure de sa combinaison de travail. Il saisit un stylo dans sa poche extérieure droite et tout en dessinant sur une feuille blanche, il lui posa une série de questions :

« Cinq, si tu jettes un œil à ce dragon, que vois-tu ? D'abord sa tête avec des yeux, un nez, une bouche, des oreilles, des cornes et puis son corps, ses pattes, ses griffes, sa queue. Bon, alors ça, tu vois, c'est notre dragon ! »

En voyant ce dragon prendre forme sous ses yeux, Cinq ne put retenir un cri.

« Quel magnifique dragon !

— Ecoute-moi bien maintenant. La tête du dragon lui sert à penser et à gérer, on l'appelle le bureau. C'est là que Directeur Shui travaille avec ses assistants et dit à chacun ce qu'il doit faire. La queue du dragon nous sert à stocker les herbes utilisées pour élaborer les préparations médicinales, c'est aussi là que se trouvent les pompes et la chaufferie, souviens-toi, cet endroit si bruyant et chaud que tu as traversé en arrivant. C'est dans le ventre du dragon que se trouvent ses tripes : les bassins, les salles de soins et celles de relaxation. Le bureau des employés assignés à l'entretien, comme toi, se trouve, lui, dans les pattes et les griffes. Dès qu'une partie du corps du dragon lui fait mal ou le démange, nous devons être là pour le soulager et s'assurer de son bien-être. Tant que le dragon va bien, nos clients sont contents et nous gagnons de l'argent.

— Mais tous ces couloirs et ces bassins, ça sert à quoi ? Ils font quoi les clients ici ?

— Ces bassins sont comme les étangs à la campagne, en plus petit. On les remplit d'herbes médicinales et les clients viennent s'y baigner pour soigner leurs maladies ou éviter de tomber malades.

— On se baigne là-dedans et ça suffit ? Chez nous, on boit les médicaments, on se lave pas dedans. Ils sont très amers mais mon père dit que s'ils sont pas amers, ça marche pas.

— Ce n'est pas un hôpital ici. Il nous arrive aussi de donner des potions à boire à nos clients pour soigner des problèmes internes, mais elles ne sont pas si amères que ça. En revanche, pour soigner les problèmes de peau, se baigner dans les bassins s'avère…

— Mais je connais rien à tout ça ! »

Plus on lui en disait, plus elle s'affolait.

« Tu es une assistante, Cinq, pas un médecin. Pour commencer, tu vas suivre Tante Wang partout dans ses rondes. Si quelqu'un manque de quoi que ce soit, souhaite voir quelqu'un en particulier ou a un message urgent, ce sera à toi d'intervenir pour trouver la chose ou la personne en question, et faire passer le message.

— Moi aussi je vais avoir un uniforme ?

— Oui, comme tout le monde. Chaque uniforme a des rayures de différentes couleurs sur le col et les manches pour aider nos clients à savoir à qui ils doivent s'adresser en cas de problème. Il y a beaucoup de gens qui travaillent ici et la couleur qu'ils portent permet d'identifier leur fonction : doré pour les médecins, argenté pour les techniciens, vert pour les responsables des bassins, rouge pour ceux qui travaillent dans les bureaux et ocre pour ceux qui font partie de l'équipe d'entretien et de surveillance dirigée par Tante Wang.

— Pourtant vous et la fille en vert, vous êtes pas en uniforme…

— Nous, c'est différent. Nous avons de plus grandes responsabilités, alors nous pouvons porter d'autres couleurs. Mademoiselle Lin est en vert mais comme elle est souvent en déplacement, elle ne porte pas d'uniforme. Et moi je suis en orange, comme ça on me trouve facilement quand une machine tombe en panne.

— Faut savoir nager ? »

Cinq ne saisissait toujours pas ce qu'on faisait dans ce centre ni surtout à quoi elle pourrait être utile.

Ingénieur Wu s'esclaffa.

« Non, ce n'est pas nécessaire. Si tu sais marcher sur la terre ferme, ça ira ! Bon, allons voir Tante Wang, tu verras, elle est un peu soupe au lait mais elle a très bon cœur. Elle va t'apprendre les ficelles du métier en un rien de temps.

— C'est vrai ? »

Dubitative, Cinq lui emboîta le pas, mais avant même d'avoir franchi le seuil du bureau de l'équipe de surveillance, elle entendit s'élever un grand rire.

« La voilà enfin, la voilà ! Formidable ! Merci à vous, Ingénieur Wu. Vous avez déjeuné ? Tant mieux. Qu'elle est mignonne ! Mademoiselle Lin m'a dit au téléphone que tu t'appelais Charmante ? On peut dire que ta mère a eu le nez creux… Peut-être a-t-elle eu l'intuition que sa petite fille accomplirait un jour de grandes choses dans notre Centre de la culture de l'eau, ce haut lieu du bien-être et de la beauté. Les vieux croûtons que nous sommes ont bien besoin d'un peu de fraîcheur pour rester jeunes ! Comment ? Que dites-vous, Ingénieur Wu ? Son nom signifie Cinq ? Ah… mais c'est encore mieux ! Nous n'avons jamais eu de “cinquième fille” travaillant ici auparavant, voilà qui est nouveau. J'imagine que tu as dû apprendre des tas de choses auprès de tes quatre grandes sœurs !

— Cinq, voici Tante Wang, c'est elle qui va te former. »

Tout en désignant cette femme d'une cinquantaine d'années qui riait aux éclats, vêtue d'un uniforme blanc aux rayures ocre sur le col et les manches, Ingénieur Wu poursuivit :

« Tu verras, Tante Wang est comme un Bouddha Rieur, un rien la rend joyeuse, alors profite bien de son enseignement. Je dois y aller mais nous nous verrons tous les jours. Tante Wang, quand vous viendrez à la réunion la semaine prochaine, n'oubliez pas de remettre à vos supérieurs la liste de ce dont Cinq va avoir besoin pour vivre ici.

— Ne vous faites aucune inquiétude, elle sera comme un coq en pâte ! Allons-y, petite, suis-moi, tu me dépasseras très vite, mais le moment venu, ne viens pas me reprocher à moi, la courte-sur-pattes, d'être sur ton chemin ! »

Et de conclure par un rire retentissant…

« Je viens de la campagne, je suis bonne à rien. Ayez-l'obli-geance-de-prendre-bien-soin-de-moi. »

Sans trop savoir comment, Cinq venait de se rappeler cette formule de politesse que Trois lui avait apprise.

« Regardez-moi ça. Et en plus cette enfant possède les finesses de la langue ! Ne te sous-estime surtout pas. Les gens des villes et des campagnes sont certes différents, mais nous avons tous nos propres talents. Tiens, prenons par exemple les petits et les grands : quand les petits lèvent la tête pour regarder les autres, ils voient les yeux des gens se plisser quand ils sourient et des mentons joyeux ; les grands, eux, baissent la tête pour regarder les autres et tout ce qu'ils voient, ce sont des crânes chauves et des visages longs. Tu ne me crois pas ? Monte sur un tabouret et jette un œil sur ces échalas, tu verras comme leurs visages heureux peuvent changer vus sous un autre angle… Ha, ha, ha ! Alors tu as beau venir de la campagne, je suis sûre qu'on va faire de toi une employée hors pair ! »

Cinq éprouva une immédiate sympathie à l'égard de Tante Wang. C'était la première fois de sa vie que quelqu'un voyait en elle une personne capable d'accomplir de grandes choses.

« Maintenant, viens avec moi, je vais d'abord te montrer où tu vas dormir. Comme ça, ce soir, quand tu auras fini de travailler, tu pourras te reposer. Tous les petits oiseaux ont besoin d'un nid, et ce n'est pas parce que tu es loin de chez toi que tu ne peux pas faire ton nid ici… »

Cinq la suivit le long de tortueux couloirs, franchit plusieurs portes avant d'arriver dans une grande pièce où six ou sept filles s'affairaient.

Sur un ton qui n'avait cette fois plus rien de drôle, Tante Wang s'adressa à son assemblée avec le plus grand sérieux :

« Je vous présente notre nouvelle assistante, elle s'appelle Cinq et dormira dans le lit numéro dix. Elle n'a pas encore vingt ans et c'est la première fois qu'elle vient travailler en ville, alors je compte sur vous pour être aux petits soins avec elle. Souvenez-vous des paroles de Directeur Shui : “Aider les autres, c'est s'aider soi-même ; leur faire du mal, c'est s'attirer des ennuis.” Entraidez-vous quand vous êtes ensemble et vous coulerez ici des jours heureux. Bon, Cinq, mets tes affaires dans la boîte qui se trouve sous le lit, et va voir avec Mei Mei du lit numéro un où se trouve la salle de bains. Ensuite, reviens m'attendre ici. Il va falloir vous mettre au travail, alors ne perdez pas de temps, et quand vous aurez fini, vous pourrez faire ce que bon vous semble. »

Mei Mei était un peu plus grande que Cinq, elle avait les traits fins, le teint pâle et parlait d'une voix très douce.

« Salut ! Appelle-moi Mei Mei tout simplement, ça ira. Tu vois ces lits, ils ne sont pas que pour nous ; pendant les heures d'ouverture, ils nous servent aussi de tables de massage pour les pieds et c'est seulement après la fermeture que cette pièce redevient notre dortoir. Le matin tu peux dormir jusqu'à onze heures trente parce que nous n'ouvrons que de treize heures à minuit. Le déjeuner est à midi et le soir il y a plusieurs services entre six et huit heures. Après le travail, tu peux encore combler un petit creux avec une collation, il s'agit en général de restes laissés par les clients ou de plats qui ne se sont pas vendus et qui ne se conserveraient pas jusqu'au lendemain. Beaucoup préfèrent sauter le dîner et se réservent pour la collation car la nourriture est meilleure, mais il arrive qu'on ait beaucoup de clients et qu'il ne reste rien ! Dans ces cas-là, c'est tant pis pour elles et elles n'ont plus qu'à sortir s'acheter à manger. Pour peu qu'il tombe des cordes ce jour-là, les magasins ferment tôt et elles se retrouvent le bec dans l'eau ! Les cuisines n'ouvrent qu'à midi et je te conseille de manger à l'heure des repas. Ici, c'est notre salle de bains commune, tu peux utiliser mon gel douche et mon shampoing, et si tu as des questions ou que tu as besoin de quoi que ce soit, n'hésite pas à me demander. Je travaille ici en tant que masseuse de pieds, alors tu me trouveras toujours dans cette pièce. Ah, Tante Wang est de retour. »

Effectivement, alors que Mei Mei lui avait tout expliqué par le menu et que Cinq s'apprêtait à la remercier, elle entendit enfler dans le couloir le rire de Tante Wang.

« Ha, ha, ha ! Ça, j'en suis sûre, elle ne va pas nous faire faux bond comme la précédente. D'ailleurs, comment une vieille chouette comme moi aurait-elle pu garder une étudiante tout juste sortie d'un lycée professionnel ? Cette Cinq, on voit tout de suite que ce n'est pas une lâcheuse ! Cette fois, on a de la chance !

« Alors ça y est, tu es bien installée ? On y va, maintenant au travail. Tu as bien compris tout ce que t'a dit Mei Mei ? Cette petite sauterelle parle toujours d'une voix si ténue qu'à force de tendre l'oreille on croirait qu'elle pousse ! »

Avant l'arrivée des clients, Cinq suivit Tante Wang pas à pas, et tandis qu'elle faisait la navette entre les innombrables portes, elle passait d'une scène à une autre sans bien comprendre tout ce qui défilait devant elle. C'était si incroyable ! Après s'être affairée un bon moment, Tante Wang s'arrêta enfin et annonça :

« C'est bientôt l'heure de l'ouverture, allons enfiler un uniforme propre et procédons aux derniers préparatifs. »

Quand Cinq accompagna Tante Wang jusqu'aux bassins, elle se retrouva face à des hommes en collant ajusté et des femmes en bikini, le nombril à l'air, plaisantant tous ensemble dans l'eau. L'incongru de la scène la fit virer illico au cramoisi, elle baissa la tête et déguerpit. Tante Wang, abasourdie, eut beau s'époumoner pour la rappeler, ce fut peine perdue.

5

La Maison de thé du papivore

Après le départ de Cinq, Six était restée seule à l'agence pour l'emploi de Monsieur Guan. Trois était repartie travailler et l'homme de la maison de thé censé venir la chercher avait téléphoné pour prévenir de son retard en raison des embouteillages. Il avait demandé aux employés de Monsieur Guan de bien vouloir prendre soin de Six jusqu'à son arrivée. Mais comme ils étaient débordés, Monsieur Guan l'avait conduite dans son cabinet, la laissant libre de s'en donner à cœur joie dans la bibliothèque.

Six n'avait jamais vu tant de livres et ne savait où donner de la tête. Reprenant ses esprits, elle décida de jeter son dévolu sur celui dont le dos serait le plus tape-à-l'œil. C'est ainsi qu'elle choisit un livre affichant le portrait d'une femme occidentale ; en le prenant en main, elle découvrit le titre, *Jane Eyre*, et son auteur, une Anglaise du nom de Charlotte Brontë. Mais comme il lui parut long et compliqué, elle le remit en place. Le second ouvrage qui attira son attention s'intitulait *Le sexe – Un besoin primaire de l'homme*, titre écrit en rouge vif. Elle n'osa pas s'emparer de ce livre en raison du mot « sexe ». Son professeur l'avait mise en garde contre ce genre de littérature licencieuse qui pouvait mener son lecteur tout droit en prison. Aussi s'étonna-t-elle qu'un homme aussi respectable que Monsieur Guan exposât un tel ouvrage en si bonne place dans sa bibliothèque. Le suivant s'appelait *Mes livres* et le sommaire indiquait que son auteur, un Français, était venu étudier en Chine dans les années cinquante ; il y faisait une liste des livres qu'il avait lus et les résumait brièvement. Sans savoir pourquoi, elle ne l'avait pas reposé et continuait à promener son regard sur les étagères : *Ulysse – Une introduction, L'Art de Rodin, Platon, Nietzsche*... Elle avait sous les yeux plusieurs rangées de livres dont elle ne savait même pas si le titre était un nom commun ou un nom propre, sur des sujets dont elle n'avait jamais entendu parler, et plus d'une trentaine de volumes intitulés : *Méditation et Illumination*, *La Physiognomonie selon Ma Yi*, *Les Cent Ecoles du confucianisme primaire*... Sans compter tous ces titres qui mélangeaient les caractères chinois « étude » et « beauté » (elle apprit plus tard qu'ensemble ils signifiaient « esthétique ») : *Pensées sur l'esthétique*, *Analyse de l'esthétique en Occident*, *Communication et esthétique*... Comment un citadin pouvait-il lire autant d'ouvrages sur un sujet si féminin ? Elle pensa tristement à toutes ses camarades d'école primaire, pour qui, maintenant qu'elles étaient mariées, il était hors de question d'être coquettes, sous peine d'être la risée de tout le village. Mais ici en ville, les gens semblaient bien plus ouverts sur le sujet, et maintenant qu'elle avait quitté sa campagne, peut-être aurait-elle un peu plus de temps pour être belle...

Plongée dans la contemplation des rayons de cette bibliothèque et de ces livres, Six perdit toute notion du temps. Elle n'avait ni faim ni soif, elle s'enivrait en dévorant ces bibliographies et ces sommaires. Quand Monsieur Guan revint la chercher, elle n'avait pu se résoudre à reposer *Mes livres*.

« Alors Six, tu n'en as pas encore assez ? Ah ça, pour les aimer, tu les aimes, les livres ! Tu comprends tout ce qu'il y a là-dedans ? Tu verras, tu vas pouvoir te régaler à la maison de thé de Shu Tian. D'ailleurs, pense à me faire signe quand vous aurez des nouveautés. Je suis désolé mais il va falloir que je te chasse d'ici, Shu Tian est arrivé. Il dit qu'il a trois heures de retard à cause des embouteillages. Autrefois, les gens se plaignaient d'une panne de réveil, aujourd'hui, l'excuse préférée du citadin, ce sont les embouteillages ! C'est lamentable. Les gens feraient mieux de reconnaître leurs torts au lieu de prendre les autres pour des imbéciles. Ah, la bassesse de l'âme humaine… Allez, on y va. Si ma bibliothèque te plaît, tu peux venir me donner un coup de main le week-end, qu'en penses-tu ? Tu aimes ce livre que tu as en main ? Prends-le si tu veux, mais avant écris-moi une petite note pour que je n'oublie pas à qui je l'ai prêté. Tiens, voilà un stylo et du papier. »

A en juger par le nombre de petits papiers épinglés en pagaille sur son tableau, Guan Buyu devait en prêter souvent ! Quand Six eut fini de remplir le sien, elle le lui tendit et il l'ajouta aux autres. En voyant les mots qu'elle avait écrits rejoindre ceux de tant d'autres lettrés et, qui plus est, dans un si beau bureau, comme elle était fière ! Sur ce, elle fourra le livre dans sa poche et sortit avec Guan Buyu.

Dehors se tenait un homme aux allures de professeur. Il portait des lunettes aux verres épais comme des culs de bouteille de sauce de soja et un veston traditionnel chinois boutonné sur le devant. Il vint à sa rencontre, s'inclina poliment et lui serra la main en se présentant :

« Je m'appelle Shu Tian, enchanté de faire ta connaissance !

— Mon nom est Six, ayez l'obligeance de bien vouloir prendre soin de moi. »

C'était la première fois que Six se présentait de façon aussi formelle.

« Monsieur Shu est le propriétaire de la *Maison de thé du papivore*, expliqua Guan Buyu. Je suis sûr que tu vas t'y plaire mais si tu as le moindre souci, n'hésite pas à venir me voir ici, je veux que tu t'y sentes comme chez toi. Six est un vrai rat de bibliothèque, Vieux Shu, et vous lui avez fait une grande faveur en arrivant avec trois heures de retard : elle en a profité pour faire le tour de mes étagères ! Elle n'est peut-être pas bien vieille, mais elle a déjà l'étoffe d'une grande lectrice. Il y a fort à parier que d'ici peu, elle viendra grossir les rangs de notre club de papivores !

— C'est parfait ! Peu importe sa jeunesse. Dans ma maison de thé, je veux quelqu'un qui mette du cœur à l'ouvrage mais aussi qui aime les livres. Sinon ce sera pour elle un vrai supplice de travailler chez moi, et toutes ces étagères seront de vrais barreaux de prison ! Merci, Vieux Guan, ne vous faites aucun souci, je prendrai bien soin d'elle. »

Six prit congé de Monsieur Guan, monta dans la voiture de Cul-de-Bouteille, une Xiali rouge brinquebalante, qui dès qu'il eut mis le contact se mit à vibrer et gronder comme un tracteur. Il s'agissait d'un de ces vieux modèles de taxis bas de gamme des années quatre-vingt-dix, qui avait échappé à la mise au rancart. Six ne s'était jamais assise dans une voiture et n'était montée que quatre fois dans un bus. Les deux premières pour faire l'aller-retour à la ville voisine et représenter son école lors d'un concours de rédaction ; une troisième fois pour accompagner Deuxième Tante qui rendait visite à Troisième Oncle (son fils les avait ensuite ramenées au village sur son motoculteur) ; et la dernière fois, c'était pour venir en ville avec Cinq, Trois et Deuxième Oncle. Dès que Cul-de-Bouteille commença à rouler, Six sentit les paumes de ses mains devenir moites : au train où il allait, il lui semblait que la voiture allait écrabouiller tout malheureux piéton sur son passage, que le bolide était incontrôlable comme s'il glissait sur une flaque d'huile. Elle aurait voulu hurler, s'en retint à grand-peine – elle ne voulait pas que le conducteur prenne tous les campagnards pour des trouillards ; roulant des yeux, elle happait de grandes bouffées d'air et en attrapa le hoquet.

« Tiens, Six, voilà de l'eau, avales-en dix petites gorgées et ça ira mieux. »

Tenant le volant d'une main, de l'autre il lui tendit la bouteille.

« Non, ça va… hic… pas la peine… hic… ma mère… hic… dit qu'il suffit… hic… de se pincer très fort… hic… l'ongle de l'annulaire… hic… bizarre… hic… ça ne fait rien… hic… »

D'habitude, à la maison, ça marchait très bien, mais là, elle avait beau se pincer le doigt de toutes ses forces, le hoquet ne cédait pas.

« Bois vite et qu'on en finisse, c'est un supplice de t'entendre ! »

Six posa sa valise sur le siège arrière ; le livre de Monsieur Guan toujours coincé entre ses jambes, elle s'agrippait des deux mains à sa ceinture tout en se pinçant l'annulaire pour mettre fin à son hoquet. Comme si elle conduisait, elle n'osait pas quitter la route des yeux de peur qu'un moment d'inattention ne provoquât un accident. Dans ces conditions, comment aurait-elle pu s'occuper d'une bouteille ?

Un piéton déboula soudain au milieu de la route, forçant la voiture à piler. Paniquée, Six ne put réprimer un cri d'effroi et Cul-de-Bouteille la découvrit les yeux clos d'épouvante, les mains vissées sur la poitrine. Elle n'avait plus le hoquet mais son front dégoulinait de sueur. Compte tenu de la densité du trafic dans les grandes avenues, dans un élan de compassion et pour lui éviter un malaise, Cul-de-Bouteille décida d'emprunter une contre-allée. Mais à peine s'était-il engagé dans cette voie que de furieux jurons s'élevèrent de la voiture qui le suivait :

« Hé, toi devant ! C'est quoi cette bagnole ? T'as pas de clignotant ? Rentre chez toi à pied si tu sais pas conduire ! Non mais, tu penses aller où avec cette poubelle ? Tu veux la foutre en l'air pour toucher l'assurance ? T'es pas tout seul ici, faut faire attention, y a des règles à respecter. Les conneries ça se paye ! »

Six entendit ce flot d'injures mais n'en comprit pas un mot. Toujours glacée d'effroi, elle ne s'était même pas rendu compte que Cul-de-Bouteille avait tourné. Il avait fallu qu'il insistât pour qu'elle consentît enfin à rouvrir les yeux. Elle réalisa qu'il conduisait beaucoup plus lentement, poussa un profond soupir de soulagement et se sentit soudain anéantie.

Mais elle n'était pas au bout de ses peines. Peu après, ils se retrouvèrent bloqués derrière une petite vieille qui chancelait sur sa canne au beau milieu de la rue, un panier vide au bras. La vieille jeta un œil en arrière et continua, à son pas, son petit bonhomme de chemin. Cul-de-Bouteille donna un léger coup de klaxon qui la fit tressauter, et quand il la dépassa, au-delà d'un regard noir, la canne de l'ancêtre s'abattit d'un coup sec sur son capot :

« Alors, Monsieur l'Impatient ? La vieille bique n'avance pas assez vite ? Mais qu'est-ce que tu fais là d'abord ? T'as qu'à prendre les boulevards si tu veux jouer les durs ! Monsieur promène ses grands airs dans les ruelles, à quoi ça rime ? Je les connais, les crapules dans ton genre. T'as pas honte de venir ici t'offrir du bon temps sur le dos du contribuable ? En tout cas, ne viens pas te plaindre qu'on te tombe dessus, saligaud ! Tu sais, tu ne m'auras pas avec tes faux airs de gentil garçon, je ne suis pas née de la dernière pluie ! »

Plus elle l'insultait, plus elle se mettait en rogne, et plus Six était déboussolée. Le visage de Cul-de-Bouteille passait alternativement du blanc au cramoisi. Alertés par les cris de la vieille, une foule de badauds sortis de nulle part envahit la ruelle, jusque-là déserte, et les encercla. A vrai dire, c'était comme dans son village : à chaque fois qu'une dispute éclatait dans une famille, un attroupement se formait aussitôt pour regarder comme si c'était la seule source de distraction. Cependant, Six n'avait jamais imaginé qu'à son premier jour en ville elle serait insultée en public. Inconsciente de la taille d'une ville comme Nankin, Six craignait d'être reconnue plus tard dans la rue et pointée du doigt partout où elle irait. Elle fusilla Cul-de-Bouteille du regard : pourquoi ne la défendait-il pas ? Pour toute réponse, elle n'obtint qu'un geste désabusé :

« Pff... Il n'y a rien à faire. Un homme digne de ce nom ne se querelle pas avec une femme, et de plus, une vieille chouette édentée n'est pas de taille face à un bel esprit. Il faut juste la laisser se calmer... »

Un homme émergea alors de la foule et s'avança :

« Je vous en prie, Madame, ça suffit ! J'ai été témoin de toute la scène, cet homme n'a rien fait de mal. Vous, en revanche, vous trottiniez au milieu de la route, que devait-il faire ? Se traîner derrière vous ? Tous les conducteurs ne sont pas des fonctionnaires cupides et corrompus. Ni toutes les demoiselles qui les accompagnent, les jeunes maîtresses de vieux pervers ! Regardez-moi ces grosses lunettes, il n'a pas l'air d'un mauvais bougre. Quant à cette jeune fille, vous ne voyez pas que c'est une campagnarde ? Ça saute aux yeux. Vous en voyez souvent, vous, des fonctionnaires au volant d'une Xiali toute déglinguée ? Pour conduire pareille guimbarde, faut vraiment pas avoir le sou. Alors réfléchissez la prochaine fois avant d'accuser un honnête homme. Et maintenant, passez votre chemin. Il n'y a pas de quoi se mettre dans un état pareil. On dit qu'il faut ménager son "capital santé". Alors gardez votre vitalité et votre souffle pour ceux qui mériteront votre vindicte !

— Merci, Monsieur ! » s'exclama Cul-de-Bouteille qui, éperdu de gratitude, souleva ses fesses et s'inclina pour remercier celui qui venait d'éconduire l'importune.

La scène était cocasse, Six avait une irrépressible envie de rire.

Cul-de-Bouteille continua de tourner dans les ruelles pendant plus d'une vingtaine de minutes avant de reprendre les boulevards. Il se rangea bientôt devant des magasins. Parmi eux se distinguait une belle demeure, dans le style traditionnel de Nankin, avec des murs blancs, des tuiles grises et un avant-toit en encorbellement à la cambrure caractéristique. *En mémoire de Lu et Lu*, pouvait-on lire en caractères dorés sur la grande enseigne noire accrochée en façade, juste au centre, au-dessus de deux fenêtres en bois treillagées. Six n'en comprit pas le sens, mais elle remarqua en dessous une autre ligne de plus petits caractères : *Maison de thé du papivore*. La porte d'entrée était décorée de deux panneaux de bois sculptés représentant deux joueurs d'échecs. En pénétrant à l'intérieur, Six fut éblouie : le décor qu'elle découvrit était à l'image de ceux des anciennes maisons de thé dont elle avait vu des photos dans les livres de ses professeurs. Elle y retrouvait ces tables rondes en palissandre, dont plus d'une dizaine étaient réparties dans la pièce, avec, de chaque côté le long des murs, des bancs assortis. Au centre, des étagères remplies de livres, disposées en croix, divisaient la pièce en quatre espaces intimes. A droite de l'entrée, une grande console d'un mètre de haut était consacrée à la préparation du thé. Elle lui rappela ces vieilles peintures traditionnelles représentant de belles jeunes filles aux manches retroussées qui ébouillantaient les tasses et faisaient infuser le thé. Derrière cette console, flottant dans un léger courant d'air, un rideau de batik bleu sur lequel ressortait en blanc le caractère *thé* dissimulait une petite pièce sombre. A gauche de l'entrée, face à la console, trônait un grand bureau carré sur lequel reposaient les « quatre trésors du lettré » : pinceau, encre, papier et pierre à encre. Dessous, une grande jarre en porcelaine remplie de rouleaux de peintures et de gigantesques pinceaux. De nombreuses calligraphies décoraient les murs, notamment un superbe rouleau illustré du caractère *paix* sur celui du fond ; à sa gauche, un *guzheng*, sorte de cithare chinoise traditionnelle, et à sa droite une vitrine présentant d'anciens services à thé. Au plafond étaient suspendus d'énormes pinceaux de calligraphie et cinq lanternes de palais couleur ivoire qui s'éclairaient mutuellement dans un ballet de lumière.

Subjuguée par la beauté des lieux, Six en avait des étoiles plein les yeux, elle ne savait plus où donner de la tête.

« Ça te plaît ? lui demanda Shu Tian.

— J'adore, j'adore, c'est merveilleux ! » répondit Six, enthousiaste. Jamais dans ses rêves les plus fous, elle n'aurait imaginé pénétrer un jour dans une si belle maison de thé.

Tout en allumant les appliques des murs et les lampes posées sur les étagères, Cul-de-Bouteille lui expliqua :

« Il s'agit de répliques de lampes anciennes. Celles du mur reproduisent des chandeliers et sur les étagères ce sont des copies de lanternes de palais en porcelaine coquille d'œuf. Ces éclairages dispensent une lumière propice à la lecture et à la contemplation des rouleaux de peinture. De nos jours, nombreux sont ceux qui achètent des œuvres d'art et les exposent chez eux, mais bien peu savent qu'il faut une lumière douce pour les apprécier. Les vrais connaisseurs sont rares, c'est bien dommage...

— Pourquoi n'y a-t-il personne ? »

Six avait hâte d'y convier tout le monde, un tel endroit ne devait pas rester méconnu.

« Notre maison de thé n'ouvre qu'à partir de la semaine prochaine. Nous avons achevé la décoration juste avant le Nouvel An et pendant les vacances nous avons réuni quelques-uns de nos amis, grands amateurs de livres, et recueilli leurs conseils pour élaborer notre future stratégie commerciale. Avant, je travaillais dans une maison d'édition où je faisais aussi quelques travaux de traduction, mais c'est la première fois que je dois gérer ma propre affaire. Ma femme et moi avons tout investi dans ce projet, si ça marche, nous avons l'ambition d'en monter d'autres. Si c'est un fiasco, je n'aurai plus qu'à mettre la clef sous la porte et à trouver des travaux ici et là. A défaut d'être la "tête du coq" en tant que patron, je devrai me résoudre à rester la "queue du phénix" chez les autres... »

Tout en discourant, Cul-de-Bouteille caressait les livres de ses rayonnages.

« C'est moi qui les ai dénichés sur les marchés et les étals. Je les ai presque tous lus, ou en tout cas feuilletés. Demain, je pars en quête de nouveautés, et j'espère qu'après l'ouverture d'autres passionnés comme nous voudront bien nous faire don de quelques ouvrages, et là nous serons fin prêts. C'est la maison de thé de mes rêves, j'espère juste que…

— Alors, mon Petit Rat de bibliothèque, tu es rentré ! Ça t'a pris des heures, dis-moi, pour aller la chercher ! Si tu penses pouvoir gérer ton affaire aussi lentement que tu savoures ton thé, il ne nous restera plus qu'à vendre tous ces livres pour rentrer dans nos frais ! Allez, viens vite m'aider, mes mains vont tout lâcher. J'ai cru que j'aurais vite fait de rapporter du supermarché quelques friandises à grignoter avec le thé, mais je n'aurais jamais pensé qu'au bout de quelques pas, elles seraient si lourdes à porter. Ça m'a scié les doigts. »

Une femme d'une cinquantaine d'années, habillée en rouge vif, s'engouffra dans la pièce, chargée de nombreux sacs.

« Tiens, prends ça. Regarde, un sac à chaque doigt ! Kang ne va pas tarder, il est encore plus chargé que moi. Bonjour, bonjour à la nouvelle venue ! Pardonne-moi de ne pas te serrer la main, les miennes sont prises. Mon nom est Meng comme le caractère “rêve”, et toi ?

— Je m'appelle Liu'er comme le caractère “six”, répondit la jeune fille, enjouée.

— Six ? Ça alors, quelle coïncidence ! La semaine dernière, nous avons eu quelqu'un qui s'appelait Vingt. Au début, j'ai cru qu'elle s'appelait Vin, alors je lui ai demandé si sa famille aimait le vin. Eh oui, c'est comme moi par exemple, ma mère disait toujours que mon père était un grand rêveur dont les rêves ne se réalisaient jamais, jusqu'au jour où sa fille est née. Incroyable, non ? Ecarte ce rideau pour moi, s'il te plaît, que je puisse ranger tout ça dans la réserve, merci. Regarde-moi ces marques… J'ai les mains dans un état ! Enfin, quoi qu'il en soit, cette femme a fini par me dire que son nom n'était pas “Vin” mais “Vingt”. C'est bien moi ça, il faut toujours que j'interprète tout ce qu'on me dit avec le peu de choses que je sais. Et aujourd'hui, voilà que notre nouvelle recrue nous arrive avec son numéro porte-bonheur, j'espère que nous allons en profiter, hein, Six ? Toi, viens ici et pose tes sacs par terre. Vous avez mangé tous les deux au moins, mon Petit Rat ? Non ? Mais enfin, mon chéri, il est presque cinq heures et on dîne à six. Si tu veux sauter un repas, c'est ton affaire, mais comment peux-tu la laisser le ventre creux ? Tu n'es vraiment qu'un… Bref, peu importe, je viens juste de rapporter des pâtisseries pour l'ouverture, prenez-en quelques-unes pour vous requinquer et tout à l'heure nous dînerons tous ensemble. Quand tu travailleras avec lui, Six, il faudra que tu fasses attention à toi. Mon mari est un chic type, il a bon cœur et la tête bien remplie, mais il est bigleux et il perd la mémoire. S'il voit un petit chien noir sur le bas-côté de la route, il le prend pour un chapeau que le vent aurait soufflé de la tête d'un passant. Et quand il se toque d'« exterminer les quatre pestes » comme le prescrivait Mao dans les années cinquante, il écrase des clous qu'il prend pour des mouches, quand ce n'est pas une coccinelle qu'il prend pour un clou sur lequel il accroche un sac d'œufs… »

Six, qui s'efforçait jusque-là de garder son sérieux, partit d'un grand éclat de rire.

« Et ne va pas croire que je me moque de lui juste pour le plaisir, tout cela est vrai. Nous sommes mariés depuis vingt-six ans et je pourrais remplir un livre de toutes ses âneries ! Tu verras, tu ne perds rien pour attendre. Sans parler de son étourderie… Déjà quand il était jeune, il lui arrivait d'avoir ses lunettes en main et de les chercher à tâtons dans toute la pièce. Et quand je lui demande au téléphone s'il a dîné, pour s'en assurer, il va voir dans la cuisine s'il y a de la vaisselle sale. Quant aux histoires d'embouteillages, à d'autres ! Il ne se souvient jamais de la route et il se perd, c'est tout. Allez, mange, tu dois être affamée. Et voilà pour toi, mon chéri. Ne m'en veux pas, il fallait bien que je touche un mot de ta loufoquerie à Six… ou devrais-je parler de ton génie pour ne pas l'effrayer ? »

Tout en papotant, Meng ouvrit un paquet de biscuits aux œufs. Six en prit un et le trouva délicieux, un peu comme ces ficelles de beignets frits qu'elle mangeait à la campagne au Nouvel An, mais en bien meilleur. Elle avala les gâteaux si vite qu'elle eut rapidement soif. En voyant Meng se précipiter pour ouvrir une bouteille d'eau, elle désigna l'évier pour signifier qu'elle se contenterait de l'eau du robinet. Meng la laissa faire. Six avala une grosse gorgée salvatrice et en relevant la tête, elle s'aperçut qu'elle se trouvait dans la réserve cachée derrière le rideau en batik. C'était une pièce étroite, tout juste assez grande pour contenir deux personnes, avec des étagères de haut en bas. Sur celles du haut, il y avait des boîtes de toutes tailles, sur celles du milieu des services à thé et sur celles du bas plusieurs seaux en plastique remplis de feuilles de thé. Le robinet se trouvait dans un coin, à sa droite une petite console en bois et à sa gauche une table sur laquelle Meng déballa ses paquets.

Tandis que Six l'observait, Meng prit un bout d'essuie-tout blanc et essuya discrètement les miettes de biscuit sur le robinet.

« Je suis rentré ! Comme ça sent bon, j'espère que vous m'en avez laissé ? Ça fait à peine quelques jours que vous jouez aux capitalistes et déjà vous exploitez vos employés : je n'ai même pas eu le temps de déjeuner ! »

Une voix de stentor retentit dans la maison de thé, puis un jeune homme apparut, vêtu d'une tenue d'hiver insolite : pantalon blanc en velours côtelé et veste noire du même tissu. Chargé d'un énorme carton, il se précipita tout droit vers la réserve pour l'y déposer. En se relevant, il s'essuya les mains sur le rideau puis en tendit une à Six :

« Enchanté et bienvenue dans notre maison de thé ! »

Six n'avait encore jamais serré la main d'un jeune homme, mais après une légère hésitation, elle se souvint d'avoir lu dans des magazines qu'en ville les relations entre hommes et femmes étaient bien plus libres. Elle se décida donc à tendre la sienne, la poigne vigoureuse du jeune homme lui procura une curieuse sensation, l'impression de sentir battre le sang dans ses doigts, cela la mit mal à l'aise.

« Alors, dis-moi, est-ce que mes parents ont déjà eu le temps de t'opprimer, mon enfant ?

— Kang ! s'écria Meng courroucée, tout en délaçant le foulard rouge autour de son cou. Fais-nous grâce de tes grossières plaisanteries. Elle pourrait croire que tu te moques d'elle et ça la blesserait. Six sort tout juste du collège et c'est la première fois qu'elle vient travailler en ville, comment veux-tu qu'elle sache si tu es sérieux ou pas ? Six, n'écoute surtout pas ses sottises. De nos jours, les jeunes s'amusent à se moquer de leurs parents, c'est la nouvelle mode ! On voit bien qu'ils n'ont pas été envoyés à la campagne, ils ne savent pas ce que c'est que de vivre à la dure. Il faudra que tu lui racontes un peu la vie dans ton village, que cette génération d'enfants uniques comprenne la chance qu'elle a !

— Et voilà, ça recommence. Maman, quand vas-tu cesser de radoter ? Je sais que tu as dû participer à ces réunions où chacun racontait combien la vie était dure avant l'arrivée du communisme et combien nous sommes plus heureux aujourd'hui, mais faut-il vraiment remettre ça maintenant ? Tout le monde est affamé. Mangeons d'abord un morceau, tu reprendras ensuite ton homélie sur les malheurs de la patrie et les souffrances du peuple, d'accord ?

— Kang n'a pas tout à fait tort, Meng. Dépêchons-nous de ranger toutes ces provisions dans la réserve et allons dîner. Rien de tel que de manger des friandises avant le repas pour vous couper l'appétit. Kang, appelle Ruth et dis-lui de nous rejoindre, comme ça elle pourra rencontrer Six. A présent que nous sommes tous dans le même bateau, il faut que Six sache tout de notre petit monde. »

Shu Kang sortit un téléphone portable de la poche intérieure de sa veste, composa un numéro et se mit à parler en anglais. Six en resta bouche bée, même son professeur d'anglais qu'elle admirait tant n'avait jamais parlé si vite.

« *All right, is she coming ?* » demanda Meng à son fils, plongeant Six dans une profonde stupéfaction.

Elle croyait que Cul-de-Bouteille était le plus érudit de la famille mais même sa femme savait parler anglais, de vrais lettrés ! Quelle chance elle avait de débarquer au sein d'une telle famille ! Comme c'était stimulant ! Une image surgit dans son esprit, elle se voyait parlant couramment anglais avec eux, sur toutes sortes de sujets : les livres, l'histoire, les pays étrangers, sa vie au village…

Elle se tenait là, ravie, et toute à sa rêverie.

A la voir perdue dans ses pensées, les membres de la famille échangèrent des regards dubitatifs, inquiets à l'idée que peut-être ils l'avaient effrayée ou qu'elle ne se sentait pas bien. Meng s'approcha de Six et posa un bras autour de ses épaules :

« Ta maison te manque, mon petit ? »

Six retrouva alors ses esprits et bafouilla :

« Non, pas du tout, je… »

Trop gênée à l'idée de leur révéler la nature de ses pensées, elle se voyait soudain comme la grenouille qui veut se faire aussi grosse que le bœuf.

Cette nuit-là, Six eut bien du mal à s'endormir dans la petite chambre qu'elle occupait dans l'appartement de Cul-de-Bouteille. Tous les membres de la famille valsaient dans sa tête comme autant de lanternes magiques. La scène du dîner, en particulier, l'émerveillait encore, comme la petite fille aux allumettes d'Andersen, quand elle découvre la beauté de ce qui l'entoure à la lueur de l'allumette. Mais Six avait vu bien plus de choses qu'une dinde rôtie et une vieille grand-mère ! Allongée sur son lit douillet, elle se pinçait le bras : tout cela était-il bien réel ou juste un rêve ?

C'était surtout vers Ruth que tendaient toutes ses pensées, une étrangère blonde aux yeux bleus venue d'Angleterre. Dès son entrée au restaurant, elle ne l'avait plus quittée des yeux : c'était la première fois qu'elle voyait un *long-nez*. Bien sûr, elle en avait entendu parler dans des livres ou vu dans des films. Comme ce jour où, s'étant rendue dans la ville voisine pour participer au concours de rédaction, elle avait filé en douce au cinéma pour voir un film intitulé *Sur la route de Madison*. C'était l'histoire de deux quinquagénaires qui avaient une aventure. L'actrice était, paraît-il, une grande star de cinéma mais elle la trouvait bien moins belle que Ruth. Incapable de soutenir les scènes où les deux protagonistes s'embrassaient et s'enlaçaient, Six avait quitté la salle avant la fin du film, effrayée à l'idée que les gens du village l'apprennent et répandent sur elle des ragots compromettants. Son amie Moli avait été conduite à sa perte à la suite de médisances qui avaient ruiné sa réputation. Injustement accusée par ses parents de les avoir déshonorés, elle s'était retrouvée enfermée et pour clamer son innocence, cette gamine de quinze ans s'était suicidée en avalant des pesticides. Pour n'avoir eu que des filles, les parents de Six subissaient déjà tant de moqueries et de brimades de la part des villageois, inutile de dire que si le bruit avait couru que Six avait vu un film licencieux, son père – qui n'osait déjà plus lever la tête – et le reste de sa famille auraient été anéantis.

Six était la seule fille du village à être allée au collège. Mais quand elle rentrait chez elle, tout comme ses camarades garçons, elle ne parlait jamais de ce qu'elle étudiait dans les livres. Tous ces villageois qui n'auraient même pas su comment tenir un livre, comment auraient-ils compris ce qu'on y racontait, ils étaient si loin de toute « modernité » !

La vie en ville était si différente de celle de la campagne. Aux yeux des villageois, un petit bourg avec quelques magasins et une artère principale, c'était déjà le « grand monde ». Les enfants ne savaient pas si ce qu'on disait dans les livres était vrai, mais ils étaient persuadés que la ville était plus grande que leur village, plus occidentalisée et les citadins plus cultivés. Presque tous les garçons qui étaient allés à l'école partaient donc en ville chercher du travail, et ne restaient dans les champs que les femmes, les enfants et les personnes âgées. Mais Six se demandait pourquoi Troisième et Cinquième Oncle, qui faisaient partie de la brigade de production et qui à ce titre se rendaient souvent au chef-lieu du district, gardaient le silence sur leur expérience du monde extérieur.

Cette question, elle la posa un jour à Troisième Oncle qui répondit :

« Eh bien, c'est simple, petite nigaude, réfléchis. On ne ressent l'injustice de son sort que si on a les moyens de comparer : qui ne connaît pas la fortune ne connaît pas non plus l'infortune. Percevoir la différence, c'est comprendre son malheur et en souffrir. Chez nous, il règne une telle misère que les cadres du district ne viennent même plus nous voir car que pourraient-ils y trouver ? Nos petits pains à la patate douce ? Raconter que d'autres se la coulent douce ne peut qu'attiser colère et convoitise, tu ne crois pas ? Moins on fait de vagues, mieux c'est !

Que les pauvres restent entre eux, cela les préserve de l'agitation et du désordre, c'est l'essentiel. Tu as sûrement déjà entendu nos vieux raconter leur lutte contre les "diables étrangers", le chaos qui a suivi le Grand Bond en avant et la Révolution culturelle. En période de troubles, c'est toujours le peuple qui trinque. Aujourd'hui, le mot d'ordre est de faire des affaires, mais alors qui va cultiver la terre ? On incite les étrangers à venir investir en Chine, mais qui nous dit que nous pourrons rivaliser avec eux ? Regarde, lors de la révolte des Boxers, les étrangers ont massacré plus d'une dizaine de personnes au village. Il n'y a qu'en période de paix qu'on peut se vêtir, manger à sa faim et ne manquer de rien. Alors mieux vaut se tenir à carreau et ne pas tenter le diable, car dès qu'on commence à s'agiter, c'est sur nous que ça tombe. Après vos études, quand vous en saurez un peu plus, surtout ne dites rien. Si vous pouvez partir, faites-le, sinon résignez-vous à vivre dans la pauvreté. Seul celui qui accepte son sort est heureux, celui qui se rebelle souffre. »

Après avoir écouté le discours de Troisième Oncle, et à l'instar de Deuxième Oncle, de Bao Daye et de tous ses camarades de classe, Six se mit en tête de partir voir le monde. En aucun cas elle ne voulait suivre le destin tragique de sa grande sœur, « vendue » par son père à un potentat local vieux et infirme, à qui elle servait de bonne à tout faire ! Sans parler de son autre sœur, Deux, qui pour échapper au mariage s'était suicidée. Comme Trois, elle voulait partir en quête de son bonheur. Mais là, cela dépassait toutes ses espérances : non seulement elle vivait maintenant en ville, mais elle allait travailler dans un lieu dévolu aux livres, au sein d'une famille d'intellectuels érudits et courtois.

Le comportement étrange de Ruth intriguait Six. Elle ne savait pas tenir convenablement ses baguettes et parlait le chinois avec un tel accent qu'on la comprenait difficilement. En plus, elle mélangeait systématiquement les quatre tons, si bien que dans sa bouche le verbe « manger » devenait « riz » et qu'elle demandait au serveur une « grosse personne propre » au lieu d'une assiette propre. Alors, pour traduire le reste…

A l'évidence, Cul-de-Bouteille et sa femme aimaient beaucoup Ruth : il n'y avait qu'à les voir tricoter des baguettes pour déposer à qui mieux mieux des raviolis dans son bol. Shu Kang, excédé, n'arrêtait pas de crier :

« Ça suffit, papa, maman ! Combien de fois faut-il vous dire de ne pas remplir son bol comme ça ? Ce n'est pas se montrer respectueux avec une étrangère que de se conduire comme vous le faites. Laissez-la donc décider de ce qu'elle veut manger. Votre amour *à la chinoise* est trop intrusif, il faut que vous cessiez d'empiéter sur son libre arbitre. »

Meng n'était pas d'accord :

« Ruth a reçu une bonne éducation. Si elle est venue en Chine, c'est bien pour découvrir notre culture et se conformer aux us et coutumes locaux. Si nous nous conduisons à son égard comme des Occidentaux et que nous la traitons comme une étrangère, qu'apprendra-t-elle ici avec nous ?

— Ce que dit ta mère est parfaitement sensé. Toi, tu ne penses qu'à sauver la face ! »

Après quoi, Cul-de-Bouteille s'enquit directement en anglais auprès de Ruth :

« Ruth, veux-tu être traitée comme une Chinoise ou comme une Occidentale ?

— Mais comme une Chinoise, bien sûr ! » répondit Ruth en posant ses baguettes pour joindre ses mains pieusement devant sa poitrine.

Six sourit, Ruth s'était encore trompée de ton et au lieu de dire « chinoise », elle avait dit « fruit ».

Pendant que Ruth, Kang et Cul-de-Bouteille discutaient de ce qui se passait à l'université, Meng en profita pour raconter à Six que Ruth avait été envoyée en Chine par une université écossaise pour étudier un an à Pékin. Kang, qui fréquentait la même université qu'elle à Pékin, l'avait rencontrée dans le cadre d'un échange linguistique et ils étaient sortis ensemble. Puis Ruth était rentrée en Ecosse terminer les deux années d'études qui lui restaient avant son diplôme. Ils ne s'étaient pas revus avant que Kang lui rende visite en Angleterre, et là ils s'étaient envolés tous les deux pour faire un tour d'Europe. Puis Kang était retourné à Nankin pour passer sa maîtrise et Ruth l'y avait rejoint. Pour assurer son indépendance, elle avait trouvé un poste de professeur d'anglais à l'Ecole normale et depuis presque un an ils louaient ensemble un petit appartement dans la proche banlieue de Nankin.

« Et pas un mot sur un éventuel mariage… ajouta Meng, dépitée.

— Vous n'avez pas peur de ce que les gens vont dire ? »

Six avait lu dans ses livres que les étrangers pouvaient vivre ensemble, sans jamais se marier, mais c'était pour elle inimaginable en Chine.

« Qu'ils disent quoi ? demanda Meng, interloquée.

— Votre fils vit avec une étrangère sans être marié et personne autour de vous ne fait de commentaires ? »

Comment une famille si bien éduquée pouvait-elle agir ouvertement à l'encontre de toute morale, sans se soucier des racontars !

Meng sourit.

« Six, les temps ont changé. A mon époque, on ne pouvait même pas se tenir la main en public… alors cohabiter ! Un couple non marié vivant sous un même toit était aussitôt taxé de "mœurs dissolues" ou de "mentalité douteuse" et contraint d'écrire son autocritique. Même mariés, mes parents ne pouvaient se donner la main ou s'embrasser hors du cercle familial. Mais regarde aujourd'hui, les jeunes n'ont plus aucun complexe à s'embrasser ni à s'enlacer dans la rue devant tout le monde. Depuis les années quatre-vingt-dix, il est devenu très courant de vivre ensemble avant le mariage. »

Six, éberluée, n'en revenait pas.

« Mais alors, qu'est-ce qui peut encore "porter atteinte aux bonnes mœurs", de nos jours ? Au village, mes professeurs disaient : "Un grain qui n'est pas récolté, c'est une récolte de tristesse. Une famille sans fils, c'est l'extinction de la lignée. Et porter atteinte aux bonnes mœurs, c'est provoquer la fin du monde." Alors comment les citadins peuvent-ils accepter une telle débauche ? Nous vivons décidément dans deux mondes bien différents. »

Dans les yeux de Six, on pouvait lire à cet instant une immense confusion. Comment trois heures de bus avaient-elles suffi à la plonger dans un monde au mode de vie et aux coutumes si éloignés des siens ?

Face au désarroi de Six, Meng tapota gentiment sa main rugueuse.

« Cela prendra du temps, mais tu finiras par comprendre pourquoi il y a un tel fossé entre la ville et la campagne. C'est un peu comme si nous ne vivions pas à la même époque, et je ne parle pas simplement de quelques dizaines d'années d'écart, avec les régions les plus reculées et arriérées, j'irais jusqu'à dire que plusieurs siècles nous séparent. »

Ce que Meng n'osait pas dire à Six, c'est qu'elle incluait dans ce dernier tableau la campagne dont elle venait. Lorsqu'elle avait été envoyée à la campagne pendant la Révolution culturelle, dans un village pas si reculé que ça, elle avait été très choquée de n'avoir pour seule pitance, à chaque repas et tout au long de l'année, que des salaisons de navet séché. Les cinq années qu'elle y avait passées avaient réduit à néant toutes ses convictions acquises en dix-huit ans, selon lesquelles les sociétés socialistes étaient les plus puissantes au monde. De retour à Nankin, elle avait appris l'anglais par elle-même et découvert que si les pays capitalistes étaient plongés dans d'atroces souffrances et « se débattaient dans des eaux profondes et des flammes brûlantes » (comme disaient les Chinois), ils étaient pourtant bien plus civilisés que les pays socialistes. Conclusion qui résultait d'une longue réflexion sur le sujet… Enfin, pour utiliser une expression en vogue, elle était finalement parvenue à sortir la tête de l'eau : elle avait fait de bonnes études, avait un fils unique et un foyer heureux. Son mari, Shu Tian, était un modeste éditeur dans un magazine en déclin pour la jeunesse ; elle était responsable des relations extérieures dans une usine gérée par l'armée et sur le point de faire faillite. S'ils n'avaient pas pu briguer des postes plus importants, c'est que ces deux « jeunes instruits » s'étaient retrouvés sur le marché du travail face à des étudiants fraîchement émoulus de l'université après un cursus ininterrompu. Ils n'avaient pas eu les moyens de se lancer dans les affaires, ni de faire ripaille dans de grands restaurants, mais ils s'étaient contentés de leur sort. Il faut dire qu'ils retournaient de temps à autre à la campagne, comparaient les bons et les mauvais côtés de leur vie avec celle de ces gens qui vivaient chez eux sans eau ni électricité, et ils rentraient convaincus de leur bonheur. Et dans leurs conversations sur l'oreiller, ils discutaient du meilleur moyen d'aider ces gens dans le besoin. Ils s'aimaient tendrement. Autodidactes, ils trouvaient leur joie dans la lecture qui leur donnait cette faculté d'appréhender le passé et le présent, le fossé entre la ville et la campagne. Ils ne se plaignirent pas davantage quand Cul-de-Bouteille se retrouva à la retraite forcée à moins de cinquante ans et qu'au même moment l'usine de Meng, dans l'incapacité de verser les salaires aux employés, déposa le bilan.

C'est alors que les trois membres de la famille avaient réuni la totalité de leurs économies respectives pour ouvrir cette maison de thé. Ils avaient aussi fait appel au réseau de leurs amis et certaines de leurs relations influentes leur avaient permis d'obtenir un rabais sur le loyer, de rénover les lieux et d'acheter le matériel. Dans le capital de cette affaire, Meng reversa tout ce qu'elle avait mis de côté depuis dix ans ; Kang apporta le fruit de ses cinq ans de traduction ; quant à Cul-de-Bouteille qui gagnait de l'argent depuis plus de vingt ans en donnant des conférences, c'est l'intégralité de ses économies qu'il avait investie dans ce projet.

« Tante Meng, vous allez bien ? »

Meng, dont les cheveux blanchissaient déjà sur les tempes, s'était retranchée dans ses pensées. Six redouta d'avoir blessé cette femme si prévenante avec des questions indiscrètes sur son fils.

« Non, ce n'est rien. J'ai toujours été comme ça, je suis souvent dans la lune. »

Pour la tirer d'embarras, Kang s'empressa d'ajouter :

« Quand ma mère prend cet air absorbé, c'est qu'elle réfléchit aux affaires d'Etat ou aux relations internationales. Six, tu découvriras très bientôt que les sujets de préoccupation de ma mère sont fort éloignés de ceux du commun des mortels.

— Espèce de petit impertinent ! Voilà que tu recommences à te moquer de ta mère ! »

Tout en réprimandant son fils, Meng remarqua qu'ils avaient tous fini de manger leurs raviolis et elle demanda l'addition.

Six jeta un œil dans sa direction, stupéfaite de la voir sortir trois billets de dix yuans. Comment quelques petits raviolis pouvaient-ils coûter aussi cher ? C'était l'équivalent de ce que sa mère gagnait en une saison en vendant ses légumes. Ce devait être un restaurant chic réservé aux gens fortunés…

Il s'agissait en fait d'un établissement modeste, une petite gargote avec seulement quatre tables. Mais l'endroit était connu : ils faisait partie d'une chaîne de restaurants réputée dans le Nord-Est de la Chine pour ses spécialités de raviolis farcis, de chou vinaigré, de vermicelles et de viande de porc, et l'addition y était raisonnable. Toutes choses que Six ignorait. Le festin terminé, il était déjà huit heures du soir ; Ruth et Kang prirent congé et enfourchèrent leur vélo tandis que Cul-de-Bouteille et Meng rentraient chez eux avec Six.

A l'époque où ils étaient jeunes mariés et que Cul-de-Bouteille n'était qu'un éditeur de second ordre, ils habitaient un bâtiment vieillot en forme de boyau, où ils partageaient avec plus d'une dizaine d'autres familles les toilettes, la salle d'eau et la cuisine – quelques fourneaux de fortune alignés dans le couloir central. Par la suite, Kang avait alors trois ans, on leur avait assigné un petit appartement au septième étage d'une de ces nouvelles résidences qui poussaient comme des champignons en périphérie. Ils y avaient vécu vingt ans avant d'avoir la chance de déménager dans un appartement un peu plus grand. C'était l'époque, à la fin des années quatre-vingt-dix, où le gouvernement avait changé sa politique de logement et ordonné à toutes les unités de travail de se débarrasser de leurs logements communautaires et d'autoriser leurs employés à accéder à la propriété. Tous ceux qui en avaient les moyens avaient acquis des appartements de quatre pièces avec double séjour. Dans l'unité de travail de Meng, certains privilégiés avaient mis la main sur deux ou trois appartements pour des sommes dérisoires. Cul-de-Bouteille et sa femme n'avaient jamais pu savoir comment ces gens se débrouillaient pour que la politique d'allocation des logements leur en attribuât d'aussi grands. Eux n'avaient pas eu le choix mais s'étaient consolés, car contrairement à ces gens influents ils n'avaient pas eu le souci d'emprunter pour ce genre d'investissement. Lorsque Kang avait déménagé pour vivre à l'université, l'appartement leur avait soudain paru beaucoup plus grand : cela ne changeait rien pour la chambre principale, mais dans la cuisine de six mètres carrés, on pouvait maintenant s'asseoir à deux pour prendre les repas. La chambre où dormait Kang fut transformée en chambre d'amis, puis ils fermèrent le balcon et Meng s'appropria cette nouvelle petite pièce de quatre mètres carrés pour en faire son bureau. Quant au salon, à vrai dire, Cul-de-Bouteille l'avait investi presque tout entier avec ses livres et son bureau. Par ailleurs, Kang parti, il n'était plus nécessaire d'attendre aussi longtemps pour accéder à la salle de bains. Il faut reconnaître qu'ils étaient tous deux doués pour voir le bon côté des choses : habiter au dernier étage sans ascenseur, voilà qui leur donnait l'occasion de se dépenser, et puis cela leur assurait aussi des nuits calmes. Quand on insinuait qu'il y ferait trop chaud en été et trop froid en hiver, ils répondaient que l'atmosphère serait toujours bonne puisqu'ils étaient ensemble et s'aimaient tendrement…

Six fut très déçue par la taille de l'appartement de la famille Shu. En revanche elle était subjuguée par la décoration des lieux, digne d'un musée d'art. Tous les murs étaient couverts de livres. Dans la cuisine, on ne voyait même plus le plafond tant on y avait accroché d'ustensiles : casseroles, bols, louches, cuillères, couteaux, fourchettes, ciseaux… Et sur les étagères alignées le long des murs : des bouteilles, des jarres, des épices et de la vaisselle ; sur celles du bas : du riz, de la farine, de l'huile et des légumes. Comme les gens des villes vivaient à l'étroit ! Ici, il fallait tout empiler alors que chez elle, à la campagne, il y avait toute la place dans la cour, la cuisine ou la réserve. Et dans les toilettes, là aussi, il y avait quantité de choses au plafond et des affiches sur les murs. Elle aimait particulièrement le petit pot suspendu à la chasse d'eau, rempli de crayons de couleur et de bouts de papier. Décidément, la famille savait mettre à profit le moindre moment de relâchement. Mais comment pouvait-on trouver de l'inspiration dans des goguenots nauséabonds ?

La pièce qui lui avait été attribuée, la plus sobre de l'appartement, était meublée d'un bureau, d'une rangée d'étagères et d'un lit sous lequel elle trouva une dizaine de cartons comme ceux dans lesquels elle mettait ses livres chez elle. Six se demandait si ceux-ci en contenaient, et le cas échéant, s'il fallait mettre de la mort-aux-rats en ville ? Car à la campagne, tous ces rats illettrés prenaient un malin plaisir à dévorer les mots… En promenant son regard dans la petite pièce, elle découvrit de nombreuses notes en anglais collées par Kang sur les murs et, sur le bureau encore plus étroit que celui de l'école, étaient posées deux photos, une de toute la famille et une autre de Ruth et Kang nageant ensemble. Kang portait un maillot de bain qui lui moulait les fesses et le reste, Ruth ce que les citadins appelaient un « bikini », trois petits bouts de tissu qui ne couvraient presque rien. Six ne pouvait détacher son regard de cette photo, son visage s'empourpra, son cœur s'affola et une douce chaleur envahit son corps.

Allongée tout habillée sur son lit, elle repensa à ce qu'elle venait de vivre. Encore sous le choc de ces découvertes si soudaines, elle n'imaginait pas ce que lui réservait l'avenir dans cette ville. Tout son monde venait de basculer.

6

Les retrouvailles des trois sœurs

Un mercredi, après avoir travaillé la veille jusqu'à deux heures du matin avec Ingénieur Wu, Cinq se leva à huit heures et se faufila aussi discrètement que possible jusqu'à la salle de bains. Elle utilisait encore le shampoing de Mei Mei pour se laver les cheveux mais ne savait toujours pas quoi faire de l'après-shampoing : fallait-il le mettre avant ou après s'être lavé les cheveux ? Fallait-il le rincer ? Elle regardait avec envie la jolie bouteille, regrettant de ne pouvoir déchiffrer le mode d'emploi. Elle n'osait pas non plus déranger Mei Mei à qui elle s'adressait déjà trop souvent quand quelque chose lui échappait. Celle-ci lui avait d'ailleurs dit un jour en bâillant :

« Tu ne pourrais pas grouper tes questions et me les poser toutes en même temps ? Sinon, je n'arrive pas à avancer dans mon travail ni à dormir. »

Cinq avait acquiescé et se l'était tenu pour dit. Ses parents et ses sœurs lui avaient si souvent fait le même reproche au sujet de sa lenteur et de ses incessantes questions ! Magnanime, Mei Mei continuait néanmoins d'aider Cinq dès qu'elle en avait l'occasion et celle-ci lui en était très reconnaissante. La première fois qu'Ingénieur Wu l'emmena au supermarché, elle

Fuligineuse

passa plus d'une demi-heure à parcourir les allées pour trouver le shampoing de Mei Mei. Elle en acheta une bouteille pour la lui offrir mais il ne lui vint pas à l'idée de s'en procurer une pour ellc… Elle continua donc d'utiliser le shampoing de Mei Mei. Celle-ci ne lui en fit aucun reproche : Cinq avait déjà tant de mal à comprendre et à mémoriser toutes les nouveautés liées à sa nouvelle vie, il fallait bien lui laisser le temps de s'adapter.

Ce jour-là, Cinq revêtit ses habits préférés, ceux qu'elle portait le jour de son arrivée : un petit haut orange vif en tissu mélangé et un pantalon vert en nylon. A la voir accoutrée de la sorte, ses camarades de chambrée poussèrent des hurlements, expliquant que les couleurs juraient outrageusement, qu'elle avait l'air d'une « péquenaude »… Mais Cinq, contrairement aux autres migrantes qui s'évertuaient à vouloir se fondre parmi les citadins, refusait d'adopter leur mode et leurs goûts. D'une part, elle voulait économiser son argent pour l'envoyer à sa mère ; d'autre part, elle trouvait que tous ceux qui n'étaient jamais allés à la campagne ne pouvaient pas comprendre la beauté du spectacle de ces femmes habillées de couleurs vives, travaillant dans les champs nus et gris l'hiver, ou se détachant comme autant de fleurs dans les champs verdoyants l'été… Alors elle se taisait, tant pis si elles la prenaient pour une idiote, tant pis si leurs discussions lui semblaient fuligineuses, rien ne valait les recommandations de sa mère : « Si tu n'ouvres pas la bouche, même le plus malin ne pourra profiter de toi ! »

Aujourd'hui, c'était la première fois depuis son arrivée qu'elle revoyait ses sœurs, Trois et Cinq. La première fois depuis qu'elles s'étaient séparées sous le grand saule, trois semaines auparavant.

Le jour de congé de Trois était le lundi. Comme la maison de thé où travaillait Six venait d'ouvrir et qu'elle n'avait pas encore grand-chose à faire, Cul-de-Bouteille lui avait gentiment laissé choisir son jour de repos. En choisissant le lundi, elle avait déjà pu revoir Trois deux fois. Cinq, ignorant qu'un choix fût possible, avait accepté la suggestion de Tante Wang et avait pris le mercredi comme Ingénieur Wu. Puisque, le lundi et le mardi, il était très occupé à régler et remettre en état les installations et les machines les plus sollicitées pendant le week-end, Tante Wang emmenait Cinq avec elle pour remplacer Ingénieur Wu dans les autres services et veiller à ce que personne ne manquât de rien. Dès le jeudi, il fallait se remettre à concocter les préparations médicinales pour le week-end à venir, autant dire qu'il ne fallait pas chômer. En l'absence d'Ingénieur Wu, le *Palais du dragon d'eau* vivait en apnée car toute réparation devait attendre jusqu'au jeudi. Il arrivait parfois qu'un bassin dût être fermé, ce qui mettait à mal les assistantes, incapables de parer aux avaries. Ingénieur Wu, qui n'avait aucune famille, profitait souvent de son mercredi pour emmener Cinq en ville faire des courses et la familiariser avec les choses de la vie courante. A deux reprises, Trois était venue voir sa sœur au centre, mais à chaque fois elle avait été refoulée à l'accueil par une personne lui signifiant que Cinq était très occupée. A la campagne, quand on cherchait quelqu'un qui travaillait aux champs, il suffisait de le héler bien fort pour qu'il arrive. En ville, les règles étaient tout autres et Trois le savait bien. Pour autant, elle n'avait jamais osé dire à son employeur combien il lui tardait de revoir sa sœur. Ce n'est que lorsque Wang Tong lui avait demandé des nouvelles de sa famille que Trois s'était hasardée à dire que deux de ses sœurs travaillaient aussi en ville. Wang Tong lui avait aussitôt proposé de changer son jour de congé pour lui permettre de voir Cinq.

Cinq se posta à l'entrée du *Palais du dragon d'eau* pour attendre sa sœur. En la voyant plantée là, la fille en vert l'invita à entrer à l'accueil, mais Cinq ne se sentait pas digne de s'asseoir sur les somptueuses banquettes. Même si elle ne devait pas payer pour s'y installer, elle trouvait plus correct de rester debout pour ne pas user le canapé... Pourtant, deux heures plus tard, elle attendait toujours et regrettait sa décision. A dix heures et demie, Directeur Shui, qui arrivait pourtant toujours le dernier, franchit à son tour la porte d'entrée. En croisant Cinq, il s'arrêta brièvement pour la saluer, échanger quelques politesses avant de pénétrer à l'intérieur. Peu après, Trois et Six arrivèrent en courant, hors d'haleine.

Trois portait son uniforme : un tee-shirt rouge, un pantalon noir avec deux rayures blanches et une paire de tennis noires. Six portait une magnifique robe de laine mauve quasi neuve que lui avait donnée Meng et qui mettait en valeur sa délicate silhouette.

Cinq fut sidérée de voir sa sœur si embellie après trois semaines en ville. Mais avant qu'elle ait le temps d'exprimer sa surprise, Trois lui demanda :

« C'est qui le gros bedonnant avec qui tu parlais ? »

Six, qui découvrait les lieux pour la première fois, bouillait d'impatience d'en savoir plus sur ce *Palais du dragon d'eau* et l'assaillit de questions :

« La gueule de ce dragon est énorme ! C'est grand comment à l'intérieur ? Et qu'est-ce qu'on y fait ?

— C'est immense ! Il y a six grands bassins qui peuvent contenir plus de cinquante personnes. Il y a aussi vingt salles de soins : les plus grandes reçoivent une bonne vingtaine de personnes, les petites, juste une ou deux. Ma chef, Tante Wang, m'a dit que dans chaque salle un médecin ou un praticien masse les gens avec les mains, les coudes ou les pieds pour réguler et améliorer la circulation du fluide vital à l'intérieur du corps. Les soins proposés aux clients sont variés et chaque prestation a son prix. Enfin, pour les hommes d'affaires, on trouve aussi une dizaine de salles de conférences, des salles de réunion et un salon multimédia.

— Et toi, qu'est-ce que tu fais ici ? Tu gagnes combien ? »

Sachant que sa sœur n'arrivait déjà pas à retenir le nom des cinq céréales cultivées dans sa campagne, Six se demandait ce qu'elle pouvait bien faire dans ce centre où il fallait nécessairement engranger quelques connaissances élémentaires en médecine et en sciences. Mais sans attendre sa réponse, elle enchaîna sur une autre série de questions :

« Trois dit qu'il y a beaucoup d'employés ici, comment sont-ils ?

— Où loges-tu ? Avec qui ? Est-ce que tout va bien ? Que manges-tu ?

— Et ton patron ? Il est bien ? Est-ce qu'il lit ?...

— Ecoutez, ça suffit ! s'écria Cinq. Ça fait plus de deux heures que je vous attends, alors vous poserez vos questions plus tard, d'accord ? On va quand même pas rester là toute la journée... Trois, la semaine dernière, tu m'as fait dire que tu nous emmènerais voir un temple, alors on y va ? Et quand t'es rentrée à la maison, t'as promis de nous faire goûter ces fameuses boulettes de riz gluant le jour où on serait en ville toutes les trois... C'était vrai ou pas ?

— Très bien, très bien, on y va. Mais il faut d'abord prendre le bus jusqu'au temple de Confucius. Comme si je ne tenais pas mes promesses... Tu es bien pressée ! »

Trois conduisit ses sœurs jusqu'au bus mais elles furent aussitôt séparées dans la bousculade qui suivit, quand la foule qui attendait s'élança pour monter à bord. Trois dut s'égosiller pour hurler à ses sœurs le nom de la station à laquelle elles devaient descendre :

« Six ! C'est le temple de Confucius. Cinq, tu as entendu ? Ecoutez bien les annonces dans le haut-parleur. Dès que vous entendez Tai... Ping... Nan... Lu... rapprochez-vous de la porte mais ne descendez pas. Attendez l'arrêt suivant et là, descendez en vitesse, sinon vous risquez de rester coincées à l'intérieur. C'est compris ?

— Oui ! » braillèrent en chœur Cinq et Six.

Mais le vacarme des trois sœurs souleva rapidement un vent de protestation dans le bus :

« Hé, vous là, vous n'êtes pas dans votre campagne ici, alors arrêtez de beugler !

— Qu'est-ce que vous avez à crier comme ça ? Vous faites des vocalises ?

— Si vous ne savez pas lire, vous avez des oreilles, non ?

— Pas la peine de hurler ! Vous n'avez qu'à demander à votre voisin où descendre. Les citadins ne sont pas tous des “sans-cœur” !

— Si vous n'êtes pas foutues de prendre un bus, vous n'avez rien à faire en ville ! »

Exaspéré, l'un des passagers prit leur parti :

« Foutez-leur la paix ! Y a pas qu'elles qui gueulent ici ! »

Un autre de répliquer :

« Oh, de grâce, épargnez-nous le numéro du redresseur de torts ! Et allez semer votre compassion ailleurs… »

Conscientes d'avoir déclenché un véritable esclandre, Trois et Six n'osèrent plus piper mot. Cinq, qui ne voyait pas la raison d'un tel chahut, s'inquiétait juste de ne pas pouvoir entendre le nom de la station à cause du vacarme.

Arrivées une demi-heure plus tard à destination, elles descendirent du bus et se dirigèrent vers le temple de Confucius.

A l'origine, on ne venait dans ce temple que pour offrir des sacrifices à ce célèbre penseur et pédagogue de la Chine ancienne. La Chine ayant choisi d'établir sa capitale à Nankin plus d'une dizaine de fois au cours de son histoire, le quartier du temple de Confucius était particulièrement animé. A l'époque des empereurs, c'est dans les ruelles de l'Hirondelle, des Moineaux Rouges et du Fard à Joues que résidaient les grandes familles. Dans l'enchevêtrement des venelles avoisinantes, plus tranquilles, les petites gens habitaient des maisons plus modestes, mais dont les cours intérieures resplendissaient d'éclatantes fleurs multicolores, le printemps venu. Sous la dynastie des Ming, c'était dans le temple de Confucius que se trouvaient les salles d'examen du Collège impérial ; de nombreux candidats s'y pressaient pour tenter leur chance et c'est ainsi que s'était constitué autour de ce temple un quartier commerçant où abondaient les petites gargotes.

Pour le prix d'un café dans un hôtel cinq étoiles, on pouvait y déguster une variété infinie de spécialités : les plus savoureuses des soupes de sang de canard et soupes aux vermicelles, les plus croustillantes des galettes de sésame enrobées de miel. En été, rien de tel qu'un bol rafraîchissant et roboratif de gelée de soja aux épices pour toucher au sublime. Cela dit, pour déguster toutes ces spécialités, il fallait accepter de s'entasser sur des bancs étroits et ne pas craindre de manger dans une vaisselle rustique avec des baguettes dépareillées. Tandis que certains festoyaient assis, d'autres se régalaient debout dans un grouillement et un va-et-vient perpétuels. L'éventail des plats proposés aux passants dans la rue du temple de Confucius était typique de Nankin : galettes de sésame frites dans de la graisse de canard, raviolis à la vapeur farcis aux légumes sautés, nouilles de tofu séché aux petites crevettes, galettes au cumin et à la ciboule, œufs durs marinés dans une sauce aux cinq épices, et une infinie variété de boulettes de riz gluant.

Mais la plus célèbre curiosité de ce marché culinaire était sans doute le *wangjidan*, cet œuf bouilli renfermant à l'intérieur un embryon à moitié développé. Avant d'assaisonner la bestiole de sel et poivre et de l'enfourner, il fallait prendre soin d'en enlever méticuleusement le duvet. Les jeunes filles de Nankin en raffolaient en raison de ses vertus fortifiantes, et pour rester belles, elles pouvaient en gober plusieurs à la suite, accroupies dans la rue près d'un fourneau.

Trois acheta de quoi grignoter et invita ses sœurs à se promener au fil des échoppes. Le mélange des odeurs qui leur chatouillaient les narines, l'éventail coloré de tous ces mets traditionnels et populaires, les cris des colporteurs pour attirer le chaland mettaient tous leurs sens en éveil. Cinq et Six ne savaient plus où donner de la tête, elles ne trouvaient même pas le temps de manger.

Un peu plus tard, les trois sœurs arrivèrent devant la porte du temple de Confucius. Trois leur raconta qu'on y voyait souvent, à l'occasion des fêtes, un défilé de parents accompagnés de leurs enfants. Implorant le grand Maître d'accorder à leurs enfants la réussite aux examens, ils faisaient brûler des bâtons d'encens et se prosternaient devant son autel. Elle désigna ensuite à ses sœurs le pont de pierre qui enjambait plus loin la rivière Qinzhun, et dont le nom évocateur était le « pont de la Demi-lune ».

« Pourquoi Demi-lune ? demanda Cinq.

— Ah, ça je sais, répondit Six, je l'ai lu quelque part. Il s'appelle Demi-lune parce que si l'on se tient sur ce pont vers minuit, le quinzième jour du onzième mois lunaire, quand la lune est au plus haut dans le ciel, et que l'on regarde dans l'eau, on découvre alors que le reflet du pont coupe celui de la lune en son milieu. Je crois que ce pont porte un autre nom, quelque chose du genre "Séparation de la culture et de la vertu". »

Six se félicitait d'avoir parcouru un guide sur Nankin avant son arrivée, car cela se révélait fort utile.

« Mais alors tu veux dire que chez nous et ici, à Nankin, c'est pas la même lune ? demanda Cinq interloquée.

— Voyons ! La lune est la même partout dans le monde. C'est juste qu'ici, le pont a été conçu de telle sorte qu'il la coupe en deux une fois par an. »

Trois était excédée.

« Mais alors, quand elle est coupée, faut combien de temps pour qu'elle repousse ? »

Cinq, elle, était affligée.

« Aiya ! Non mais, c'est pas possible ! reprit Trois, la lune n'est jamais vraiment coupée en deux, c'est juste le pont qui donne cette illusion ce jour-là. »

Trois redoutait plus que tout de voir sa simplette de sœur se lancer dans des questions dont les réponses, à l'évidence, ne l'éclaireraient pas plus.

« Mais alors, si tu dis que la lune est pas vraiment coupée en deux, d'où elle vient, cette demilune ? s'obstina Cinq en s'échauffant.

— Ne t'inquiète pas, sœurette, intervint Six plus gentiment en voyant la détresse de Cinq. Le jour venu, on t'emmènera. Comme ça, tu verras et tu comprendras tout de suite.

— Allez, n'oubliez pas de manger, sinon vous allez encore dire que je ne tiens pas parole. »

Trois leur sortit les beignets de tofu puant qu'elle venait d'acheter, quelques boulettes de riz gluant de Suzhou et un petit sac de navet séché croustillant. Les trois sœurs s'assirent autour d'une table en pierre près du pont de la Demi-lune et grignotèrent en bavardant.

« Humm… ces beignets de tofu puant ne sont pas aussi bons que ceux de Dame Tofu », dit Six en en croquant un au bout de sa brochette.

Puis elle reprit aussitôt le flot de questions, un temps interrompu :

« Alors, Cinq, dis-nous vite qui était ce gros bedonnant avec qui tu discutais à la porte du *Dragon*.

— C'est notre directeur général, mais tout le monde l'appelle Directeur Shui. C'est vraiment un chic type. Trois, je veux une boulette de riz, laquelle est la meilleure ? Comme ça sent bon ! »

Trois lui en choisit quelques-unes, reprit une brochette de beignets de tofu, prétextant qu'il fallait les manger chauds, et intervint :

« Et pourquoi est-ce un chic type, selon toi ?

— Je sais pas… C'est quelqu'un de bien, c'est tout. En tout cas, lui, il m'a pas insultée ni fait du mal. Et puis, tu vois, il a jamais menacé de pas me donner à manger si j'arrivais pas à faire mon boulot. Il se fâche pas quand il s'adresse à moi, comme les autres citadins… »

La boulette de riz gluant qu'elle avait dans sa main gauche demeura en suspens devant sa bouche, le temps qu'elle fouille sa mémoire pour se remémorer toutes les qualités de Directeur Shui.

« Il y a des gens qui te parlent mal ? » s'enquit Trois, inquiète.

Elle avait elle-même fait l'expérience cuisante du regard hautain et dédaigneux que peuvent porter certains citadins sur plus pauvre et plus humble qu'eux.

« Bah, évidemment, qu'est-ce que tu crois ? Déjà au village, on me regardait de travers, alors tu imagines ici ! rétorqua Cinq sans y attacher plus d'importance que ça.

— Et alors ? Que fais-tu dans ces cas-là ? lui demanda Six qui avait arrêté de manger.

— Ce que je fais ? J'encaisse, c'est tout. Tu te souviens de ce que disait maman : “Moins on a de choses à penser, mieux on se porte” ? Quand on s'accroche, on est toujours récompensé !

— Bon, mais alors en quoi ça consiste, ton travail ? »

Six attaquait son second beignet.

« Mon travail ? Je suis ce qu'on appelle une assistante. Un peu comme Quatre à la maison, elle fait des petits travaux, elle donne un coup de main à papa et maman, elle leur passe des trucs quand ils en ont besoin. Et toi, tu fais quoi ?

— Je t'ai demandé en premier, réponds d'abord. Tu nous as dit qu'il y avait plein de bassins dans ton centre, quel rapport avec la culture ? Et pourquoi ça s'appelle le Centre de la culture de l'eau ? »

Six engloutit son troisième morceau.

Cinq était sidérée d'une telle question de la part de la plus éduquée de ses sœurs.

« T'as rien lu là-dessus ?

— Je n'ai pas tout lu. Seuls les livres de médecine traitent de préparations médicinales et au collègue, on ne fait pas de médecine. Bon alors, explique, comment gagnent-ils de l'argent dans ton centre ? demanda Six en avalant son dernier morceau de tofu.

— Les gens payent pour venir se baigner dans l'eau de nos bassins…

— Se baigner ? Mais alors tu les as vus tout nus ? »

Abasourdies, Trois et Six fixaient Cinq, bouche bée.

« Je sais ce que vous pensez. La première fois que j'ai vu un client en slip, j'ai eu si peur que je me suis cachée dans le bureau de Tante Wang pendant des heures.

— Et… et après, tout s'est bien passé ? »

Trois peinait à imaginer le courage qu'il avait fallu à sa sœur pour surmonter cette épreuve.

« Après, Tante Wang est venue me voir avec un livre, elle m'a montré plein d'images avec des vrais docteurs…

— Waouh ! Cinq, tu assures ! Tu es top ! »

Six ne savait pas vraiment ce que signifiait « assurer » ou être « top », mais elle poursuivit :

« Bon, alors s'il y a des docteurs, que font ces gens dans les bassins ? A quoi ça sert ?

— Si vous me coupez la parole tout le temps, je dis plus rien. Les clients trempent dans différents bassins pendant une heure, après ils se rincent à l'eau froide pour enlever les médicaments. Et puis ils vont dans ce qu'on appelle une salle de soins pour avoir un massage. Y en a qui veulent être massés sur tout le corps, d'autres seulement sur la plante des pieds.

— La plante des pieds ? Comment ça ? C'est pas pour t'interrompre, mais qu'est-ce que ça vient faire dans ton histoire ? demanda Trois.

— La plante des pieds, c'est tout le dessous du pied. Nos masseuses peuvent découvrir et guérir les maladies rien que par la plante des pieds. Elles ont plusieurs techniques : tapoter, frapper, presser, appuyer ou frotter. Mon amie Mei Mei, elle fait ça, c'est la meilleure masseuse du centre, et elle m'a tout expliqué. Elle m'a montré une image où on voit comment nos voûtes plantaires sont reliées à tout le corps, aux intestins et tout. Elle est incroyable ! Quand elle met les mains sur les pieds d'un client, elle sait tout de suite ce qui va pas et après elle le guérit. Ingénieur Wu dit que neuf fois sur dix, elle a raison. »

Sur ces mots, Cinq enfourna une boulette de riz gluant.

De plus en plus perplexe face aux réponses de Cinq, Trois poursuivit ses questions pour ne pas la contrarier :

« Et elle t'a déjà diagnostiqué quelque chose en te massant les pieds ?

— Humm… » La bouche encore pleine, Cinq avait du mal à articuler. « Je lui ai montré mes pieds qu'une seule fois et en me massant le point entre le pouce et la plante, elle a tout de suite vu que j'étais un peu fatiguée et que j'avais des problèmes pour dormir. Incroyable, non ? Elle s'était pas trompée, j'arrivais pas à dormir quand je suis arrivée au centre mais j'en avais jamais parlé à personne. Mei Mei l'a su tout de suite en me touchant les pieds et elle a même dit que je mangeais pas assez…

— Comment ça ? Tu ne manges pas à ta faim ? On ne te donne pas assez à manger ? »

Six était inquiète.

« Si, on a de quoi manger à chaque repas et on peut même en reprendre. D'ailleurs, au début je me gênais pas, mais très vite j'ai bien vu que j'étais la seule à en redemander. Certains mangeaient même pas la moitié de leur assiette. Alors je voulais pas qu'on se moque de moi et qu'on dise que je me goinfre comme un petit cochon.

— Donc tu crèves de faim ? »

Trois se montrait soucieuse du bien-être de sa sœur.

« Evidemment, j'ai faim ! Au début, j'étais si affamée, j'avais les jambes en coton et j'ai failli tomber dans les pommes. Et puis après je me suis habituée et maintenant j'ai moins faim. Je suis sûre que mon estomac de campagnarde est devenu aussi petit que celui des citadines ! »

A ces mots, Trois et Six éclatèrent de rire.

« Arrêtez de rire ! Pourquoi vous vous moquez de moi comme ça ? Aujourd'hui plus personne se moque de moi au *Palais du dragon d'eau*, et tout le monde est très gentil. Si jamais un client s'amuse à faire des blagues sur moi, Tante Wang et Ingénieur Wu viennent tout de suite me défendre.

— Qui sont les clients ? enchaîna Six en réprimant son rire.

— Mais je viens de le dire ! C'est des gens qui paient pour se baigner dans l'eau de nos bassins et se faire masser. »

Finalement, on pouvait avoir lu beaucoup de livres, ça n'empêchait pas d'être idiot, pensait Cinq en répondant aux questions de Six. Pour Trois, l'affaire n'était pas claire, elle voulait en savoir plus sur la moralité des lieux.

« Tu es sûre que ce n'est pas un de ces endroits où les hommes et les femmes se retrouvent dans de petites chambres pour faire *la chose* ensemble ?...

— Non, il n'y a pas de "petites chambres" comme tu dis, la plus petite est assez grande pour y mettre deux lits... »

Cinq ne saisissait pas les insinuations de sa sœur.

« Mon Dieu ! Cinq, tu ne fais rien de mal, au moins ? Ma patronne m'a dit qu'en ville, il y a des escrocs qui exploitent les filles de la campagne pour faire de l'argent sale. »

Six comprit aussitôt ce que Trois voulait dire : elle craignait que sa sœur, si candide, soit tombée aux mains de gens peu scrupuleux.

« Aiya ! Mais c'est ridicule ! Qu'est-ce que vous racontez ? Je fais rien de sale. La fille en vert m'a montré des livres qui parlent de cette vieille tradition chinoise pour "cultiver le corps et l'esprit", elle a plus de trois mille ans ! Avant c'était seulement pour l'empereur, mais maintenant y a des gens intelligents qui ont repris la tradition.

— C'est qui cette fille en vert ? »

Trois tendit à Cinq une boule de sésame.

Dès qu'on évoqua la fille en vert, Cinq s'anima :

« Trois, si tu la voyais, elle est magnifique ! Elle est encore plus belle que toutes ces stars que tu nous as montrées sur les photos !

— Qu'est-ce que tu veux dire par "magnifique" ? demanda Trois, amusée.

— Comment dire… Sa taille, la forme de son visage, et quand elle marche… Quand vous la verrez, vous comprendrez ! Elle est in-croya-blement belle ! »

Six et Trois demandèrent alors en chœur :

« Les clients viennent tous en couple ?

— Non, pas du tout. C'est surtout des hommes. Mais y en a qui viennent avec des femmes. Faut les voir ! Quand elles arrivent, elles sont toutes maquillées, le visage comme une fleur de pêcher, comme on dit chez nous. Mais dès qu'elles sont dans l'eau, on les reconnaît plus, elles perdent leurs couleurs et deviennent toutes grises. Elles n'ont même plus les pommettes rouges comme nous les campagnardes ! Et finalement, le plus beau, c'est leur petit cul blanc…

— Et les hommes alors ? demandèrent à nouveau les deux sœurs de concert.

— Ben… les hommes des villes sont plutôt pas mal. »

Cinq n'eut pas le temps de finir sa phrase qu'à nouveau ses sœurs lui coupaient la parole.

« Comment tu le sais ? Tu les regardes en cachette ? Tu en as vu beaucoup ?

— Oh, mais qu'est-ce que vous racontez ? J'espionne personne, j'ai qu'à regarder autour de moi ! Quand les clients arrivent au *Palais du dragon d'eau*, ils vont à la réception, ils paient et on leur donne des jetons. C'est des petits morceaux de bambou, plus ils paient cher et plus on leur en donne. C'est pour pouvoir aller aux bassins et aux salles de soins. Avec leurs jetons, ils vont se déshabiller, les hommes d'un côté, les femmes de l'autre. Les hommes mettent une sorte de caleçon et les femmes des maillots de bain tout moulants, on dirait le bandeau magique du Roi Singe, Sun Wukong, celui qui lui serrait la tête quand il désobéissait à son maître. Et puis vous devinerez jamais ce que j'ai vu ! Vous vous souvenez de ce que maman appelait un "tigre blanc" ? Eh ben, je vous jure que j'en ai vu un ! Tante Wang m'avait emmenée dans les douches des femmes pour vérifier qu'il y avait assez de serviettes, et justement y avait une femme qui prenait sa douche.

Comme elle avait pas tiré le rideau, j'ai vu qu'elle était exactement comme maman l'avait dit : elle avait pas un poil nulle part ! Après, je l'ai revue avec un homme très beau dans le bassin de la Tranquillité, ils étaient tout près l'un de l'autre, ça m'a fait peur pour lui… Des fois qu'elle lui saute dessus pour prendre sa semence et le tuer après… »

Le visage de Cinq exprimait toute sa compassion.

« C'est quoi, le bassin de la Tranquillité ? »

Trois n'avait jamais entendu pareille expression auparavant.

« Aiya ! Je sais pas non plus, mais ça doit être un bassin pour se détendre. Tante Wang m'avait expliqué, mais j'ai oublié. Ça alors ! Vous avez vidé tout le sac de navet séché ? J'en étais sûre. Vous me faites parler, parler, et pendant ce temps-là, vous vous empiffrez ! »

Déçue, Cinq fit la moue.

« Pas de panique, je t'en ai mis de côté, dit Trois en lui agitant un petit sac en papier bien rempli sous le nez.

— Qu'est-ce que c'est que cette histoire de "tigre blanc" ? demanda Six qui n'en avait jamais entendu parler.

— Comment, toi, tu ne sais pas ça ? »

Trois trouvait très étrange que la plus cultivée de ses sœurs lui pose cette question. Puis, après réflexion, elle se ravisa.

« Tu devais être trop petite quand maman nous en a parlé. Un tigre blanc, c'est une femme sans poils. On racontait que si un homme se mariait avec une telle femme, il était condamné à mourir prématurément. Dans le passé, avant qu'un mariage n'ait lieu au village, l'entremetteur procédait à une inspection très poussée du corps de la future épouse. Si son corps avait déjà été souillé par un homme, si elle n'avait pas de poils ou si elle avait des grains de beauté, alors elle n'était pas mariable car on la considérait comme un danger pour son mari. Plus tard, pendant la Révolution culturelle, ces pratiques ont été interdites. Beaucoup d'hommes se sont retrouvés mariés à de mauvaises femmes sans le savoir, et ont injustement connu par leur faute une mort atroce. Demande à maman si tu ne me crois pas ! Tu verras que je ne te raconte pas de bêtises. »

Trois s'énervait de voir Six si incrédule.

« Tu nous as dit qu'il y avait plusieurs bassins dans ton centre, comment s'appellent les autres ? demanda Six en se tournant vers Cinq.

— Il y a cinq bassins en tout. Dans le bassin de la Tranquillité, l'eau est à trente-cinq degrés ; dans le bassin de la Culture de l'Esprit, elle est à quarante-cinq degrés et il paraît que ça détend. Tante Wang dit que les citadins ne font pas beaucoup travailler leur corps, qu'ils se servent de leur cerveau toute la journée et qu'ils ont mal à la tête. Dans ce bassin, on peut passer sa tête sous plusieurs jets d'eau et ça fait du bien aux muscles du cou. Le bassin de la Beauté, c'est pour soigner les problèmes de peau et embellir le teint, mais j'y ai jamais vu personne avec la gale comme au village, et puis de toute façon, c'est pas des moches qui viennent ici se faire une beauté… »

Une fois de plus, Trois et Six éclatèrent de rire.

« Mais qu'est-ce que vous avez encore à rire toutes les deux ?… J'ai pas fini. Il y a aussi le bassin du

Yin et du Yang, il est qu'à trente degrés, c'est la température la plus basse, mais je sais vraiment pas à quoi il sert. Tante Wang dit que c'est pour aider les hommes et les femmes à avoir des enfants. Mais bon, soit ça aide les hommes, soit ça aide les femmes. Enfin, c'est les femmes qui font les enfants, alors je sais pas ce que viennent faire les hommes là-dedans ! Pourtant, je me dis souvent que si maman avait pu se baigner dans ce bassin, peut-être qu'elle aurait eu un garçon… Mais alors nous, on serait pas là… Le bassin des Os Solides, lui, c'est que pour les hommes. Il y a une partie chaude, une partie froide, et les hommes s'y plongent pour avoir des gros muscles. En plus des médicaments, il y a des bulles et des vagues. Y en a une qui a failli me renverser la dernière fois, quand j'ai aidé Ingénieur Wu à réparer ce bassin. J'étais morte de trouille. Mais c'est le bassin préféré des jeunes. Tante Wang dit qu'ils viennent ici pour se "remplumer", quelle drôle d'idée ! Ils ont qu'à aller travailler dans les champs ! Ici, ils mangent à leur faim, ils manquent de rien, moi je crois plutôt qu'ils viennent parce que c'est nouveau. Mais c'est rigolo de voir ceux qui vont dans ce bassin. Ils ne parlent pas dans leur barbe comme tous ceux à gros ventre qu'on trouve dans le bassin de la Culture de l'Esprit. Eux, ils parlent fort et s'amusent tous ensemble dans l'eau. Ça donne une ambiance très spéciale, très mâle… »

Ces dernières réflexions lui valurent des regards très surpris de ses deux sœurs.

« Regardez-vous toutes les deux, on dirait deux ahuries ! s'écria Cinq. Si vous voulez jeter un œil à ces beaux mâles, je peux en parler à Ingénieur Wu, il vous trouvera peut-être une place. Vous pourrez aller travailler au bassin des Os Solides et contempler du muscle toute la journée. »

Trois et Six sursautèrent et lui donnèrent une bourrade dans le dos.

« Pauvre petite écervelée ! Tu n'es en ville que depuis trois semaines et tu essaies déjà de dévoyer tes sœurs !

— Aiya ! Je vous taquine. Dans chaque bassin, c'est des hommes qui s'occupent des hommes et pareil pour les femmes. Et puis les vestiaires des hommes sont très loin de ceux des femmes. Alors n'ayez pas peur, personne peut reluquer personne. Dis donc, Trois, tous ceux qui te croient de glace se sont bien trompés, on dirait, hein ? Tu as des hommes plein les yeux ! Tu as vu ça, Six ?

— Tous ces bassins, toutes ces choses à apprendre, je me demande comment une fille comme toi peut retenir tout ça ! »

Réalisant que ces paroles réduisaient Cinq à une pauvre gourde, Six les regretta aussitôt. Mais Cinq n'en prit pas ombrage.

« Il m'a bien fallu une semaine avant de pouvoir retrouver mon chemin seule jusqu'à l'endroit où je dors, la salle des massages de pieds. Et pour les autres salles, une semaine de plus pour comprendre ce qu'on y faisait. Au début, tout était si nouveau, si magique et merveilleux… En tout cas, c'est incroyable ce qui se passe au centre. Y a qu'à voir, quand les clients arrivent, ils bafouillent, ils sont tout mollassons, avachis comme des pousses de blé après la canicule. Et quand ils repartent, ils sont tout roses et ravigotés comme des herbes rafraîchies par une bonne ondée.

Tiens, oui, autre chose : vous savez quel genre de lampes ils ont ? demanda Cinq sur un ton mystérieux.

— Des lampes électriques, bien sûr ! répondirent Trois et Six.

— C'est ce que je croyais, mais non ! Ça s'appelle des lanternes de Kong Ming. Et je parie que vous savez pas ce que c'est. »

Trois et Six secouèrent la tête.

« C'est des lanternes en papier multicolores, qui montent jusqu'au plafond quand elles sont allumées, à cause de l'air chaud. Y en a plein qui flottent dans la vapeur, comme des esprits, au-dessus des bassins. Elles sont magnifiques. Tante Wang m'a dit qu'on les appelle aussi “lanternes célestes”. Elle m'a raconté plein d'histoires sur leur origine. Y a des gens qui disent que c'est Zhu Geliang, quelqu'un de très intelligent qui vivait au temps des Trois Royaumes, qui les a inventées pour envoyer des signaux à son armée. Comme elles montaient haut dans le ciel, on les voyait de très loin. D'autres racontent qu'on les utilisait dans le Sud de la Chine pour adorer les dieux. Et y a une autre histoire qui dit que sous les Qing, des gens du Fujian ont rapporté ces lanternes de l'étranger et qu'ils les utilisaient en hiver pour prévenir les villageois cachés dans les montagnes que les brigands étaient partis et qu'ils pouvaient redescendre au village. Tante Wang dit qu'on les utilise encore à certains endroits pendant la fête des Lanternes pour célébrer l'arrivée de la nouvelle année. »

Cinq ne s'était jamais exprimée si fièrement devant ses sœurs.

« Cinq, je suis impressionnée par tout ce que tu nous as raconté, tu m'as appris beaucoup de choses. »

Six félicita sa sœur du fond du cœur.

— C'est Tante Wang qui est la plus gentille avec moi, continua Cinq. C'est ma Guanyin à moi, elle a toujours le sourire. D'après Mei Mei, c'est une tante éloignée d'Ingénieur Wu, je sais pas si c'est vrai… Mei Mei et moi, nous dormons dans le même dortoir, il y a dix lits avec des numéros mais nous sommes que neuf. Elle a le numéro un, et moi le dix. C'est Mei Mei qui s'occupe du dortoir et elle prend bien soin de moi. Elle m'apprend tout ce qu'il faut savoir et elle me prête ses affaires… »

Trois l'arrêta tout net.

« Qu'est-ce qui te prend d'utiliser les affaires des autres ? Il ne faut pas laisser croire à ces citadins que nous n'avons pas les moyens de payer.

— Je sais, t'inquiète pas ! Je lui ai acheté une bouteille de shampoing, alors…

— Et toi tu te laves les cheveux avec quoi ? demanda Six.

— Je prends le sien, j'ai toujours fait ça. C'est comme à la maison, on se servait toutes du peigne de Quatre et de son papier toilette.

— Mais Cinq, voyons, c'était notre sœur, ça n'a rien à voir ! Utiliser les affaires des autres, ce n'est pas comme emprunter celles de ses proches. Pourtant, maman nous l'avait bien répété avant qu'on parte, non ? “Même si le bol de la famille est vide, mieux vaut mourir de faim que de voler le gruau du voisin.” »

Six et Trois, à l'unisson, la réprimandaient vertement.

« Mais comment voulez-vous que j'achète des choses, je sais pas lire les étiquettes ! Je peux même pas aller toute seule dans les grands magasins… Tout le monde sait lire ici, alors j'aurais l'air de quoi, une grande fille comme moi, si je demande aux gens de me lire tout ce qui est écrit ? Ils vont se moquer de moi et je veux pas qu'ils croient que toutes les campagnardes sont aussi bêtes que moi. »

Les yeux de Cinq brillaient, tout embués de larmes.

Le cœur serré, Trois et Six marquèrent une pause. C'était vrai, ce n'était pas de sa faute si elle n'était pas allée à l'école. La famille était bien trop pauvre pour y envoyer ses deux aînées et les deux ans que Trois y avait passés avaient plongé ses parents dans le dénuement le plus total, c'était à peine s'il leur restait de quoi acheter de l'huile. Heureusement, pour Quatre née sourde et muette, la question ne s'était pas posée. Quant à Cinq, son père lui avait coupé net toute envie d'aller à l'école en lui disant sans détours qu'elle n'avait rien d'une lumière et qu'il ne voulait pas gaspiller son argent inutilement. Il aurait sans doute trouvé une autre bonne raison de priver Six d'école si son professeur n'était pas venu le supplier de la laisser étudier. Il pestait encore contre ses huit années d'études qui avaient ruiné la famille, rejetant sur Six la responsabilité de leur misère. Mais comment aurait-il pu concevoir qu'en ville il était si essentiel de savoir lire et écrire ?

« On te donne des pourboires ? demanda Trois, radoucie.

— Oui, on en a tous les jours et à la fin du mois, on touche notre salaire. Comme je suis nouvelle, Tante Wang m'a dit que le mien est le plus bas de la société. Je gagne donc moins que Mei Mei mais beaucoup plus que papa. J'aurais jamais cru que je gagnerais un billet de cinquante yuans si rapidement ! J'ai demandé à Mei Mei de me donner un billet contre mes pièces et quand j'aurai gagné cinquante yuans de plus, je changerai tout contre un billet de cent et je le donnerai à maman. Papa va pas en revenir ! Lui qui arrête pas de nous traiter de baguettes, de bonnes à rien, on va lui montrer, nous, de quoi on est capables ! »

A la voir si émue et exaltée, Trois en eut les larmes aux yeux. Tout ce que sa sœur venait de dire, elle l'avait aussi pensé. D'ailleurs, la première fois qu'elle était rentrée au village et qu'elle avait tendu à sa mère, plutôt qu'à son père, tout l'argent qu'elle avait gagné – une liasse de vingt-deux billets de cent yuans –, la main de sa mère avait tremblé comme s'ils lui brûlaient les doigts. Elle s'était empressée de les tendre à son mari. La scène était gravée dans sa mémoire. Et cet homme qui gémissait à longueur de journée à propos de ses filles en avait eu les yeux noyés de larmes. Pour ne pas leur donner de faux espoirs, Trois n'avait jamais raconté cet épisode à ses sœurs. Elle savait combien il était difficile pour une baguette de gagner de l'argent en ville, elle en avait bavé. Alors ce besoin de reconnaissance et cette volonté de prendre une revanche sur cette malchance d'être née fille à la campagne, elle savait dans ses tripes ce que c'était, et Six tout comme elle.

Silencieuses, les trois sœurs pensaient à leur mère… Cette femme qui n'avait jamais eu un moment pour elle depuis le jour de son mariage.

Il régnait une douce chaleur de début de printemps. Les Nankinois, qui avaient attendu ce moment tout au long de leur hiver sombre et humide, en profitaient pour sortir et se pressaient sur le pont de la Demi-lune. Se mêlant à la foule des touristes, nombreux faisaient le détour jusqu'au temple de Confucius. Les personnes âgées sortaient leur tabouret pour se mettre au soleil. Les hommes jouaient aux échecs, bavardaient ou parcouraient le journal. Les femmes préparaient les légumes, buvaient du thé et papotaient joyeusement pour passer le temps. Il arrivait de voir quelques marmots de deux-trois ans à peine, sur les genoux de leurs grands-mères ou dans une poussette, mais on en voyait peu gambader dans la rue.

Meng avait expliqué à Six qu'en ville, dès l'âge de trois ans, les enfants étaient expédiés à la maternelle et n'avaient pour ainsi dire plus le temps de jouer. Du lundi au vendredi, après leurs trois heures de devoirs quotidiens, ils devaient s'adonner à la calligraphie, au dessin, à la musique ou à toute autre activité d'éveil dont on attendait la révélation de leur génie. Le samedi, le *Palais des enfants* grouillait de bambins venus suivre des cours d'art, de danse ou de musique ; certains d'entre eux consacraient trois heures supplémentaires à d'autres cours spécialisés ailleurs. Ne leur restait finalement que le dimanche pour s'amuser. Mais malheur à ceux qui étaient à la traîne à l'école, ceux-là passeraient encore cette journée à prendre des cours de soutien pour combler leur retard.

« Excusez-moi, vous pourriez nous laisser la place, nous voulons prendre une photo », demanda un homme en s'avançant vers elles avec son appareil photo.

Les trois sœurs levèrent le camp. Trois ramassa les tiges en bambou – seuls vestiges des brochettes de tofu puant – ainsi que le sac en papier des boules de riz gluant, et jeta le tout dans la poubelle la plus proche. Ce faisant, elle en profita pour donner à ses sœurs une nouvelle leçon de savoir-vivre :

« En ville, ce n'est pas comme chez nous, il est mal vu de jeter des ordures sur le sol. Ce serait comme vider ses poubelles devant la porte de quelqu'un au village, et croyez-moi, les gens râleraient. Allons-y maintenant, je vous emmène là où je travaille, ça s'appelle *L'Imbécile heureux*, c'est à deux pas d'ici.

— Pourquoi ce nom ? C'est affreux ! s'exclama Cinq, interloquée.

— Ça vient de ce que disait la grand-mère de la propriétaire des lieux, expliqua Trois, en tentant d'imiter le ton de Wang Tong. Quoi qu'on fasse, il ne faut jamais s'estimer au-dessus des autres, il vaut mieux se persuader qu'ils sont tous beaucoup plus intelligents que soi, car il n'y a pas plus heureux qu'un imbécile. Inutile de courir après l'argent et de se ruiner la santé car l'injustice est partout dans le monde. » Et Trois de conclure : « Voilà pourquoi mes employeurs ont appelé leur restaurant *L'Imbécile heureux*, car savoir vivre heureux est à leurs yeux bien plus important que l'argent et le pouvoir. »

Cette explication laissa Cinq plus que dubitative : sa propre bêtise avait depuis toujours été source des pires tourments, alors qui voudrait délibérément feindre d'être idiot ? Elle soupçonna la patronne Wang Tong d'avoir trouvé ce moyen pour abêtir Trois et la mettre sous sa coupe. Mais elle garda cette pensée pour elle en se félicitant de ne pas avoir une telle patronne.

« Jetez juste un coup d'œil mais ne restons pas là ! Ma patronne est très avenante, alors si elle nous voit, à coup sûr elle va nous inviter à manger. »

Et Trois entraîna ses deux sœurs.

« D'accord, repérons les lieux pour savoir revenir et filons. Ne la dérangeons pas », renchérit Six.

Cinq n'eut pas le temps de s'exprimer à son tour, une femme revêtue du même uniforme que Trois, un panier de légumes au bras, leur barra la route.

« Aiya ! Trois, Six, encore une de vos sœurs ? Où allez-vous comme ça ? C'est bientôt l'heure du déjeuner, rentrez avec moi au restaurant et mangez un morceau avant de repartir. »

Cinq n'en revenait pas. A croire qu'à Nankin, il suffisait de penser à une personne pour qu'elle apparaisse aussitôt sous vos yeux ! En tout cas, Wang Tong était là devant elles, la femme de Guan Buyu, la patronne de Trois.

« Non, non, merci beaucoup mais inutile de vous déranger, nous venons de manger et nous étions sur le point d'aller nous promener dans le quartier du temple de Confucius. »

S'ensuivit un bruyant conciliabule des trois sœurs : chacune donnaient son avis, Cinq et Six voulait rester.

« Trois, je te connais, voyons, je sais bien que vous n'avez pas déjeuné. Pourquoi fais-tu tant de manières, nous ne sommes pas des étrangers. De quoi as-tu peur ? Du prix ? Tu ne leur as donc pas dit que tu travaillais ici ? Pour nous, c'est comme si tu faisais partie de la famille et tes proches ont droit à un repas gratuit par semaine, une remise de trente pour cent pour le deuxième et de dix pour cent pour le troisième. Allez, venez, assez tergiversé ! Six, c'est sûrement ta sœur Cinq ? Enchantée, Cinq ! Je m'appelle Wang Tong, mais Trois m'appelle Tong, pas vrai ? »

Elles suivirent Wang Tong jusqu'à *L'Imbécile heureux*. Une femme y était justement en admiration devant les compositions de légumes en vitrine.

« Voilà l'œuvre de Trois ! C'est grâce à son talent que nos affaires marchent si bien. Entrez, asseyez-vous, je vous laisse découvrir les lieux. Je sais que c'est votre jour de congé, alors mettez-vous à l'aise, profitons du moment qu'il nous reste avant le coup de feu de midi ; si ça se remplit, il faudra que vous alliez bavarder ailleurs. Je connais les goûts de Trois, alors je vais vous apporter trois de ses plats préférés. Si ça ne vous plaît pas, laissez, ça n'a aucune importance. »

Les trois sœurs n'eurent pas le temps de la remercier, Wang Tong avait déjà tourné les talons pour se précipiter à la cuisine. Il n'était pas midi et déjà plusieurs tables avaient été prises d'assaut. Trois savait pertinemment qu'il était inutile de tenir tête à sa patronne, aussi, en attendant les plats, elle montra à ses sœurs ses compositions de fruits et légumes frais exposées sur les murs.

« C'est bien joli tout ça, mais ça donne quoi en hiver ? observa Six.

— L'hiver, on utilise des fruits ou des légumes séchés comme les navets, les pruneaux, et puis en ville, on trouve aussi des légumes poussés sous serre et des produits d'importation comme le melon ou le chou-fleur.

— Mais c'est affreux, tous ces légumes secs ou en conserve, ça n'a pas de goût, aucune fraîcheur ! Y en a vraiment qui aiment ça ? Et puis comment tu peux accrocher des melons au mur ? »

Cinq ne comprenait pas.

« On peut faire de très belles choses avec des produits secs ou en conserve ! Les citadins sont bien trop occupés pour se soucier d'apprendre à faire sécher des fruits ou des légumes, alors quand ils viennent ici, ils s'initient tout en dînant… Selon la façon dont on coupe ces légumes, on peut les transformer en têtes de personnages ou en fleurs. Pour le melon, je le découpe en morceaux et je les emballe dans le film plastique que tout le monde utilise ici, comme ça le jus ne goutte pas quand j'en fais des compositions au mur…

— Ces gens des villes, faut vraiment qu'ils aient un professeur pour tout, ils peuvent rien apprendre tout seuls. Ils ont qu'à faire marcher leur ciboulot comme nous à la campagne, marmonna Cinq.

— Les citadins n'ont pas cette aptitude, seuls les campagnards l'ont. Heureusement que Trois est là pour nous éclairer ! Sans ses talents de décoratrice, nous aurions été obligés de dépenser des sous pour couvrir nos murs de ces affreux posters qu'on voit dans tous les autres restaurants. Tenez, voici quelques entrées pour vous mettre en appétit. Je ne vous ai pas encore fait goûter ces petits plats typiques dont sont si friands les Nankinois, mais j'ai bien peur que ces mini-portions ne suffisent pas à remplir vos estomacs de campagnardes ! Pour commencer, voici de la viande séchée de Zhenjiang, du chou blanc au vinaigre du Nord-Est – on en voit peu par chez vous – et de la salade de lamelles de radis – on ne la fait pas de la même façon que vous. Ensuite, vous aurez chacune un bol de nouilles pour accompagner des travers de porc à la sauce pékinoise. Qu'est-ce que vous en dites ? Trois connaît notre carte par cœur, alors si vous voulez autre chose, dites-le-lui et elle passera commande à la cuisine. Le restaurant ne va pas tarder à se remplir et je vais devoir vous laisser, mais vu que c'est votre jour de repos, je ne veux pas en voir une seule lever le petit doigt. En ville, on respecte certaines règles et il est hors de question de vous faire travailler quand vous êtes en congé ; et puis je ne veux pas être obligée de vous verser un pourboire comme j'ai dû le faire pour Six lors de sa dernière visite ! J'arrive ! s'exclama soudain Wang Tong à la vue de nouveaux arrivants. Bonjour, par ici, je vous prie. Qu'est-ce que ce sera, pour vous ? Nous avons tous les légumes qui sont sur la carte… »

Bien qu'ayant déjà mangé, les trois sœurs festoyèrent sans en perdre une miette. Mais le temps qu'elles viennent à bout de leur grand bol de nouilles et de leur plat de travers de porc, une longue queue de clients s'était formée. Elles se hâtèrent donc de dire au revoir. Dès qu'elle fut sortie, Six voulut emmener Cinq sur son lieu de travail :

« Tu ne connais pas la maison de thé où je travaille. Tu vas voir, je vais te montrer ! »

Pourquoi Six se montrait-elle si enthousiaste à l'idée de lui montrer sa maison de thé ?

« Tout le monde sait à quoi ressemble une maison de thé. L'année dernière, quand les ouvriers ont fait des travaux sur la route près du village, y avait un petit stand où on vendait du thé, et nous, on s'asseyait par terre pour en boire de grands bols. »

Il leur fallut prendre deux bus pour arriver à la maison de thé de Cul-de-Bouteille, située dans le nord-ouest de la ville.

« C'est écrit quoi sur l'enseigne ? » demanda Cinq, à peine arrivée sur le pas de la porte.

Six commença à lui expliquer patiemment ce que chaque caractère signifiait, mais sa sœur lui coupa la parole :

« *En mémoire de Lu et Lu...* C'est quoi ce charabia ? Drôle de nom pour une maison de thé, ça veut dire quoi ?

— Ce nom lui a été donné en mémoire de Lu Yu et Lu Tong, deux célèbres amateurs de thé. »

Lu Yu avait une telle passion du thé qu'il passa sa vie à franchir monts et rivières en quête des thés les plus rares. Un jour, un panier de bambou recouvert d'un tissu blanc au bras et le sourire aux lèvres, il suivit les fragrances d'un thé jusqu'au seuil d'une riche demeure.

L'homme posté à l'entrée de la maison l'interpella froidement :

« Que veux-tu ? »

Et Lu Yu de répondre, le visage radieux :

« Du thé. »

Surpris, croyant avoir mal entendu, le gardien réitéra sa question :

« Tu veux à manger ou tu veux du thé ?

— J'implore le maître de céans de bien vouloir m'offrir du thé », répondit Lu Yu, très amène.

Le gardien trouva décidément la requête matinale de cet homme bien étrange. Jamais il n'avait entendu un mendiant formuler pareille demande. Il l'observa de plus près, ses traits fins n'étaient pas ceux d'un indigent, aussi lui versa-t-il une tasse de thé. A la première gorgée, Lu Yu apprécia la nouveauté, fit secrètement l'éloge de cette nouvelle saveur. Excellent thé ! pensa-t-il. Menant plus avant sa réflexion, il se dit que si le gardien buvait un si bon thé, celui de son maître devait à coup sûr être encore meilleur. Aussi, poussé par une insatiable curiosité, s'adressa-t-il au gardien en ces termes :

« Pardon de vous importuner, j'aimerais solliciter une audience avec votre maître. »

Intrigué par cet individu hors du commun, le gardien partit trouver son maître. Lu Tong, grand maître ès thés s'il en fut, lisait dans son cabinet de travail.

« Maître Bing, j'ai une demande singulière à vous transmettre, il y a dehors un mendiant, buveur de thé, qui sollicite une entrevue avec vous. »

Curieux et amusé, Lu Tong pensa : on n'a jamais vu un mendiant mendier du thé ! Le gardien se sera trompé…

« Qu'a-t-il demandé, dis-tu ?

— Du thé. Il a demandé du thé, répéta consciencieusement le gardien.

— Fais-le entrer ! » ordonna Lu Tong après un moment de réflexion.

Lu Yu suivit le gardien jusqu'au bureau de Lu Tong. Au premier coup d'œil, ce dernier remarqua qu'émanaient de son invité à la fois sérénité et dignité ; à l'évidence, il était tout sauf ordinaire. Lu Tong choisit alors de longues et fines feuilles de thé, les plongea dans la théière et aussitôt leur parfum envahit la pièce. Il s'agissait du fameux thé Bao Dai.

Lu Yu, s'enivrant des volutes de thé qui montaient en spirale, secoua la tête, le sourire aux lèvres.

« Un délice ! » dit-il, et d'ajouter : « Mais quel dommage ! Vraiment, quel dommage...

— Mais comment ça ? Que voulez-vous dire ? s'enquit aussitôt Lu Tong.

— Quel dommage que les ustensiles que vous utilisez ne soient pas appropriés !

— Je vous serai reconnaissant des conseils que vous voudrez bien me prodiguer », poursuivit humblement Lu Tong.

C'est alors que Lu Yu prit son panier et souleva le tissu blanc. A l'intérieur, un service à thé complet en terre mauve de Yixing comprenait un plateau, une théière et quatre tasses.

« Avec votre service à thé, on ne parfume qu'une seule pièce ; avec le mien, c'est toute votre demeure qui embaumera le thé. »

Conquis par cette nouveauté, Lu Tong se servit des ustensiles de Lu Yu pour infuser le thé et, comme annoncé, l'arôme se diffusa dans toutes les pièces de la maison. Lu Tong se réjouit d'avoir fait la connaissance d'un tel érudit et très vite les deux hommes devinrent frères jurés. Pour approfondir leur connaissance du thé, ils parcoururent ensemble le monde. Ils laissèrent à leurs descendants tout leur savoir sur l'art de déguster le thé, et c'est en leur souvenir qu'on accrocha au-dessus de la porte une grande enseigne gravée de leurs deux noms « Lu et Lu ».

« Bon, entrez maintenant. Dès que vous aurez franchi le seuil, vous verrez comme cet endroit est raffiné. »

Six n'avait pas menti. A l'intérieur, Cinq comprit l'enthousiasme de sa sœur, il ne s'agissait pas d'une quelconque maison de thé, loin de là, un vrai décor de cinéma ! Partout de magnifiques lampes dignes du palais impérial et des brûleurs d'encens à trois pieds sur des tables d'ébène. Ces lieux semblaient peuplés d'esprits et Six apparaissait comme une belle immortelle !

Cul-de-Bouteille se leva d'une table où il se trouvait en compagnie de quelques amis et vint les saluer.

« Ah, te voilà, Six ! Mes amis m'attendent, alors sois gentille, occupe-toi de tes sœurs. Vous avez déjeuné ? Bon, prépare-leur du thé et fais-leur visiter les lieux. »

Six acquiesça, souleva le rideau et pénétra dans la réserve pour faire le thé.

« C'est son patron, chuchota Trois à l'oreille de Cinq. A première vue, il semble un peu pataud mais en réalité, il est très cultivé. C'est lui qui a calligraphié les grands caractères sur l'enseigne. Six raconte qu'il a pu troquer une voiture contre l'une de ses œuvres. Tiens, regarde ce livre d'or, il est rempli de blagues. Encore une bonne idée du patron : il laisse les clients boire et lire gratuitement s'ils acceptent d'y écrire une blague ou d'y faire une calligraphie. Ça marche aussi s'ils lui donnent des livres. Six m'a dit qu'elle avait vu beaucoup d'étrangers venir ici.

— Des étrangers ? De quelle couleur ? Deuxième Oncle m'a dit qu'à Zhuhai, il en a vu des blancs et des noirs. Y en a même qui ont les cheveux roux. Ceux que Six a vus sont comme ça ? demanda Cinq avec curiosité.

— Tu n'auras qu'à le lui demander quand elle reviendra. C'est quoi sa blague, déjà ? » Trois feuilletait le beau livre broché pour la retrouver.

Six revint avec le thé et posa son plateau sur la table la plus proche.

« Venez, je vais vous lire quelques histoires drôles. Tiens, en voilà une nouvelle ! Je ne l'ai jamais lue, elle doit dater d'aujourd'hui. Elle s'appelle *Dieu fait les Hommes*. Mais avant, Cinq, il faut que tu saches que ce Dieu, c'est la divinité des étrangers, ils croient que c'est lui qui les a créés. Alors cette histoire raconte… »

La première fois que Dieu fit des Hommes, il modela une multitude de figurines en argile et les mit au four pour les cuire. Mais comme il était ce jour-là très fatigué, il s'assoupit et elles sortirent toutes noires du four. Dieu voulut donc refaire une fournée et il s'assit près du four, bien décidé à ne pas fermer l'œil. Mais impatient, il éteignit cette fois son feu trop tôt, et quand il en sortit ses figurines, elles n'étaient pas assez cuites et toutes blanches. Alors, il résolut de faire une dernière tentative et prit bien soin de se fier au soleil pour ne pas se tromper sur le temps de cuisson. Quand il sortit cette ultime fournée, il exulta : il avait atteint la perfection, les Hommes d'argile n'étaient ni noirs, ni blancs, ni trop cuits ni pas assez, ils étaient jaunes, comme nous !

Six éclata de rire, mais Cinq et Trois ne voyaient pas ce qu'il y avait de drôle.

« Pourquoi ce Dieu-là doit travailler et faire les choses lui-même ? demanda Cinq. Pourquoi il est obligé de recommencer ? Il peut pas corriger ses erreurs ? Maman dit que Guanyin peut transformer tout ce qu'elle veut et qu'elle peut pas se tromper. Mais ce Dieu-là, même s'il entendait nos prières, qu'est-ce qu'il pourrait bien faire pour nous ?

— De toute façon, il n'entendrait rien du tout, ajouta Six en les taquinant, ce Dieu-là ne comprend pas le chinois.

— Pff ! C'est quoi ce Dieu qui comprend pas notre langue ? rétorqua Cinq, en pleine confusion.

— Chut ! Maman nous a suffisamment répété de ne jamais dire du mal des esprits, sinon ils se vengent ! » Trois s'était précipitée pour mettre la main sur la bouche de sa sœur et l'empêcher d'en dire davantage.

Pendant ce temps-là, Trois continuait de tourner les pages du livre.

« Pourquoi tout cela est-il écrit en pinyin ?

— Ce n'est pas du pinyin mais de l'anglais. *Sorry* en anglais, ça veut dire "désolé". Bon, écoutez-moi, je vais vous traduire cette blague. C'est l'histoire de... Hum... »

C'est l'histoire d'un étudiant chinois qui vient de commencer à apprendre l'anglais et qui, sans le faire exprès, bouscule un Anglais dans la rue. Aussitôt il s'excuse poliment en anglais : « I'm sorry. » Sur quoi l'Anglais répond : « I'm sorry too. » Le Chinois, désireux de se montrer aussi poli que son interlocuteur, renchérit alors : « I am sorry three. » L'Anglais perplexe poursuit : « What are you sorry for ? » Le Chinois, décidé à ne pas perdre la face en paraissant moins courtois que cet étranger, s'empresse à son tour de répondre : « I am sorry five. »

Six en rit jusqu'aux larmes.

Trois et Cinq, une fois de plus, en restèrent pour leurs frais, elles n'avaient rien compris. Mais ce qui stupéfiait Cinq, c'était que sa sœur comprît si bien une langue étrangère.

« Tu parles l'anglais de combien de pays ? Pourquoi t'en as jamais rien dit à la maison ?

— Ta question n'a pas de sens, tu devrais dire "langue étrangère" et pas "anglais" ! L'anglais est une langue parmi d'autres. Chaque pays a la sienne et toutes les langues étrangères ne sont pas de l'anglais. J'ai eu des cours d'anglais à l'école qui ne m'ont pas appris grand-chose, mais ici toute la famille de mon patron parle anglais. »

Le ton de Six révélait toute sa fierté.

Cinq était sincèrement heureuse pour Six qui aimait tant les livres. A la maison, la nuit, dès que le moindre bruit troublait son sommeil, Six redoutait que ce soient des souris en train de grignoter les livres entassés dans des malles sous son lit.

Cinq se rappela soudain les propos de Trois.

« Six, alors c'est vrai ? Tu as vu des étrangers ? Ils sont comment ? Ils font peur ? On peut leur parler ?

— La future belle-fille de mon patron est anglaise. Elle a les cheveux blonds, les yeux bleus et elle est très gentille. Le seul problème, c'est qu'elle ne parle pas bien chinois.

— Des cheveux blonds ? Des yeux bleus ? répéta Cinq, stupéfaite. Et elle parle pas bien ? Mais elle a quel âge ?

— Mais si ! Elle parle convenablement mais pas le chinois ! Sa prononciation est très bizarre, mais parmi tous les étrangers que je connais, c'est encore ce que j'ai entendu de mieux.

— Tu veux dire que tu as vu d'autres étrangers ? Venus d'autres pays ? poursuivit Trois, émoustillée. Des Noirs, des Blancs, comme dans ta blague ? »

Trois tombait littéralement des nues.

« Oui, j'ai vu des Noirs, des Blancs, mais ce n'est pas si simple… Certains Noirs ne sont pas vraiment noirs, il y en a qui tirent sur le jaune ou le cuivré. Et les Blancs, eux, peuvent virer au rose ou au gris. La gamme est infinie… La plupart des amis de Ruth sont étrangers. Ils parlent d'une façon curieuse et s'habillent avec de drôles de vêtements, on dirait des bouts de chiffon, mais ils sont très gentils.

— D'où viennent-ils ? demanda encore Trois.

— D'un peu partout : Italie, France, Nouvelle-Zélande, Etats-Unis, ah oui… Islande aussi. Il paraît qu'en Islande, il fait nuit tout l'hiver et jour tout l'été.

— Mais alors… comment ils font pour travailler l'hiver et dormir l'été ? reprit Cinq.

— C'est aussi la question que j'ai posée à son ami islandais. Et il m'a dit : “L'été, nous utilisons d'épais rideaux pour faire l'obscurité et dormir, et l'hiver, nous nous éclairons avec des lampadaires.” Je te présenterai à ses amis si tu veux, Cinq, et tu verras, c'est facile de discuter avec eux. C'est dommage qu'ils ne soient pas là aujourd'hui car ils viennent souvent ici, au moins deux à trois fois par semaine.

— Pour quoi faire ? »

Trois était littéralement passionnée par ces histoires de *longs-nez* aux yeux de toutes les couleurs.

« Certains pour lire, papoter, d'autres pour boire du thé, écrire… Et comme ils sont toujours accompagnés d'amis chinois, ça leur permet aussi de pratiquer la langue.

— Ils savent écrire nos caractères ? »

Cinq avait peine à le croire.

« Certains d'entre eux, oui. Tiens, Cinq, regarde dans le livre, tu verras. Là, c'est leur écriture, c'est pire que moi, non ? Regarde les erreurs dans ce caractère. Les radicaux sont mal écrits et les deux caractères "lune" sont devenus des "soleils"... Cul-de-Bouteille n'a pas dû arriver jusque-là, d'habitude il corrige toujours les fautes des étudiants. Tiens, là, plus bas, c'est l'écriture d'Emy. »

Tandis que Trois regardait les écritures avec fascination, Cinq pour qui cela n'avait aucun sens puisqu'elle ne savait pas lire s'en désintéressa. Toutes les femmes n'avaient pas la chance d'apprendre à manier le manche du pinceau...

Elle jeta son dévolu sur les étagères d'à côté et s'empara d'un curieux livre.

« Six, comment ça se fait que ce livre porte autant de vêtements ? Regarde, Trois ! Une couche, deux couches... Une dure, une molle. Il a même une ceinture autour de la taille ! »

Six saisit le livre et entreprit d'expliquer à ses sœurs le jargon propre à l'édition :

« Il existe plusieurs façons de relier un livre mais ce n'est pas avec des vêtements qu'on l'habille. Tout à l'extérieur, il y a la jaquette et sous la jaquette, la couverture. Si la couverture est dure, on parle d'une édition de luxe. Le devant du livre s'appelle le plat supérieur, l'autre côté, le plat inférieur et la partie étroite entre les deux, la tranche. Quant à la fameuse ceinture dont parlait Cinq, c'est le bandeau... »

Alors qu'elle était dans le feu de son exposé, Meng fit irruption dans la pièce, vêtue d'un ensemble feuille d'automne et portant à bout de bras deux énormes sacs de victuailles destinées à accompagner le thé. Sa visite quotidienne au supermarché était une véritable épreuve pour la pauvre Meng, mais elle n'avait pas le choix. Elle ne savait pas conduire et de toute façon, même si elle avait su, elle ne se serait pas risquée à conduire leur vieille Xiali de peur qu'elle ne tombe en pièces. Elle avait bien pensé à se faire livrer, mais renseignements pris auprès du service concerné, il fallait commander une quantité minimum chaque jour. Dans la mesure où la maison de thé venait d'ouvrir, elle n'avait pas besoin d'autant et ça lui coûterait bien trop cher. Alors elle s'était consolée en se disant que cet exercice quotidien lui permettrait de venir à bout de ce bourrelet disgracieux qui s'était insidieusement installé autour de sa taille après tant d'années à lire, vissée sur sa chaise.

De retour à la maison de thé, elle vit son mari bavarder avec un ami, et les trois campagnardes discuter ensemble autour d'une théière. Elle se précipita aussitôt vers elles pour les saluer.

« Six, ce sont tes sœurs, je suppose ? Facile à deviner, on vous croirait sorties du même moule ! Comment se fait-il que mon fils ne vous ait rien proposé à vous mettre sous la dent avec le thé ? Tu aurais pu t'en occuper, Six, je te l'ai déjà dit, libre à toi de te servir dans la réserve pour faire bon accueil à tes sœurs. Venez, goûtez-moi un de ces “doigts de jolie jouvencelle”, ce sont de délicieux petits biscuits fourrés de pâte de jujube. Allez, ne faites pas de manières !

— Nous sommes rassasiées, nous avons déjeuné au restaurant de Trois, s'empressa de répondre Six pour décliner gentiment l'offre de sa patronne.

— Le restaurant de Trois ? Bien, très bien. Mais là, il s'agit juste de quelques gourmandises à déguster pendant que vous bavardez tranquillement. Goûtez donc ! Maintenant, je dois convaincre Shu Tian de passer un coup de fil : une société nous a commandé une petite réception pour demain après-midi, il faut que je trouve quelques extras pour nous aider. Excusez-moi. » Ceci dit, Meng se retira et rejoignit son mari dans le bureau.

Cinq suivit du regard la silhouette de Meng qui s'éloignait.

« Cette couleur comme les feuilles d'automne lui va très bien, elle est très belle habillée comme ça.

— Oui, c'est vrai, elle doit avoir presque le même âge que notre mère, et pourtant… Notre mère à côté a l'air d'une petite vieille toute ratatinée, tandis qu'elle, elle fait presque plus jeune que notre grande sœur ! » s'exclama Trois, émerveillée par la prestance et l'allure juvénile de Meng.

Les trois sœurs s'attardèrent à la maison de thé jusqu'à quatre heures et demie, puis décidèrent de passer le reste de l'après-midi à faire du lèche-vitrine. L'année précédente, Trois avait déjà fait le tour de quelques grands magasins avec Wang Tong et son mari. Six avait profité d'un de ses jours de congé, deux semaines auparavant, pour aller à l'université avec Ruth et ses amis. Et Cinq, elle, était partie faire des courses avec Ingénieur Wu dans le quartier du centre. Mais aujourd'hui, pour la première fois, elles se retrouvaient toutes les trois à flâner dans les rues marchandes sans chaperon. Ivres de liberté et rassurées par la bonté de leurs patrons et amis, les trois sœurs se sentaient fières et heureuses d'avoir enfin accompli quelque chose par elles-mêmes. Le temps fila, elles passèrent près de quatre heures à arpenter les boutiques, dont plus de deux heures à dégoiser sur les « maigres silhouettes » en vitrine.

« Mais qu'est-ce qui te fascine autant chez ces “fausses personnes” ? demanda Six à Cinq.

— Je sais pas, répondit-elle, le nez collé contre la vitre. C'est juste que… elles me font penser à maman… »

Trois trouva cela étrange.

« Mais enfin, c'est absurde ! Ce sont de “fausses personnes”, tu vois bien qu'elles ne bougent pas, qu'elles ne parlent pas !

— J'ai toujours pensé que si maman pouvait s'habiller comme ça, elle serait très belle, ajouta Cinq avec beaucoup d'émotion.

— Mais enfin, maman ne pourrait jamais porter ça, elle ne rentrerait pas dedans ! »

A son tour, Six plaqua son visage contre la vitre.

Ecrasée telle une ventouse sur un aquarium, la bouche de Cinq semblait énorme.

« Tu te trompes, ici j'ai déjà vu des femmes de la même taille que Maman porter ce genre de vêtements et elles sont tout à fait comme ces “fausses personnes”…

— Parce que tu connais la taille de maman, toi ? »

Trois tenait à partager avec Cinq ses émotions.

« Comment ça ? Vous aussi, vous connaissez ses mesures, dans votre cœur, non ? »

La réflexion laissa Trois et Six abasourdies.

Bien sûr, cela va de soi, une mère est toujours présente dans le cœur de ses filles où qu'elles soient, quel besoin auraient-elles de prendre ses mesures ?

Vers huit heures et demie, ce soir-là, Trois et Six raccompagnèrent Cinq au Centre de la culture de l'eau. Cinq, émerveillée, découvrit pour la première fois les lumières qui métamorphosaient l'entrée de son dragon, la nuit venue, et le rendaient visible de très loin.

Toute la journée, elle avait ruminé et lutté contre son complexe d'infériorité face au talent de Trois et à l'érudition de Six. Après tout, que valait-elle, elle qui ne faisait rien d'autre que servir des clients dévêtus, immergés dans des bassins ? Mais ce soir, son dragon, beaucoup plus imposant que la maison de thé et le restaurant de ses sœurs, rayonnait de mille feux tel un phare au cœur de la nuit. Cinq s'enorgueillit de travailler au sein de ce palais étincelant.

A l'instar de toutes les filles de la campagne, Trois se souvenait d'avoir débarqué en ville avec l'idée que, la nuit, on ne pouvait rien faire d'autre que dormir. Jamais elle n'aurait imaginé qu'une ville pût flamboyer dès le crépuscule. Toutes ces enseignes illuminées de néons multicolores lui avaient tourné la tête. C'était plus magique qu'un rêve. Sa vision du Paradis où de jeunes Immortelles tenaient de grandes lampes à huile pour la Reine-Mère d'Occident avait perdu de sa superbe face à la splendeur des nuits de Nankin.

7

Diagrammes et dialectes

Depuis ce fameux mercredi soir où Cinq avait été éblouie par la magnificence de son dragon, nombre d'idées avaient germé dans son esprit. Si son radieux palais avait le pouvoir de changer le noir de la nuit en paradis enchanteur, il devait pouvoir transformer la simple baguette qu'elle était en « quelqu'un de bien ». Trois et Six n'avaient cessé de lui répéter que pour s'en sortir dans la vie, il fallait gagner beaucoup d'argent et donc faire des études. Etait-ce la seule voie possible ? Elle était convaincue que non. Après tout, Ingénieur Wu réparait bien ses machines d'un seul coup d'œil à ses croquis ; quant à Tante Wang, adulée de tous, elle ne l'avait jamais vue lire une ligne. Mei Mei, en revanche, se levait très tôt pour lire des ouvrages de médication, de nutrition et consulter des planches de réflexologie plantaire. Pourtant, au bout du compte, elle n'était jamais qu'une petite employée. Six avait lu beaucoup plus de livres que Trois mais elle n'avait pas son talent pour arranger les légumes. Il y avait donc bien un moyen de s'en sortir sans savoir ni lire ni écrire. Forte de cette découverte, elle entreprit d'assimiler un maximum de choses sur le centre en suivant les exemples d'Ingénieur Wu et de Tante Wang. Peut-être lui confierait-on alors de plus grandes responsabilités ? Elle voulait apprendre à écouter comme Ingénieur Wu, observer comme Tante Wang et décrypter les diagrammes des voûtes plantaires comme Mei Mei. Quand elle saurait se servir de ses yeux et de ses oreilles, elle comprendrait la logique des choses et n'aurait plus besoin d'ouvrir la bouche. Sa mère lui avait souvent dit : « Quand une femme ouvre la bouche, c'est une calamité. Rien ne sert de vanter ses mérites au monde entier, l'important est d'agir et non de parler. »

Ingénieur Wu fut le premier à observer un changement dans le comportement de Cinq. Le lundi et le mardi, il nota qu'elle l'accompagnait à chaque fois qu'il faisait des heures supplémentaires, et ce sans jamais rien réclamer en retour. Il demanda à Tante Wang si c'était elle qui avait demandé à Cinq de le suivre mais, aussi surprise que lui, elle assura qu'il n'en était rien. Ils en conclurent que Cinq faisait preuve de bonne volonté pour se former et s'en réjouirent : plus une assistante en savait, mieux elle pouvait faire face aux imprévus. En outre, Ingénieur Wu y gagnait une aide précieuse et cela soulageait Tante Wang d'une partie de ses corvées. Elle n'aurait plus besoin de courir en tous sens et de se démener pour s'assurer du bien-être de chacun. Il y avait tout à y gagner.

Captivée par son nouvel objet d'étude, Cinq apprit rapidement à « écouter » la tuyauterie. Il n'était pas rare de la voir se lever plus tôt pour suivre Ingénieur Wu dans sa ronde précédant l'ouverture du centre. Les bassins nettoyés et stérilisés la veille au soir faisaient l'objet d'une vérification supplémentaire le matin, tout comme les douches, les thermostats et les équipements de sécurité contre l'incendie. Cette maintenance rigoureuse permettait d'assurer une journée sans encombre. Mais en cas d'incident, il arrivait à Ingénieur Wu de veiller tard dans la nuit pour régler le problème. On disait d'ailleurs qu'il travaillait au moins autant que Directeur Shui. Toutes ces responsabilités l'occupaient sans répit et pesaient lourd sur ses épaules. Contraint de circuler constamment au milieu des canalisations et des pompes, il lui arrivait de prendre son tournevis pour titiller une machine, puis l'oreille collée à l'autre bout du tuyau, il écoutait attentivement la propagation du bruit. D'autres fois, il posait juste sa main sur la machine pour faire son diagnostic. Ce n'est qu'en tout dernier recours qu'il se résignait à utiliser des instruments de mesure, quand il lui fallait ouvrir la machine pour la réparer. Il était si doué que Cinq voulait tout apprendre de lui. Ce qu'elle trouvait plus ardu, c'était son gros livre de croquis. Il appelait ça le « diagramme des flux » de la plomberie du centre. En réalité, ce n'était pas si difficile : il suffisait de savoir par où commencer et de suivre cette amusante signalétique pour appréhender tous ces tuyaux suspendus dans les airs. C'était couvert de flèches de toutes les tailles, de petits carrés et de cercles, certains traits étaient plus épais que d'autres, pourquoi ? Il fallait qu'elle comprenne. Elle estimait que ce ne devait pas être plus compliqué que les lois de la Nature : semer en été, récolter en automne, utiliser un filet pour pêcher les crevettes et un hameçon pour les poissons. Le Ciel décidait de tout cela. Elle supplia Ingénieur Wu de lui prêter ses diagrammes afin de les étudier un peu chaque jour, mais il lui expliqua qu'à ses yeux ils avaient une valeur inestimable et refusa de s'en séparer.

Après sa ronde matinale avec Ingénieur Wu, Cinq retournait auprès de Tante Wang effectuer le travail pour lequel elle était payée. L'élaboration des préparations médicinales impliquait de suivre un mode opératoire très précis. Dans les différentes salles réservées à leur concoction, on faisait bouillir ou passer à la vapeur les herbes médicinales après les avoir préalablement fait tremper un temps déterminé. On versait ensuite dans chacun des bassins une quantité donnée de la décoction obtenue. Tante Wang jugeait alors de la couleur de l'eau, de sa température, et reniflait l'odeur des bassins pour s'assurer que tout était en règle. Cinq assimilait tout cela à une vitesse vertigineuse. Tante Wang était notamment impressionnée par sa façon d'évaluer la température de l'eau sans thermomètre, juste en plongeant son doigt. Et quand elle s'émerveilla de ses extraordinaires facultés, Cinq se demanda si elle ne se moquait pas, tant cela coulait de source pour elle. Regarder la couleur de l'eau, n'était-ce pas comme regarder la couleur du ciel pour prédire le temps ? Si le ciel arborait des motifs en écailles de poisson, on savait qu'il était inutile de retourner les patates douces qui séchaient au soleil ; les nuages formaient-ils des arabesques, ils annonçaient une tempête ; quand le temps était lourd, il fallait craindre les piqûres d'insectes, et s'il était couvert et les eaux grises, c'était un temps idéal pour la pêche… Il suffisait de regarder pour savoir, tout simplement. Quant à son odorat, qu'avait-il de si exceptionnel ? Quand son père trempait les petits bouts de papier blanc que Six lui avait procurés pour tester le dosage de ses pesticides, elle connaissait toujours la réponse bien avant que la couleur du papier annonce le résultat. Rien qu'à l'odeur, elle pouvait en donner la concentration. Son père, lui, était incapable d'une telle précision. Bien sûr, elle ne le lui avait jamais dit. Mais elle était consternée que son père, qui avait passé sa vie à cultiver la terre, ait besoin de toutes ces mesures. Sa mère lui avait confié qu'à force de fumer des feuilles d'arbres fruitiers dans sa pipe, il avait gravement endommagé son odorat.

Quoi qu'il en soit, Cinq sut très vite se rendre indispensable auprès de Tante Wang, qui lui accorda toute sa confiance et n'hésita plus à l'envoyer vérifier les bassins à sa place. Les responsables de chacun des six bassins ne tardèrent pas à complimenter Cinq à leur tour, mais leur avis restait plus réservé lorsque Cinq opérait seule. Aucun d'eux n'osait se fier à ses résultats et ils demandaient systématiquement à Tante Wang de repasser derrière elle pour confirmer. Ce n'est qu'après une dizaine de vérifications, et un sans-faute de Cinq, qu'ils consentirent à lui faire confiance. Et bientôt, tout le monde au centre s'accorda à dire que ce vilain petit canard silencieux pourrait bien devenir un cygne…

Cinq se rendit compte que l'attitude de son entourage à son égard avait changé, mais elle ne se dressa pas sur ses ergots pour autant. Sa mère lui avait toujours dit : « Tout comme le chien de garde se doit de n'aboyer qu'à bon escient, l'honnête homme se doit de faire profil bas. » Dans la journée, elle profitait de son temps libre pour étudier les diagrammes d'Ingénieur Wu et les comparer aux machines. Elle s'essayait aussi au test du tournevis pour interpréter les sons. Enfin, le matin, quand Mei Mei se levait pour lire, Cinq se joignait à elle pour regarder les planches de ses manuels de réflexologie plantaire. Elle ne savait pas lire, mais elle comprenait quand même les dessins figurant les organes internes et les liens qui les unissaient aux différentes zones réflexes de la voûte plantaire. Au fond, l'anatomie humaine n'était pas si éloignée de celle du cochon, et ça elle connaissait, car dans sa famille, tous les ans, son père en tuait un juste avant le Nouvel An. A chaque fois, il conviait ses filles au spectacle pour les initier :

« Ecoutez-moi bien ! Trancher la gorge du cochon, lui enlever les poils, lui retirer la peau et lui ouvrir le ventre sont des tâches réservées aux hommes, mais je veux que vous regardiez et que vous sachiez le faire. Ensuite, nettoyer les tripes, dépecer l'animal, laver ses poumons et ses boyaux, c'est votre travail. Alors regardez bien ! Je ne veux pas qu'on puisse se moquer de vous quand vous irez dans votre belle-famille. Nous n'avons pas eu de fils, alors au moins que nos filles soient à la hauteur. Trois, je sais que chaque année tu regardes mais ça n'est pas suffisant, continue d'observer, tu ne pourras dire que tu as compris que quand tu sauras t'y prendre. Quant à toi, Quatre, tu dis que tu as peur du sang ? Pourtant c'est du sang qui coule dans tes veines et te fait vivre. Et toi, Six, ce n'est parce que tu as fait quelques études que ça t'autorise à faire des manières comme les citadines de tes films ! Trois dit qu'en ville les gens cultivés refusent de se salir les mains avec du sang, mais ça ne les empêche pas de manger de la viande, que je sache. Vous avez déjà vu de la viande sans voir du sang, vous ? Elle est bien bonne, celle-là ! Deuxième Oncle raconte même que certains ne mangent pas de viande pour protéger le bétail. C'est ridicule ! Qu'est-ce qui est le plus important, nous ou les animaux ? Souvenez-vous : vous devez frapper l'animal en plein cœur du premier coup. Ne le faites pas souffrir inutilement avec des coups de couteau superflus. Regardez-moi bien ! »

Au village, ils le disaient tous, le père de Cinq était le meilleur pour tuer le cochon car il visait toujours juste du premier coup. Dès que le couteau s'abattait sur lui, le cochon suspendu à un arbre des quatre fers se débattait comme un beau diable, il hurlait tandis que son sang giclait à flots. Arrivées à ce moment du rituel, les sœurs étaient à leur tour saisies de convulsions, la gorge nouée, elles haletaient et peinaient à retrouver leur souffle. Le cochon ayant rendu l'âme, le père se munissait d'un tube en fer pour insuffler de l'air dans la carcasse de l'animal et le gonfler comme une baudruche. Ensuite, il commençait par racler les poils, enlever la peau, couper la tête et la queue. Ce que Cinq redoutait le plus, c'était de voir éventrer le cochon de haut en bas. Un grand coup de lame et tous les viscères dégringolaient dans une grosse bassine, une odeur pestilentielle de sang les prenait aussitôt à la gorge. Parfois son père se penchait sur la bête, glissait sa main à l'intérieur et la vidait entièrement de ses entrailles. Puis il procédait à la première découpe de la carcasse. Bien sûr, les morceaux les plus nobles seraient vendus au marché : les jambons, la poitrine, les jarrets avant et arrière, et les pieds. Cela permettrait d'acheter des vêtements pour toute la famille au Nouvel An. La graisse du ventre, elle aussi, était vendue. Ce qui restait pour la famille, c'était la graisse qui recouvrait les intestins, le bout du collet (mis au sel pour en faire des conserves) et les tripes, réservées pour le Nouvel An. Pendant que le père était absorbé dans la découpe de la carcasse, la mère apprenait à ses filles à reconnaître les viscères : le cœur, les poumons, le foie, la vésicule biliaire, les rognons, les intestins... En pointant les organes, elle leur expliquait le rôle de chacun en précisant que les leurs étaient sensiblement les mêmes. C'est ainsi qu'elles avaient appris : que lorsqu'on lave un cœur, on doit d'abord couper les veines et les artères les plus grosses pour pouvoir enlever les valves et vider le cœur de son sang ; que pour laver un foie, la première chose à faire est de retirer la vésicule biliaire ; et que pour les boyaux, il faut bien les laver avec du sel avant de les tremper dans le vinaigre pour se débarrasser de l'odeur. Ce qu'elles trouvaient le plus amusant, malgré la puanteur, c'était de retourner à l'envers les grand et petit intestins. Elles s'aspergeaient de l'eau contenue dans les boyaux et piquaient de grands fous rires. Six éprouvait une profonde satisfaction quand, après avoir pressé et pressé encore les poumons roses sous l'eau claire, ils en ressortaient luisants et blancs comme neige. Elle parlait alors de son « sentiment du devoir accompli ».

Quand Cinq replongeait dans ces joyeux souvenirs en regardant les planches de voûtes plantaires dans le manuel de Mei Mei, elle repensait à sa mère et trouvait que pour quelqu'un sans la moindre éducation, elle en savait des choses ! Ces croquis eurent tôt fait de s'imprimer dans sa mémoire. Un jour où Mei Mei soupirait de fatigue en s'allongeant sur son lit, elle tenta une approche :

« Et si tu me laissais te détendre un peu ? J'ai certainement pas ta technique pour les massages, mais quand je frotte les pieds de ma mère à la maison, elle dit que c'est très agréable. Ça te dit ?

— Vraiment ? Très bien, vas-y. » Mei Mei sortit un pied de dessous la couette. « Commence par le pied droit, il est moins fragile que le gauche. N'hésite pas, tu peux y aller !

— Tes pieds sont magnifiques ! Si fins, si doux… s'exclama Cinq, admirative. Maintenant je comprends ce que Deuxième Oncle voulait dire quand il parlait des pieds des citadins et de leurs orteils tout serrés les uns contre les autres. Il avait raison : vous autres, vous avez pas besoin de vous agripper à la terre quand vous marchez ! Alors que nous, quand on doit marcher sur les talus qui séparent les champs avec nos palanches, tous nos doigts de pied s'écartent pour accrocher la terre. Les pêcheurs aussi ont les pieds larges et les orteils comme les nôtres. »

Cinq commença à frotter les pieds de Mei Mei, mais après quelques secondes, celle-ci, d'habitude si discrète, partit d'un éclat de rire si retentissant que la fille du lit numéro six sortit la tête de sous sa couette et tempêta :

« J'essaie de dormir tôt ce soir, alors mettez-la en sourdine !

— Pardon ! Pardon ! »

Cinq et Mei Mei s'excusèrent aussitôt en tirant la langue, comme le font les Chinoises dans ces cas-là.

« Tu te moques de moi ? chuchota Cinq.

— Mais enfin ! On ne masse pas les pieds comme on fait une chatouille. Viens, allonge-toi, je vais te montrer. »

Mei Mei installa confortablement Cinq sur son lit.

« Ça alors, tu parles d'une sacrée paire de pieds ! Larges et massifs, pas de doute, en voilà qui ont beaucoup crapahuté dans les champs. »

Mei Mei admirait cette campagnarde si déterminée à se battre pour apprendre son travail et relever le défi de sa nouvelle vie en ville.

« Il y a plusieurs techniques de massage : tu peux pétrir, pincer, tapoter, effleurer ou pousser… En exerçant ces pressions manuelles et surtout en stimulant certains points par lesquels passent les méridiens et où sont concentrés beaucoup de vaisseaux sanguins et de nerfs, tu peux sentir quel organe est malade ou affaibli. »

Mei Mei pressa alors un point entre les orteils de Cinq.

« Regarde, là, par exemple : la peau est très épaisse à cet endroit, ça signifie que ton cerveau est fatigué. Tout le monde croit que cela vient d'avoir trop marché, alors qu'en réalité c'est d'avoir beaucoup trop utilisé sa tête.

— Mon père, lui, il dit que j'ai pas de cerveau, dit Cinq, penaude.

— Foutaise ! On a tous un cerveau, mais il n'est pas donné à tout le monde de savoir s'en servir, c'est vrai. Tu as tort de croire que c'est ton cas. C'est normal que le cerveau reste inactif quand on fait des choses qui ne nous intéressent pas. Tiens, je parie que tu as mal à la nuque, non ? D'ailleurs, tu vois comme c'est enflé sous ton gros orteil ! Qu'as-tu fait ces jours-ci ? A voir tes pieds, on croirait que ce sont ceux d'une grande intellectuelle ! »

Cinq ne répondit rien.

N'obtenant pas de réponse à sa question, Mei Mei leva les yeux, Cinq dormait à poings fermés. Préférant ne pas la réveiller, elle se munit d'une serviette propre et alla se coucher sur le lit inoccupé. L'idée d'aller se glisser sous la couette de Cinq ne l'avait pas effleurée, tant elle savait qu'elle ne supporterait pas l'odeur de sueur imprégnée dans sa literie. Mei Mei avait bien essayé d'inciter Cinq à laver sa couette, mais celle-ci répondait toujours qu'elle avait oublié quel mois sa maman lui avait défendu de le faire pour ne pas offenser la « déesse de la Neuvième Etoile », celle qui vous donnait des fils. Sa mère ayant fait l'objet de tant de médisances, elle se refusait à prendre un tel risque. Elle avait promis de demander à ses sœurs quels étaient les jours propices au nettoyage, mais elle oubliait à chaque fois.

Au lever du jour, Cinq s'aperçut qu'elle avait dormi sur le lit de Mei Mei. Encore un peu embrumée, elle la chercha du regard et la découvrit allongée sur le lit numéro neuf, normalement inoccupé. A sa montre, il n'était pas huit heures et elle décida de sommeiller encore un peu sur le lit de son amie : les autres n'émergeaient qu'à partir de dix heures trente, elle ne voulait pas les réveiller. Le délicieux parfum du lit de Mei Mei l'avait transportée en rêve dans un pays merveilleux, elle avait gambadé et chanté toute la nuit dans une verdoyante prairie. Mais pourquoi s'était-elle endormie là ? Le souvenir du divin massage de Mei Mei ressurgit… Quel talent ! Ce soir, il fallait absolument qu'elle lui rende la pareille.

Malheureusement, cette nuit-là, Cinq ne regagna sa chambrée que vers deux heures et demie. Mei Mei qui, en tant que responsable du dortoir, devait veiller à ce que chacune soit dans son lit avant de se coucher elle-même, s'était inquiétée de son absence. Partie vérifier à la réception le cahier de pointage du personnel, elle n'y trouva pas le « 5 » que Cinq inscrivait en guise de signature. Directeur Shui était très strict sur ce point : il ne voulait pas que ses employés utilisent des cartes pour pointer et tenait à ce que chacun signe à l'entrée et à la sortie. Mais alors, si Cinq n'était pas sortie, où pouvait-elle bien être ? L'agent de sécurité posté à l'entrée lui assura qu'à cette heure tardive tout était fermé, et que ceux à qui incombait l'entretien des bassins étaient partis depuis longtemps. Restait cette salle envahie de tuyaux au bruit assourdissant, c'était le seul endroit possible ; elle n'avait jamais mis les pieds dans cette salle des pompes, surnommée « Four du Tigre ».

Bien peu au centre savaient d'où venait ce surnom. C'était un architecte de Shanghai invité par Directeur Shui qui l'avait appelée ainsi en plaisantant. Il disait que le centre ressemblait beaucoup aux « fours du tigre » installés dans les vieux quartiers de Shanghai : les modestes habitants du quartier venaient y acheter de l'eau chaude mais aussi se laver et boire du thé.

Intriguée par ce surnom, Mei Mei s'était rendue à la bibliothèque de l'université pour consulter des documents à ce sujet. Elle y avait découvert de multiples interprétations sur l'origine du *laohu zao* (four du tigre). Il pouvait s'agir de *pidgin-english* : à Shanghai, en effet, on voit dans l'architecture occidentale du début du XXe siècle nombre de bâtiments avec des cheminées sur les toits. La prononciation anglaise du mot cheminée *(roof)* fut transcrite en chinois de façon homophonique par *laohu*, soit « tigre », et la cheminée désignée par l'expression imagée « four du toit » devint *laohu zao*, four du tigre. Or il faut savoir que dans l'architecture traditionnelle du bas Yangzi, les conduits d'évacuation de la fumée des foyers sortaient des murs ; seuls les établissements qui vendaient de l'eau chaude devaient placer l'évacuation de leurs nombreux conduits sur le toit, d'où leur surnom de « fours du tigre ». Une autre explication viendrait de leur aspect extérieur : auparavant, l'approvisionnement en combustible nécessaire à leur activité se faisait par une ouverture creusée dans le mur, tandis que deux petites fenêtres permettaient de surveiller les foyers. Cette ouverture, les deux fenêtres et la cheminée sur le toit devinrent, dans l'imagination fertile de certains, la bouche, les yeux et la queue du tigre. Ces fours du tigre s'ouvraient en général dans de petites ruelles. Dans la pièce principale se trouvait le foyer devant lequel quelques tables et tabourets permettaient aux clients de bavarder ou de discuter affaires autour d'un thé. Une autre pièce, fermée d'un rideau de bambous, servait à entreposer le combustible : balles de riz et morceaux de bois. Quand ces établissements bénéficiaient d'une mansarde ou d'un étage supplémentaire, on y logeait les employés. Si l'activité principale de ces fours du tigre était de vendre de l'eau chaude, ils faisaient aussi office de maisons de thé et de bains publics.

Les gens de cette région du bas Yangzi ont coutume de se rendre dans une maison de thé le matin pour y siroter tranquillement leur thé. Ce plaisir tout particulier et propre à cette région est décrit en chinois par l'expression *pi pao shui*, littéralement, « la peau enveloppe l'eau ». De la même façon, la coutume veut que l'on se rende dans un four du tigre le soir venu pour macérer une heure dans un bassin et oublier la fatigue accumulée au long de la journée. Cette façon de se délasser porte un nom qui fait volontairement écho à celle du matin : *shui pao pi*, littéralement, « l'eau enveloppe la peau ». Pour comprendre ce que pouvaient être les fours du tigre, on peut les comparer à ce que sont aujourd'hui les saunas finnois ou les fameux bains turcs.

Mais revenons à l'escapade nocturne de Cinq. A cette heure avancée de la nuit, il faisait très sombre dans le four du tigre. Inquiète, Mei Mei avançait avec circonspection, comme si elle craignait à tout moment de voir un fantôme surgir de derrière ces rangées de tuyaux. Plus elle progressait, plus son cœur battait la chamade et elle allait rebrousser chemin quand soudain elle perçut, non loin de là, la voix haletante d'Ingénieur Wu qui murmurait :

« Aiya, dépêche-toi, vite, je n'en peux plus…

— Retiens-toi encore un peu. J'y suis presque. »

C'était la voix pantelante de Tante Wang.

« Alors ? Ça y est ? »

Ingénieur Wu semblait sur le point de rendre l'âme.

« Presque, oui… » répondit Tante Wang, essoufflée.

Puis jaillit un formidable râle suivi d'un « ouiiii ! » extatique de Tante Wang et d'un « ahhh… » d'Ingénieur Wu qui retentit comme long brame.

Mei Mei se rappela certaines rumeurs, dites à mots couverts, qui sous-entendaient qu'Ingénieur Wu et Tante Wang s'entendaient bien. Etaient-ils en train de… ? Elle préféra couper court à ses licencieuses pensées, mais en se retournant pour quitter les lieux, elle percuta quelqu'un dans le noir. Les deux ombres poussèrent un cri d'effroi.

« Qui va là ? » murmurèrent-elles de concert.

Mei Mei, terrifiée, ne reconnut pas tout de suite la voix de Cinq qui, comme elle, tremblait de tous ses membres.

« Qui est là ? » chuchota Tante Wang en se dirigeant vers elles.

Cinq s'apprêtait à répondre quand Mei Mei lui bâillonna la bouche de sa main, l'entraînant rapidement en arrière. Réfugiées dans la réserve, elles attendirent un bon moment. Quand Ingénieur Wu et Tante Wang sortirent en catimini du bâtiment par la petite porte en fer, elles se hasardèrent enfin hors de leur cachette pour regagner leur dortoir, en veillant à ne pas tomber sur l'agent de sécurité de garde ce soir-là. Par chance, toutes les filles dormaient à poings fermés, personne ne les entendit rentrer. Mei Mei s'approcha à pas feutrés du lit où Cinq frissonnait encore sous sa couette, et lui murmura à l'oreille :

« N'oublie pas, nous n'avons rien vu, rien entendu. Tout ça n'était qu'un rêve. Si tu parles, nous serons virées toutes les deux. Un rêve, c'était juste un rêve… »

Cette nuit-là, Cinq rêva qu'elle campait dans un champ de neige, elle tenait une grosse tête de cochon et attendait que le couteau de son père frappe.

A son réveil, le lendemain matin, celle qui dormait dans le lit voisin l'interrogea :

« Tu étais où hier soir ? Je me suis levée en pleine nuit pour aller aux toilettes et ton lit était vide.

— Euh… »

Cinq se figea en se rappelant les événements de la nuit précédente.

« Elle s'est glissée dans mon lit pour papoter, répondit Mei Mei en hâte, elle n'a pas cessé de parler, parler, jusqu'à s'endormir dans mon lit. Mais on était tellement serrées que quand le jour s'est levé, j'en ai eu assez et je l'ai renvoyée dans son lit. Pas vrai, Cinq ? Vu la façon dont elle se tournait et se retournait dans son sommeil, elle a dû faire un rêve intéressant…

— C'est vrai, répondit Cinq encore ahurie, j'ai même rêvé que tu me disais que c'était juste un rêve. »

Tout le dortoir partit d'un grand éclat de rire et Mei Mei en profita pour attirer Cinq dans la salle de bains.

« Souviens-toi bien de ce que je t'ai dit. Tu oublies tout ce que tu as vu !

— Mmm… »

Cinq fit oui de la tête, avec sérieux. Elle savait pertinemment que Mei Mei disait cela pour son bien.

Par chance, ce jour-là, Tante Wang ne travaillait pas. Cinq s'efforça d'éviter Ingénieur Wu mais elle tomba sur lui plusieurs fois, et chaque fois elle crut que son cœur allait bondir comme un lapin hors de sa poitrine. Mais ne décelant aucun changement dans son comportement, elle se rasséréna. Un rêve, c'était un rêve... Pourtant, quelques jours plus tard, Tante Wang lui lança en passant :

« Je sais que tu aimes bien Mei Mei, c'est une fine mouche, moi aussi je l'aime bien. Mais c'est notre meilleure masseuse, elle est le pilier de notre service de massage des pieds, alors il faut que tu la laisses dormir la nuit. La prochaine fois que tu cherches quelqu'un pour discuter, je t'emmènerai bavarder chez moi ! »

Pendant plusieurs jours, Cinq fut terrifiée à la pensée que Tante Wang avait tout compris. Elle avait dû fouiner un peu partout pour savoir qui n'était pas dans son lit ce soir-là et... elle avait trouvé.

Dans sa grande miséricorde, le Ciel lui vint en aide en envoyant deux nouveaux assistants à Ingénieur Wu. La diversion eut l'effet escompté, toute l'attention de Tante Wang se porta sur les arrivants. Sans être apparentés, tous deux s'appelaient Zhao. L'un était électricien, l'autre plombier. Zhao l'électricien était un grand costaud à la voix rauque. Zhao le plombier n'était pas aussi grand, mais si mince qu'on le surnomma très vite « Pousse de Soja ». Du genre égrillard, il n'arrêtait pas de baratiner les filles ou de débiter les blagues qu'il recevait sur son téléphone portable. Tante Wang était pliée en quatre. Cinq, qui ne comprenait rien aux histoires de Pousse de Soja, soupçonnait tout de même qu'il s'agissait de plaisanteries paillardes. Elle en avait entendu une, un jour qu'il était venu les saluer au moment du dîner.

« Tante Wang, je viens d'en recevoir une bien bonne, ça vous dit de l'entendre ? Ça va vous faire digérer !

— Toi et tes foutues blagues… Les filles t'ont encore chassé de leur table, c'est ça ? Si c'est drôle, vas-y, si c'est pour te moquer de Cinq ou de moi, c'est pas la peine. Tu parles d'une "Pousse de Soja" ! On devrait plutôt t'appeler "Monsieur Téléphone Portable". Allez, raconte.

— Bon alors… C'est l'histoire d'un éléphant et d'un chameau qui s'engueulent. L'éléphant très en colère dit au chameau : "Qu'est-ce que t'as de si spécial à part une paire de nichons sur le dos ?" Alors le chameau, qui ne veut pas se laisser faire, lui répond : "Ben, c'est toujours mieux que toi, tu t'es vu avec ton engin en plein milieu de la figure !" Un serpent qui passait par là les entend et se met à rigoler. "Pourquoi tu te marres, toi ? lui demande l'éléphant furieux. Tu ferais mieux de te regarder. C'est encore pire ! Toi, si t'as une gueule, elle est sur ta bite."

— Ha ! ha ! ha !… Tu vas me tuer, misérable ! »

Tante Wang frappait du poing sur la table tant elle s'esclaffait.

« Allez, file, va-t'en, disparais. Sinon je n'arriverai jamais à finir mon dîner ! Misérable, pas étonnant que les filles t'insultent ! »

Cinq était horrifiée. Elle n'en croyait pas ses oreilles. Elle ne voyait pas très bien ce qu'était un « chameau », n'empêche qu'elle pensait avoir saisi l'histoire dans les grandes lignes et si elle avait deviné juste, alors c'était vraiment trop... Enfin, vous comprenez... Si sa mère apprenait qu'elle avait entendu de pareilles horreurs, elle serait dans de beaux draps. Cinq se montrait très réservée avec les hommes du centre. Les avertissements de son père résonnaient encore à ses oreilles : les filles qui jouent les aguicheuses ne valent rien. Sa mère avait renchéri : « Tous les hommes ont les yeux qui traînent. Même quand ils mangent dans leur bol, il faut toujours qu'ils reluquent celui du voisin. Tous des coureurs, je te le dis ! » Il faut dire que son père, pourtant si droit et si honnête, avait été tout chamboulé par la fille qui servait le thé au petit étal installé pour les cantonniers au bord de la route. Il avait complètement perdu l'esprit et ça avait duré un certain temps. Cinq ne voulait pas que tous ces hommes qui la prenaient déjà pour une idiote salissent sa réputation par-dessus le marché ! Aussi, chaque jour, elle suivait Tante Wang comme son ombre, et quand elle était de congé le lundi et le mardi, c'était au tour d'Ingénieur Wu de l'avoir sur ses talons. Lui c'était différent, il avait l'âge de son père. Mais qu'allait-elle pouvoir faire maintenant qu'elle savait que ses deux gentils mentors avaient fait ensemble cette horrible chose que les gens de son village appelaient « voler des poulets et des chiens » ?

Les filles qui travaillaient au Centre de la culture de l'eau étaient nombreuses et venaient d'un peu partout en Chine. Mais la plupart étaient de Nankin ou tout au moins d'une petite ville. Et elles méprisaient Cinq parce qu'elle venait de la campagne et ne comprenait rien au jargon dans lequel elles s'exprimaient. Cinq les entendait parler de « groupie », « dernier cri », « sushi », « salon de beauté » ; elles n'arrêtaient pas de répéter que tout était « cool » et qu'il fallait qu'elles courent voir leurs « e-mails ». La pauvre Cinq mit une éternité à comprendre qu'un « canon » était un beau garçon, une « bombe » une jolie fille. Alors, forcément, elle se montrait peu loquace avec ses camarades de chambrée. A vrai dire, elle n'arrivait même pas à retenir leurs noms. C'est comme ça qu'elle entreprit de se représenter dans sa tête le croquis des deux voûtes plantaires : les cinq premiers lits étaient les cinq orteils du pied droit, les cinq lits suivants, les cinq orteils du pied gauche.

Dans ce schéma de correspondances, le lit numéro un, occupé par Mei Mei, était bien sûr le premier orteil du pied droit.

Le deuxième orteil était une fille du Sichuan, le pays natal d'Ingénieur Wu. Elle était toujours paniquée à l'idée de ne pas avoir le temps de racheter de l'huile quand elle viendrait à en manquer.

Le troisième orteil venait de l'Anhui, comme Cinq, pourtant les deux camarades avaient beaucoup de mal à communiquer. Cinq venait du nord de la province et leurs dialectes étaient totalement différents. Aussi, tous les matins, elle affolait Cinq en lançant à la cantonade : « Qui veut mourir ? Si aucune de vous ne veut mourir, alors j'y vais ! » Jusqu'au jour où elle comprit enfin ce que cette fille disait en réalité : « Qui veut se laver ? Si aucune de vous ne veut se laver, alors j'y vais ! »

Le quatrième orteil était cette fille qui portait de petites lunettes et qui utilisait le même mot pour « chaussures » et « enfant ». Mei Mei disait qu'elle venait du Hubei.

Le cinquième orteil du pied droit et le premier du gauche venaient du Nord-Est de la Chine. Elles se plaignaient constamment de la chaleur, et leurs voix fortes et rocailleuses donnaient toujours l'impression qu'elles se disputaient. Quand elles s'affairaient dans le dortoir de bon matin, Mei Mei partait toujours se réfugier ailleurs pour lire. Mais de toutes ses compagnes, c'étaient de loin ces deux filles que Cinq comprenait le mieux.

Le deuxième orteil gauche venait du Xinxiang dans le Henan. Sa grande sœur et son petit frère massaient les pieds eux aussi à Nankin. Selon Mei Mei, les masseurs de pieds du Henan étaient aussi répandus en Chine que les paires de tennis fabriquées à Wenzhou. Ils avaient conquis toutes les grandes villes chinoises et jouissaient d'une solide réputation.

Le troisième orteil gauche était la nouvelle, venue de Ningbo, une ville près de Shanghai. Elle n'était là que depuis quelques jours, c'était la plus coquette, la plus élégante, mais sa voix de crécelle faisait grincer les dents. Tante Wang en parlait tout bas comme d'une séductrice née, une véritable « diablesse ». Elle utilisait d'autres mots pour « je », « tu », « il » ou « elle ». Cinq ne savait jamais à qui elle s'adressait, c'était insupportable.

Le quatrième orteil gauche n'était pas arrivé. Le lit était encore vide.

Le cinquième, c'était elle.

Quant aux dizaines d'autres filles qui travaillaient au centre mais ne dormaient pas dans son dortoir, non seulement elle ne retenait pas leurs noms, mais elle se trompait souvent sur leur fonction et leur service. Heureusement, Tante Wang trouva un code astucieux pour aider Cinq à retenir qui était de service le matin ou le soir : elle disait « plante de pied » pour une femme et « dessus de pied » pour un homme ; le « pied gauche » désignait ceux qui officiaient le matin, le « pied droit », ceux qui officiaient le soir. Ce code établi, lorsque Tante Wang s'adressait à Cinq, cela pouvait donner ce genre de choses : « La Plante de Pied Gauche a besoin de plus de serviettes » ou « prends ces chaussons et porte-les au Dessus de Pied Droit ».

Cinq trouvait que le temps passait particulièrement vite en ville. Chez elle, les jours s'étiraient à l'infini, on était toujours plié en deux, les yeux rivés sur la terre, sans même apercevoir le talus qui bordait le champ. Ce travail éreintant ne s'interrompait qu'à l'occasion de la fête de la Lune à la mi-automne et de celle du Double Cinq. On préparait alors tout spécialement des galettes à la farine de taro et des petits pains à la farine de froment cuits à la vapeur, ce qui changeait agréablement de la farine de patate douce. Mais en ville, il semblait y avoir en permanence une fête à célébrer, et le *Palais du dragon d'eau* ne cessait de changer sa décoration et de chercher de nouvelles astuces pour distraire et attirer les clients.

Ce sont ses camarades de chambrée qui dressèrent à Cinq la liste exhaustive des multiples célébrations qui rythmaient l'année à Nankin : en février, on commençait par la fête des Lanternes au temple de Confucius, en mars il y avait la fête culturelle et folklorique de la vieille ville, et s'étalant sur les mois de mars et avril, les fêtes du Pommier sauvage, de la Fleur de pêcher et de la Fleur de prunier ; en avril, on célébrait la Pastèque, en juin arrivait la fête des Bateaux-Dragons sur le lac Mochou et en juillet, une certaine fête du Raisin. Au mois d'août, c'était relâche ! Tante Wang expliqua à Cinq, qui s'en étonnait, que c'était la période des plus fortes chaleurs – pas moins de trente-sept degrés tous les jours – et que personne n'était d'humeur à se remuer quand on suait à grosses gouttes. Les mois de septembre et d'octobre étaient selon Ingénieur Wu les plus animés, au rythme d'une fête presque tous les trois jours : la fête automnale de la Gastronomie, la fête du Crabe, la fête de la Fleur d'osmanthe, celle du Jasmin, de l'Armoise, des Fruits de mer… Cinq compta sur ses doigts et remarqua qu'un grand nombre de ces célébrations tournaient autour de la mangeaille ou de la flore. Et le 31 décembre, au son des cloches annonçant l'arrivée de la nouvelle année, se terminait officiellement la cohorte des innombrables fêtes qui animaient Nankin tout au long de l'année. Pas étonnant qu'on s'amusât bien plus en ville qu'à la campagne, chaque mois y offrait une nouvelle occasion de se réjouir !

Pourtant Cinq faisait le constat suivant : les citadins ne prenaient pas ces fêtes au sérieux et ne faisaient aucun effort particulier à ces occasions. Alors que, chez elle, toute célébration était savamment orchestrée et il n'était pas question de « chasser les démons » sans s'être « revêtu de rouge et de vert », autrement dit, paré de ses plus beaux atours. Mei Mei, pour ne citer qu'elle, ne savait rien de la coutume qui voulait qu'on habillât les petits enfants de vêtements particuliers lors de la fête du Double Cinq pour les protéger des Cinq Venimeux. Fallait-il s'étonner de la santé fragile des citadins ? C'était sa maman qui avait raconté à Cinq que, lors de cette fête, serpents, scorpions, scolopendres, lézards et araignées sortaient tous pour empoisonner les hommes. Les adultes qui avaient la peau dure et épaisse ne craignaient pas grand-chose, mais les petits enfants à la peau tendre et fine couraient, eux, un très grand danger.

Cinq avait trouvé une autre raison à tant d'indifférence. Personne ne s'arrêtait jamais de travailler, alors comment pouvait-on festoyer sans jour de congé ? L'exception s'avéra être la « fête internationale du Travail » : ce jour-là, tout le monde rendit les armes et rentra chez soi, à la stupéfaction de Cinq. C'était à n'y rien comprendre ! Il n'y avait aucune « fête du Travail » à la campagne. Le centre fut déserté, le service des massages de pieds ferma toute la journée et les filles en profitèrent pour dormir d'un trait jusqu'à une heure avancée de l'après-midi. Décidément, Cinq marchait sur la tête : pourquoi les clients ne venaient-ils pas un jour de repos ? Ingénieur Wu lui révéla que la grande majorité d'entre eux étaient des hommes d'affaires ; ils prenaient sur leur temps de travail pour venir au centre se délasser dans les bassins et y poursuivre leurs réunions. Les jours de congé, ces gens-là restaient chez eux. Il en allait de même pour les nantis qui venaient au centre en semaine et profitaient du week-end et des vacances pour se réunir en famille ou fuir la ville. Auparavant, peu de gens avaient les moyens de s'offrir des loisirs et le gouvernement ne les laissait pas voyager librement dans le pays.

Qu'il s'agisse d'un voyage d'affaires ou d'une visite à la famille ou aux amis, il fallait obtenir un laissez-passer. Si le périple excédait un ou deux jours, il était impératif de s'enregistrer auprès du commissariat local à l'arrivée. Heureusement, la politique s'était beaucoup assouplie depuis les années quatre-vingt-dix et la police n'était plus aussi tracassière.

Aujourd'hui, les citadins dépensaient sans compter pour se faire plaisir. Cinq n'aurait jamais imaginé qu'on puisse dépenser de l'argent pour s'amuser. Aller voir un film au village voisin était taxé par son père de stupide et malavisé, alors vous pensez… Et pour ces paysans qui trimaient le dos courbé sur leurs champs, comment pouvait-il y avoir une fête du Travail ? Seul l'hiver leur offrait un court répit, et encore, pour les hommes seulement. Ils profitaient de cette accalmie pour se réunir entre eux, fumer, discuter. Pour les filles, c'était avec leur mère la dure saison des travaux d'aiguille et du raccommodage des vêtements de toute la famille.

Cinq avait une idée fixe : masser les pieds de Mei Mei jusqu'à ce qu'elle s'endorme. Mais jusqu'ici l'occasion ne s'était pas présentée. Plusieurs jours d'affilée, elle avait trouvé Mei Mei endormie depuis longtemps à son retour au dortoir, à moins qu'elle ne fît semblant…

Ce jour-là, personne n'avait rien à faire et Cinq attendait le moment où elle pourrait mettre son plan à exécution. Le service des massages de pieds était fermé. Mei Mei n'était pas sortie et elle s'était levée tôt pour étudier. Cinq était aussi en congé mais n'avait nul endroit où aller. Trois et Six n'étaient jamais aussi débordées que les jours fériés, elle ne pouvait donc pas aller les retrouver et, seule, elle était incapable de s'orienter en ville. Elle se résigna donc à rester au dortoir et se plongea dans ses croquis.

A sa grande joie, toutes les autres filles s'en allèrent et elle se retrouva seule au dortoir avec Mei Mei.

« Mei Mei, tu ne sors pas ?

— Non. Sortir, c'est dépenser de l'argent, je n'en vois pas l'intérêt. Et toi ?

— Je vois pas bien où j'irais, répondit Cinq qui ne voulait pas paraître stupide aux yeux de Mei Mei et préféra en passer la raison sous silence.

— Tu veux que je t'accompagne quelque part ? proposa Mei Mei avec sollicitude.

— Non, c'est pas la peine. Je veux garder mon argent pour ma mère et ma famille. Et toi ? Tu le gardes pour quoi ?

— Pour aller à l'université.

— L'université ! s'exclama Cinq, sous le coup de cette révélation. Tu veux aller à l'université ? Mais pour quoi faire ? Tu sais déjà tant de choses. »

Mei Mei hésitait à se dévoiler. Aussi, Cinq lui proposa de lui masser les pieds si elle lui racontait la suite.

« Très bien mais… chut ! dit-elle en offrant son pied à Cinq. Plus bas. Je ne veux pas qu'on nous entende. » Elle pointa du doigt la salle de bains. « Je veux aller à l'université pour faire médecine. Nous sommes une famille de médecins depuis des générations et la tradition s'est interrompue par ma faute.

— Parce que t'es une fille ?

— Non, Cinq, ce n'est pas ça. Ma mère et ma grand-mère étaient médecins toutes les deux. Mais comme mon arrière-grand-mère n'avait pas de fils, mon arrière-grand-père a décidé de transmettre aussi son savoir à son gendre, mon grand-père. Celui-ci n'avait aucune aptitude pour ce métier et s'est révélé un bien piètre médecin en comparaison de ma grand-mère. Ses remèdes à elle faisaient des miracles à la ronde et il n'a pas fallu longtemps pour que les voisins, qui avaient toujours refusé d'accorder leur confiance à une femme, préfèrent se rendre chez elle. Ma grand-mère a transmis à son tour ses connaissances à sa fille et son fils, sans discrimination. Mais, va savoir pourquoi, l'histoire s'est répétée et son fils, mon oncle, a fait preuve lui aussi d'une incompétence navrante. Il a tenté de devenir vétérinaire, mais pour son malheur, une nouvelle loi a interdit aux citadins de posséder des animaux de compagnie. La clinique vétérinaire a dû fermer ses portes et n'a rouvert que vingt ans plus tard, en 1995. Mon oncle a alors été transféré dans un hôpital pratiquant la médecine occidentale. Aucun cas sérieux qui lui a été confié ne s'en est remis. Et à ceux qui présentaient des pathologies bénignes, il se contentait de prescrire des médicaments qui ne soignaient que les symptômes sans traiter la racine du mal...

— Attends une minute, j'ai pas tout compris, l'interrompit Cinq. Un véto, je sais ce que c'est, y en a beaucoup qui viennent soigner les bêtes dans mon village. Je sais aussi que la médecine chinoise est différente de la médecine occidentale, mais "symptômes", "racine du mal", ça veut dire quoi ? »

Les yeux de Cinq flamboyaient du désir d'apprendre.

« Certains médicaments ne traitent les problèmes que de façon superficielle, expliqua Mei Mei. Autrement dit : si tu as mal à la tête, on soigne ta tête ; si tu as mal aux pieds, on soigne tes pieds, c'est comme ça que la médecine occidentale s'attaque aux petits bobos. La médecine chinoise, elle, soigne les gens de l'intérieur. Je t'explique : si tu as une maladie de peau, par exemple, c'est parce que ton sang a un problème. Il suffit alors de le débarrasser des saletés qui l'empoisonnent, la peau se soigne d'elle-même et le tour est joué ! Mais ne t'inquiète pas si tu ne comprends pas tout, Cinq, c'est difficile pour tous ceux qui n'ont jamais entendu parler de médecine !

— Et ton père aussi est docteur ? insista Cinq en pinçant les doigts de Mei Mei, sans lever la tête.

— Mon père ? Oui, mais c'est la seule chose que je sais de lui. Je ne l'ai pas connu. Je suis une bâtarde, ma mère m'a élevée seule. »

Abasourdie, Cinq leva la tête et se figea. Elle connaissait parfaitement le sens de ce mot.

« Eh oui, tu as bien entendu, je suis une bâtarde ! Je te le dis parce que je sais que tu ne vas pas te moquer ni le raconter aux autres. Mes parents ne se sont pas mariés, de toute façon ils ne s'entendaient pas. Lui était professeur dans une école de médecine du Shandong, ma mère était son élève. Il l'a séduite en lui promettant de l'aider avec des cours de rattrapage, mais dès qu'elle s'est retrouvée enceinte, il lui a annoncé qu'il était marié et père d'un fils. Ma mère a été exclue de l'école pour grossesse extramaritale et immoralité sexuelle, autant dire qu'elle a été chassée comme une malpropre.

— C'est trop injuste ! s'exclama Cinq, furibonde.

— Merci, Cinq. Je sais que c'est injuste, mais il en a toujours été ainsi. D'ailleurs, ce sont souvent les femmes qui se dénoncent entre elles. Ma mère m'a rapporté que dans les années quatre-vingt, pour se faire avorter, il fallait présenter un certificat de mariage ou une autorisation provenant de l'unité de travail du mari. Dans le cas contraire, accusée d'immoralité sexuelle, une femme ne trouvait personne pour l'aider. Sa seule échappatoire était de se cacher à la campagne pour y mettre son enfant au monde. Mais ma mère n'y connaissait personne, c'est finalement une femme de ménage qui a eu pitié d'elle et qui l'a emmenée chez elle, dans un petit village au pied du mont Gaoshan, près du temple de Shaolin dans le Henan. C'est là que je suis née. Après ça, elle a été déshonorée et bannie de tous. Sans nulle part où aller, à bout de ressources et désespérée, elle a pensé plusieurs fois au suicide…

« Mais en 1984 ma mère a été, pour ainsi dire, sauvée par la conjoncture quand le Parti communiste a décidé d'instaurer l'économie de marché. Le résultat ne s'est pas fait attendre. Les commerces ont fleuri un peu partout et ma mère est partie travailler dans un magasin d'herbes médicinales à Hefei, près de Nankin. Au début, elle prescrivait ses remèdes sans pouvoir toucher d'honoraires car elle n'était pas médecin. Mais peu à peu, par le bouche à oreille, sa réputation a grandi. Jusqu'au jour où elle a soigné avec succès les douleurs dorsales d'un officier local. Pour la remercier, il a tiré quelques ficelles et lui a permis d'obtenir une licence pour pratiquer son art en toute légalité.

« Ma mère a enduré de grandes souffrances pour m'élever seule, moi, le fruit du péché. De peur que je sois malmenée par les autres, elle m'a caché la vérité et j'ai grandi en croyant mon père mort d'une grave maladie. Mais lorsque je suis entrée en deuxième année au lycée, un garçon venu de Jinan a été transféré dans ma classe – ses parents avaient travaillé dans l'école de médecine où ma mère était étudiante – et il a raconté à tous mes camarades de classe que j'étais une bâtarde et ma mère une traînée. J'ai couru en larmes au magasin et j'ai demandé à ma mère si c'était vrai. Elle s'est effondrée sans dire un mot et n'a cessé de pleurer que vers deux ou trois heures du matin. Après elle s'est assise sur le bord de mon lit et m'a tout raconté... Et tu sais quoi, Cinq ? Ça m'a fait l'effet d'un coup de tonnerre dans un ciel sans nuages. Je n'avais que dix-sept ans, et n'être qu'une bâtarde aux yeux de tous m'était insupportable. Difficile d'admettre que ma mère était la victime dans cette histoire. Je la soupçonnais de s'être mal conduite et d'être, comme ils disaient, une femme aux mœurs dissolues. Ma pauvre mère ! Désespérée, j'ai pris ma carte d'identité, le peu d'argent que nous avions à la maison, et je suis montée dans le premier train, sans savoir où j'allais. Quand je suis descendue au terminus, j'ai découvert que c'était Nankin. Accablée et ignorant qu'il fallait une lettre de recommandation pour dormir à l'hôtel, j'ai finalement passé la nuit aux bains publics. Ça coûtait dix yuans et il m'en restait quinze en poche.

« Aujourd'hui, je ne pourrais te dire quelles étaient mes intentions. Je me revois, marchant le long de la rue Zhongshan et arrivant devant la bouche de notre énorme dragon. Et là, j'ai entendu Banyue et les autres discuter, elles disaient que le centre allait recruter de nouveaux employés. Tout naturellement je les ai abordées pour savoir si elles cherchaient quelqu'un. Quand je leur ai dit que, fille de médecin, j'avais des rudiments de médecine, elles m'ont envoyée suivre des cours pour apprendre à masser les pieds.

« C'est seulement à l'issue de mes trois mois de formation que j'ai commencé à me demander ce qu'il était advenu de ma pauvre maman. J'ai fini par me résoudre à appeler le magasin d'herbes médicinales et j'ai appris qu'elle était à l'hôpital depuis plusieurs mois. Ils m'ont donné le numéro et j'ai enfin pu la joindre. Nos sanglots respectifs nous empêchaient de dire le moindre mot. Depuis ce jour, nous nous appelons une fois par semaine.

— Et après, tu es retournée la voir ? demanda Cinq en poussant un profond soupir de soulagement.

— Non, ça m'était impossible, trop de mauvais souvenirs là-bas. En principe, cette année, c'est ma mère qui vient me retrouver quelques jours à Nankin pour la fête du Printemps. Si j'arrive à rentrer à l'université, ma mère vendra la boutique et viendra habiter avec moi. Je me suis déjà inscrite à l'examen d'entrée. Il faut que je devienne médecin, il le faut, ma mère a déjà tant souffert par ma faute… »

Cinq ne posa pas davantage de questions et continua de masser les pieds de Mei Mei de la façon qu'elle pensait la plus agréable pour elle. Plongée dans ses souvenirs, Cinq trouvait que le sort des femmes était bien cruel. En pensant à la mère de Mei Mei, et surtout à la sienne, elle ressentait une immense tristesse et une profonde angoisse quant à son propre destin… Serait-il aussi tragique ?

Désormais, Cinq ne se contenterait plus de poser des questions, elle voulait connaître toutes les histoires du centre, toutes ces histoires qu'elle n'aurait jamais l'occasion d'entendre, là-bas, dans son village…

8

Les clients de la maison de thé

Plus de trois mois après l'ouverture discrète de la maison de thé, on ne pouvait pas dire que les clients se bousculaient. Mais ceux qui passaient venaient de tous les horizons. Cela surprit Six, tout comme la façon très informelle dont Cul-de-Bouteille et sa femme avaient inauguré les lieux. Elle avait d'abord pensé que les coutumes devaient être différentes de celles de la campagne, où la foule en liesse aurait fait claquer les pétards et sonner les trompettes en distribuant à l'envi des images propitiatoires aux couleurs vives. Ils auraient tout de même pu fêter l'événement par un petit banquet ! Elle se souvenait que même le vieux Lu Daye, pourtant issu de la plus pauvre famille du village, avait allumé quelques fusées quand il avait hissé la poutre dans la masure en terre construite à l'intention de son fils et de sa belle-fille. Comment pouvait-on inaugurer un établissement de façon si anonyme ? Le restaurant familial voisin célébra son ouverture dans une tout autre ambiance : la fête s'ouvrit par un somptueux banquet, de grandes corbeilles de fleurs, envoyées pour féliciter les patrons, encadrèrent la porte de l'établissement pendant plus de deux semaines. Cela éclaira sa lanterne : elle supposa que la discrétion de la famille Shu avait été délibérée. Elle en demanda la raison à Cul-de-Bouteille qui se contenta de hausser les épaules en disant :

« A quoi bon dépenser des fortunes pour remplir les estomacs de tous ces aigrefins qui ne pensent qu'à bâfrer ? Notre commerce s'adresse à des lettrés et à des amis, c'est autre chose. »

Mais Six eut tôt fait de remarquer que les clients qui poussaient la porte ne faisaient pas tous partie de la catégorie précitée…

Ceux qui vinrent dès les premiers jours d'ouverture étaient dans l'ensemble des amis du couple ou de leur fils Kang, des gens au verbe facile, qui aimaient lire et écrire de bons mots dans le livre dédié à cet effet. Lors de la deuxième semaine, deux femmes entrèrent, la soixantaine, coiffées court et le vêtement austère. Elles se présentèrent comme appartenant au comité de quartier et venant contrôler la licence d'exploitation. Pour la première fois, Six se trouvait seule en charge de l'établissement : Shu Tian était parti bricoler avec l'aide d'un ami l'épave qui lui servait de voiture et Meng avait à faire chez elle. Conformément aux consignes de celle-ci en pareil cas, Six conduisit les deux femmes jusqu'aux différents certificats encadrés au mur près du secrétaire : le permis d'exploitation en bonne et due forme avec son cachet, et la licence de restaurant. Après un examen minutieux de plus de deux minutes, la dame en habit bleu-gris demanda à son acolyte en gilet gris cendré si tout était bien en ordre, vu que, sans ses lunettes, elle n'y voyait pas bien.

« Tout me paraît en règle : le texte et le cachet officiel. Mais comment se fait-il que ce soit déjà ouvert alors qu'il n'y a pas eu d'inauguration ? grommela Gilet Gris.

— Exact ! S'il y en avait eu une, nous aurions été invitées. Or, nous n'avons découvert l'endroit qu'hier… renchérit la Dame en Bleu.

— Fillette, où est ton patron ? Nous avons des questions à lui poser.

— Je suis désolée, il est absent, mais vous pouvez lui laisser un message si vous le souhaitez, répondit Six avec la plus grande déférence.

— Comment ça, il n'est pas là ? Bon, mais il a bien un portable ? Dans ce cas, dis-lui de revenir séance tenante. Dis-lui que le comité de quartier est là pour l'inspection et le contrôle des statuts de son établissement. »

Ce fut dit de concert, d'un ton sérieux et solennel.

Six appela Cul-de-Bouteille sur son portable mais sa réponse la laissa bien démunie.

« Ça ne peut pas attendre un peu ? hurla-t-il. Mon ami vient juste de démonter le capot… »

Bien embarrassée, Six transmettait aux deux femmes la réponse laconique de son patron quand, n'y tenant plus, la Dame en Bleu lui arracha l'appareil des mains.

« Dites-moi, Patron Shu, à votre avis, c'est quoi le plus important : votre voiture ou la loi ? Comment vous êtes-vous permis d'ouvrir sans juger bon d'en informer le comité de quartier ? Revenez immédiatement régler ça avec nous, ou nous vous laisserons une amende en partant ! Nous vous attendons. Vous voulez parler à la gamine ? Tiens, je te le rends ! »

Le téléphone fut restitué à Six.

Cul-de-Bouteille murmura alors à l'oreille de Six :

« Sers-leur deux théières de bon thé et nos meilleures friandises. Ensuite, bavarde avec elles jusqu'à ce que j'arrive. J'en ai encore pour vingt minutes environ. Je compte sur toi pour les occuper jusque-là. Ces vieilles biques, dès qu'elles commencent à jacasser, elles perdent toute notion du temps ! »

Six s'exécuta et disposa le thé et les gâteaux sur la table en face de la vitrine ancienne. Elle sélectionna ensuite sur les étagères deux petits albums illustrés et les leur tendit. C'était un ami qui les avait offerts à Meng. Ils renfermaient les œuvres d'art de plusieurs dirigeants chinois, et si Meng en déplorait la piètre qualité, elle insistait pour garder précieusement ces ouvrages dans la maison de thé, prétextant qu'ils auraient des vertus conjuratoires contre les importuns.

Surprise, Six constata que le charme du talisman semblait opérer en sa faveur : en voyant les noms des artistes, nos deux vieilles dames glapirent d'émerveillement :

« Aiya ! Qui aurait pu imaginer que nos dirigeants étaient si doués ! Ces calligraphies sont exquises !

— Mais fillette, dis-moi, que vendez-vous ici au juste ? Du thé ou des calligraphies ? demanda Gilet Gris.

— Nous ne vendons que du thé, répondit Six, mais les clients peuvent consulter les livres librement pendant qu'ils savourent leur thé. Mon patron dit toujours que plus les gens liront, moins ce sera le chaos dans notre société. Et là, regardez. C'est dans ce livre que sont consignés les précieux écrits de nos clients étrangers. »

Six s'empara du livre posé sur le bureau et le déposa devant les visiteuses.

« Aiya ! Nos amis étrangers viennent donc ici aussi ? s'enquit la Dame en Bleu, stupéfaite.

— Mais alors, ces étrangers lisent nos livres chinois ? poursuivit Gilet Gris, qui paraissait plus réfléchie.

— Absolument ! expliqua Six avec beaucoup d'enthousiasme. Ils viennent du monde entier étudier la culture chinoise. Ils parlent tous très bien le chinois, mais si vous le souhaitez, vous pourriez leur donner des conseils et les aider à corriger leur prononciation.

— Vraiment ? »

Voilà qui intéressait la Dame en Bleu.

« J'en ai croisé quelques-uns au mémorial de Sun Yat-sen, mais ils baragouinaient tous dans leurs langues. Je n'en ai jamais entendu un seul parler chinois.

— Moi j'en ai vu beaucoup à Shanghai. Là-bas, les enseignes des boutiques et des restaurants seront bientôt toutes écrites en lettres occidentales. Et celles qui sont encore écrites en chinois ne sonnent plus du tout chinois : *Naï-kee* ? Qu'est-ce que ça peut bien vouloir dire ? Les magasins ont des noms si bizarres qu'on ne sait même plus ce qu'ils vendent ! Aux dires de ma fille, des vêtements de marque, voilà ce qu'ils vendent. Elle et son mari ne portent plus que ça. Pour moi, l'essentiel quand je m'habille, c'est d'être à l'aise et présentable, peu m'importe la marque. Et puis, à quoi ça sert ? Qui va venir passer sa main dans votre col pour voir le nom sur l'étiquette ? » Contrairement à sa collègue, Gilet Gris semblait en connaître un rayon sur la question.

« Mon fils, lui, dit qu'une bonne marque est un gage de qualité et le moyen de montrer sa position sociale, rétorqua la Dame en Bleu.

— Foutaises ! Et tu crois que nous, les vieilles, on peut redevenir des lolitas en portant des marques de jeunettes et qu'il suffit de dépenser des fortunes pour avoir l'air d'une star ? Quelle blague ! »

Gilet Gris était furibonde.

« Vous avez raison, les marques sont bien le signe d'une certaine position sociale, les pauvres n'en ont pas les moyens, mais il y a aussi ceux qui n'y connaissent rien. Cependant, aujourd'hui, de plus en plus de gens ont ce désir d'être à la mode, à tel point que je me demande si la mode ne serait pas devenue une culture à part entière. »

Agacée par les grands airs de Gilet Gris, Six préféra abonder dans le sens de la Dame en Bleu.

« Quelle culture ? Une mascarade, oui ! Je ne supporte pas tous ces gens qui, sous couvert de modernisation et de culture, en profitent pour laisser libre cours à leur vilenie ! objecta Gilet Gris, exaspérée.

— Les choses ont bien changé. A l'époque, nous étions en bleu foncé toute l'année, comme de bons communistes ! Mais pour être honnête, ça ne nous empêchait pas de crever de faim. De nos jours, avec un peu d'argent, on peut goûter des spécialités de toute la Chine sans quitter Nankin. Tiens, par exemple, ces petites "roulades de l'âne", voilà des gâteaux qu'on ne trouvait qu'à Pékin et maintenant, regarde… C'est comme la télé. On sait tout sur tout, on voyage dans le monde entier sans quitter son salon. »

Tout en parlant, la Dame en Bleu enfourna un de ces petits gâteaux roulés, tout entier.

« Ah, ne me parle pas de télévision ! Une honte, ce qu'on ose nous montrer, tous ces films-là… A croire que la censure ne contrôle et ne coupe plus rien ! On voit même des gens au lit nus comme des vers ! Résultat : les gamins d'aujourd'hui ne savent plus comment les hommes et les femmes doivent se comporter. Va donc faire un tour à Shanghai en été, tu comprendras ce que je veux dire. Les femmes courent dans les rues encore moins vêtues que les hommes, pieds nus dans des sandales. A copier les Occidentaux, les Chinois prennent de mauvaises habitudes : au lieu de manger nos bons légumes verts, ils s'empiffrent à longueur d'année de fritures qui sentent le graillon dans leurs fast-foods. Ils ne boivent plus de notre bon thé et lui préfèrent ce breuvage infâme que les Occidentaux appellent “bière”, et ce jusqu'à ce qu'il pousse à nos hommes des ventres si énormes qu'ils débordent de leur pantalon, on dirait de gros ours ! Et puisqu'on parle de mode, je vais vous dire : quand ma fille est venue me rendre visite l'année dernière pour le Nouvel An, elle portait un de ces fameux jeans “taille basse” qui vous laissent presque voir la raie des fesses. Il paraît que c'est la mode dans le monde entier. Ah, je lui ai donné une bonne leçon, je lui ai interdit de porter ça : un peu de décence tout de même ! Une jeune fille convenable qui déambule attifée de la sorte, on aurait dit une grue, une goule… »

Gilet Gris s'échauffait de plus en plus au fil de la conversation. Six tenta de calmer les esprits.

« Vous avez tout à fait raison, Madame. C'est bien pour cela que mes patrons ont ouvert cette maison de thé : pour encourager le plus de gens possible à boire notre bon thé chinois, à admirer nos peintures et nos calligraphies chinoises, et à discuter de nos livres chinois. D'ailleurs, vous voyez, si les étrangers s'intéressent à notre culture, vous verrez bientôt que les Chinois, qui les prennent comme modèles, s'y intéresseront aussi. Alors, je crois qu'il est de notre devoir de soutenir et de promouvoir notre culture chinoise. Qu'en pensez-vous, Madame ?

— Bien sûr ! déclara la Dame en Bleu tout en enfournant une boule de sésame. Nous sommes d'accord et nous allons nous y mettre de ce pas. »

Puis elles arpentèrent la maison de thé en grignotant leurs gâteaux et en faisant des commentaires sur les livres, les peintures et les calligraphies exposés.

Et de retour à leur table :

« C'est bien d'avoir ouvert cette maison de thé, conclut Gilet Gris qui sirotait une gorgée de son thé en admirant les services à thé dans la vitrine. En tant que représentantes du comité de quartier, nous vous accordons notre soutien. Il faut juste qu'on remplisse les formalités d'usage. Votre patron semble très cultivé.

— Madame, c'est trop d'éloges ! »

Cul-de-Bouteille s'était glissé en catimini à l'intérieur. Il fit son entrée une théière à la main, changea les tasses de ces dames pour de plus jolies qu'il prit dans la vitrine.

« Ah, vous voilà ! C'est donc vous, Patron Shu ! s'exclama la Dame en Bleu, visiblement contrariée quand elle reconnut Shu Tian. A chaque fois que votre vieille Xiali passe devant la maison, toute la famille s'étouffe dans le nuage de fumée que vous laissez derrière vous. Expliquez-nous : comment se fait-il que vous ayez ouvert sans inauguration ?

— Je vais vous le dire, je suis d'avis que de nos jours les gens dépensent et gaspillent de façon bien trop extravagante. Tout le monde parle de lutter contre la corruption, mais qui donne à nos cadres l'occasion de se montrer intègres ? Aussi, je pense qu'il incombe aux gens cultivés de prendre position et de montrer à la population ce que sont les vraies traditions chinoises. Je voulais aussi prouver par là que lorsque nos cadres locaux nous soutiennent, c'est pour le bien-fondé de nos projets et non pour un banquet. C'est pour cela que nous avions envoyé l'annonce de notre prochaine ouverture à tous les bureaux gouvernementaux locaux. Peut-être la poste s'est-elle trompée lors de la distribution, et notre carte ne vous est pas parvenue. Si c'est le cas, croyez bien que je ne manquerai pas de vous en renvoyer une autre pour réparer cette erreur.

— Ah… C'était cette grande enveloppe rouge avec une écriture étrangère dessus et une carte à l'intérieur ? demanda la Dame en Bleu.

— Oui, oui, c'est ça, répondit Cul-de-Bouteille, ravi. Il s'agissait d'une carte en anglais, nous l'avons faite nous-mêmes pour apporter notre soutien à l'industrie chinoise et combattre les importations étrangères !

— Je me souviens maintenant, le papier était très ordinaire et l'écriture irrégulière, si bien que je l'ai prise pour une publicité et je l'ai jetée, répondit la Dame en Bleu sur un ton désinvolte, tandis que Gilet Gris rougissait d'embarras.

— Ça n'est pas bien grave, dit Cul-de-Bouteille. Je me doute bien qu'un comité de quartier ne peut pas tout archiver ! L'essentiel est que vous ayez reçu notre carte, témoignage de notre déférence envers votre comité. Promouvoir la culture chinoise est le devoir de chacun, quelle que soit son origine sociale. Et comme vous le voyez, nos dirigeants ont ce souci très à cœur... » Cul-de-Bouteille feuilletait d'un air dégagé le fameux livre illustré de calligraphies de chefs d'Etat.

A ces mots, nos dames clamèrent leur approbation d'une même voix :

« Absolument ! Nous devons tous unir nos efforts dans de tels projets culturels ! Désormais, n'hésitez pas à venir nous trouver en cas de besoin. Rien ne se fait sans l'assentiment du comité de quartier, tant que vous ferez honneur à notre patrie, nous serons avec vous. »

Et les deux femmes se dirigèrent vers la porte.

« Rentrez bien et bonne journée à vous ! » leur souhaita Cul-de-Bouteille en les raccompagnant courtoisement. Lorsqu'elles furent à bonne distance, il se tourna vers Six :

« Six, je ne te savais pas si futée. Tu as réussi à les faire mordre à l'hameçon d'elles-mêmes. »

De son côté, Six avait elle aussi été époustouflée par la prestation de Cul-de-Bouteille. Lui qui d'habitude avait tant de mal à s'exprimer clairement et s'embrouillait sans cesse dans ses affaires ! Non seulement il était parvenu à leur rendre leur bonne humeur, mais elles l'avaient quitté le torse bombé d'une héroïque fierté.

Parmi les clients qui fréquentaient la maison de thé – outre les amis des patrons –, il y en avait certains sur lesquels Six s'interrogeait, d'autant plus que lors de leur passage, Cul-de-Bouteille s'empressait de fermer la porte derrière eux et d'y accrocher un panonceau « en inventaire ». C'était un groupe de cinq ou six couples d'hommes d'âge mûr. Ils n'écrivaient jamais rien dans le livre d'or, ne lisaient aucun livre, ils se contentaient de boire leur thé et de discuter. Tandis que Cul-de-Bouteille s'affairait autour d'eux, Meng demandait parfois à un ami de venir leur jouer quelques airs de cithare. Chacun de ces couples semblait très soudé, pourtant à l'évidence ils n'étaient pas frères et n'avaient rien en commun avec les amis lettrés de Cul-de-Bouteille. Six les avait déjà vus deux fois et remarquait qu'ils téléphonaient toujours avant pour réserver. Six savait que ces hommes étaient différents des clients habituels, mais elle ne comprenait pas pourquoi ses patrons ne laissaient entrer personne d'autre quand ils étaient là. Meng finit un jour par lui donner la réponse alors qu'elle rangeait la salle après le départ du groupe.

« Pauvres gens ! marmonna-t-elle. Dire qu'ils ne peuvent jamais être eux-mêmes au grand jour ! Toujours obligés de se cacher !

— Pourquoi ? demanda Six timidement. Ont-ils fait quelque chose de mal ? »

Meng la regardait sans savoir si elle devait répondre à cette jeune campagnarde dont le cerveau bouillonnait déjà de tant d'interrogations.

« Ce sont tous des gens bien, répondit-elle après un moment d'hésitation. C'est juste qu'ils ne sont pas tout à fait comme nous dans leur corps…

— Comment ça ? Ils ne m'ont pas paru différents. »

Six, confuse, ne saisissait pas ce que Meng essayait de lui dire.

« Tu n'as vraiment rien remarqué ? »

Meng pénétra dans la réserve, posa son plateau et d'un geste de la main écarta le rideau pour laisser entrer Six.

« Non… Attendez un peu… Maintenant que j'y repense, peut-être que certains parlaient d'une façon un peu maniérée, comme des filles…

— C'est ça. Je vais t'expliquer, mais surtout tu n'en parles à personne, répondit Meng. Ce sont des homosexuels. Parmi eux, certains couples s'aiment depuis plus de vingt ans !

— Quoi ? Qu'est-ce que vous dites ? Des homosexuels ? Des femmes qui aiment des femmes, des hommes qui aiment des hommes ? J'ai vu ça quelque part dans des livres. C'est ça ? Mais je croyais que c'était illégal, non ? »

Six ouvrait des yeux comme des soucoupes. Elle sentit un frisson descendre le long de sa colonne, le plateau qu'elle tenait dans ses mains tremblait.

« Plus maintenant. Aujourd'hui, les homosexuels peuvent même s'enlacer dans la rue, plus personne ne s'en étonne. »

Meng saisit le plateau des mains de Six.

« Mais alors, pourquoi ceux-là ont-ils peur d'être vus ? demanda Six, oubliant pour une fois toute retenue.

— Parce que ce sont tous des hommes mariés, répondit Cul-de-Bouteille qui nettoyait la table à côté. Imagine un peu le mal que ça ferait à leurs femmes et à leurs enfants s'ils l'apprenaient.

— Mais alors pourquoi se sont-ils mariés ? Ne trompent-ils pas leurs femmes en agissant de la sorte ? »

Six ne comprenait pas le peu d'empathie de Cul-de-Bouteille envers ces pauvres femmes, lui si bon d'habitude. Solidarité masculine sans doute…

« Quand ils étaient jeunes, l'homosexualité était illégale. Alors, pour être respectables, ils n'ont pas pu faire autrement que de se marier. Et avec leurs amants, ils faisaient mine de copiner. On dit toujours que les femmes célibataires sont douées pour attirer cancans et discorde chez elles, mais il en va de même pour leurs homologues masculins ! poursuivit Meng en tendant une tasse de thé à ses deux interlocuteurs. Je suis triste en pensant à la vie que mènent ces hommes depuis si longtemps, une vie de tromperie et de mensonge. Il n'y a qu'à les voir pour comprendre, tous si introvertis et silencieux. C'est très mauvais pour la santé de vivre ainsi… »

Meng parlait en sourdine.

« Mais puisque ce n'est plus illégal, pourquoi ne vivent-ils pas leur idylle au grand jour ? »

Six trouvait qu'elle s'exprimait de façon très sophistiquée.

« Leurs femmes seraient peut-être prêtes à fermer les yeux, mais leurs enfants ? Quel enfant supporterait d'avoir un père homosexuel aujourd'hui ? »

Meng remplit à nouveau la tasse de son mari.

« C'est vrai. Si mon père était… comme eux, j'en mourrais de honte. Mais en même temps, si papa était… comme ça, je serais tellement triste de le voir se forcer tous les jours à être un homme qu'il n'est pas… »

A partir de ce jour, Six résolut de traiter avec beaucoup d'égards ce petit groupe lors de ses prochaines visites.

Parmi tous les clients qui fréquentaient la maison de thé, ceux que Six trouvait les plus insupportables étaient ces fonctionnaires de la chambre de commerce et d'industrie ou du Trésor public, ces petits tyrans locaux, ces chacals cauteleux à qui tout était dû mais qui de leur côté ne se fendaient jamais d'un « bonjour » ni d'un « au revoir ». Ils s'arrangeaient toujours pour arriver juste avant midi, dans l'attente implicite d'une invitation à déjeuner au restaurant. Et si celle-ci se faisait attendre, ils sortaient de dessous le bras un classeur noir et soumettaient le couple à un interrogatoire en règle comme avec des criminels.

Kang fit un jour irruption lors d'un interrogatoire de ce genre.

« Papa, maman, que se passe-t-il ? Vous n'avez rien fait, j'espère ? »

Meng, outrée de voir son fils les interpeller de la sorte, le morigéna durement :

« Mais enfin ! Est-ce une façon de parler à ses parents ? Notre licence est en règle et nous payons toujours nos taxes rubis sur l'ongle. Comment oses-tu nous poser cette question à nous, tes parents ?

— Bon, alors c'est papa qui a eu une amende pour excès de vitesse avec sa vieille guimbarde ? insista Kang en regardant son père.

— Pas du tout ! Avec ma vieille Xiali poussive, je serais déjà bien heureux de pouvoir rouler à une vitesse normale ! » répondit Cul-de-Bouteille, désespéré.

Kang se tourna alors vers les deux fonctionnaires et s'adressa à eux avec solennité :

« Camarades, mes parents sont visiblement gênés de dire la vérité devant leur fils. Vous qui appliquez la loi de façon juste et impartiale, dites-moi, je vous en prie, de quoi ils se sont rendus coupables, que je puisse tirer un enseignement de cette affaire ou les aider à faire amende honorable.

— Mais rien, voyons... Ils n'ont rien fait, balbutièrent les deux hommes, troublés par l'intervention de Kang.

— Dans ce cas, c'est étrange... reprit Kang en s'adressant à ses parents sur le même ton pince-sans-rire. Pourquoi prenez-vous cet air coupable ? En tant que citoyens, nous servons tous sous le même drapeau : vous êtes de respectables contribuables, ce sont d'honnêtes fonctionnaires, personne n'est ici le prisonnier de qui que ce soit, ni le sujet servile d'un quelconque souverain. Alors, pour quelle raison devriez-vous courber l'échine de la sorte ? Avec un tel comportement, vous salissez la réputation de nos fonctionnaires. N'est-ce pas, camarades ?

— C'est une affaire d'adultes, reste en dehors de tout ça ! »

Meng tança vertement son fils une fois de plus.

« Mère, vous faites gravement erreur. Il est du devoir de chacun de respecter la loi et de défendre une société juste. En tant que thésard en sociologie, j'étudie les différentes façons d'améliorer le système qui gère la société. Le laisser-faire peut avoir de graves répercussions. En outre, en traitant votre thésard de fils comme un enfant, vous le dépossédez de ses droits de citoyen, dont il jouit depuis ses dix-huit ans. Qu'en dites-vous, camarades ?

— Les jeunes savent fort bien ce qu'il en est aujourd'hui, c'est un fait ! » dit l'un des fonctionnaires.

Et l'autre d'enfoncer le clou :

« Absolument ! Les doctorants, a fortiori, sont une véritable mine de savoir et d'informations. Eh bien, nous n'allons pas vous déranger plus longtemps, ce fut un plaisir… »

Dès qu'ils eurent franchi le seuil de la porte, Meng sortit de ses gonds :

« Qu'est-ce qui t'a pris, jeune homme ? Tu es devenu fou ! Ça ne te suffit plus de te payer nos têtes en permanence ! Cette fois, tu as gagné, tu es content de toi ? C'est bien joli de pérorer fièrement au nom de la justice, mais as-tu la moindre idée de ce qui nous attend maintenant, ton père et moi ? Nous avions réussi à nous en sortir sans banquet d'inauguration, nous avions calmé l'indignation des fonctionnaires locaux aux yeux de qui notre tribut était insuffisant, et quand les nouveaux représentants de la chambre de commerce viennent nous rendre visite, tu ne trouves rien de mieux que de leur faire la leçon ! J'ai bien peur que notre maison de thé ne fasse pas long feu, Monsieur le Doctorant !

— Pas forcément ! répliqua Cul-de-Bouteille en nettoyant ses carreaux. Rien ne nous permet de présumer que le nouvel homme en place est aussi corrompu que ses collègues. Et s'il l'est, nous n'avons rien pour étancher sa soif ! Nos ancêtres disaient : "L'homme vertueux ne montre aucune crainte quand on le prend par surprise, ni aucune colère quand on l'accuse à tort." Si, malgré tout, ils décident de nous faire mettre la clef sous la porte, nous n'aurons plus qu'à vendre les livres et les quelques calligraphies de valeur que nous avons pour rentrer dans nos frais. Nous bazarderons aussi les peintures et le mobilier pour payer le loyer mais nous garderons les services à thé pour les offrir au Nouvel An, cela nous évitera de nous creuser la tête pour les cadeaux. Allez, soyez tranquilles, au pied du mur, on finit toujours par trouver une solution ! »

Tandis que Cul-de-Bouteille essayait d'apaiser la colère de Meng, Kang s'assit près d'elle et se mit à lui masser les épaules.

« Ne t'inquiète pas, maman. Tu as donc oublié les vers que tu me faisais réciter tous les jours quand j'étais petit ? "Sois toujours droit et franc, qui que tu sois, sois toujours pur et honnête, quoi que tu fasses." Autrement dit, de nos jours, c'est déjà une belle réussite d'être droit et d'avoir un commerce honnête ! S'ils nous forcent à fermer, j'irai trouver nos amis étrangers et je leur demanderai d'écrire une lettre pour les dénoncer sans pitié. Mais, très franchement, je ne crois pas qu'on en arrive là. Personne ne ferme plus un établissement pour quelques mots fâcheux. La Chine a bien changé depuis dix ans.

— Kang, tu es encore bien jeune, reprit Shu Tian, tu es loin d'en avoir assez vu pour comprendre à quel point les choses peuvent changer rapidement. Combien de têtes ont roulé en Chine sur un simple mot de travers, le sais-tu ? Voilà vingt ans que la politique d'Ouverture a été lancée, et crois-tu que les définitions du Parti et de l'Histoire ont changé ? Peut-on parler aujourd'hui plus qu'hier d'une réelle liberté de la presse ? Nous sommes en Chine, pas en Occident, et à ce titre tu ne peux pas dire tout ce qui te passe par la tête, y compris sur tes parents. Néanmoins, il y a bien un Dieu, ce Dieu est le même pour tous, et quoi que tu fasses, tes erreurs seront jugées partout de la même façon.

— Je ne suis pas d'accord, papa, objecta Kang, beaucoup d'Occidentaux ne croient plus en Dieu depuis longtemps…

— C'est vrai, mais ça ne les empêche pas de fêter Noël, Pâques et de vivre dans cette tradition culturelle qui a traversé les âges et survécu à tous les bouleversements. En Chine, nous n'avons jamais eu de religion d'Etat, mais il y a toujours eu un souverain, des sujets et de grands classiques littéraires qui changeaient avec chaque nouveau Fils du Ciel. Et qu'est-ce que la loi en Chine ? Dans l'Antiquité, chaque empereur dictait sa loi. Puis, à la fin du féodalisme en 1912, les Chinois sont restés sans maître. Les seigneurs de la guerre se sont affrontés sans pitié pour dicter leur loi et prétendre chacun à l'hégémonie sur leur territoire. Tu te souviens de cette chanson, *L'Orient est rouge* ? A notre époque, chacun vénérait Mao Zedong comme un Dieu. Toi qui étudies la sociologie, ne t'est-il jamais venu à l'esprit que le pouvoir dont jouissait Mao ne puisait pas sa force dans le culte de la personnalité, mais dans cette soif éperdue de croire en quelque chose ? Ce peuple inculte, qui s'échinait à travailler la terre pour survivre, avait besoin d'un Dieu qui régisse l'univers, d'un Dieu capable de rendre la précarité de sa vie plus supportable. Mais comment convaincre une population entière d'écouter les paroles et d'obéir au diktat d'un seul homme ? Une solution et une seule : le despotisme ! Et chacun de devenir soit un ennemi du peuple, soit un camarade. Aujourd'hui les Chinois réclament la démocratie, mais combien sont-ils à comprendre de quoi il s'agit ? Peut-on parler d'une vraie démocratie en Occident, avec tous ces gangs criminels, toutes ces guerres de religion sanguinaires et tous ces gouvernements qui prennent des décisions à l'encontre de la volonté de leurs peuples ? Les étudiants de Tian'anmen savaient-ils vraiment ce qu'ils revendiquaient ? J'ai bien peur que tous ceux qui ont déserté les cours pour défiler dans plus d'une trentaine de villes en Chine n'aient pas bien su ce qu'ils faisaient ! D'ailleurs, beaucoup de Chinois ne voient pas de différence entre la Révolution culturelle et le mouvement étudiant de Tian'anmen : tous deux étaient conduits par la jeunesse dans le même espoir d'éradiquer le pouvoir en place au nom de cette sacro-sainte "démocratie" ! Mais il ne suffit pas d'agiter un drapeau pour que naisse une démocratie, ni de quelques mots pour qu'elle figure au sommaire d'un Livre blanc… »

Ce jour-là, Six discuta de la société chinoise avec Shu Tian et les siens jusque tard dans la nuit. Personne ne se plaignit d'avoir faim, ce n'est qu'à l'heure de fermer boutique qu'ils s'aperçurent qu'ils avaient grignoté plus de la moitié des réserves du lendemain !

Parmi les clients habituels de la maison de thé, Six appréciait particulièrement les lettrés comme Guan Buyu, mais aussi tous les étudiants étrangers venus apprendre le chinois. A chacune de leurs visites, les lettrés écrivaient des histoires drôles et on leur devait, à vrai dire, toutes celles qui remplissaient aujourd'hui le livre d'or. La maison de thé leur devait l'essentiel de son chiffre d'affaires tant les clients affluaient, curieux de lire les dernières blagues en date. C'étaient pour la plupart des jeunes, mais il y avait aussi des amateurs de livres qui venaient découvrir les dernières acquisitions de Cul-de-Bouteille ou les ouvrages récemment offerts par de généreux donateurs.

C'était Six qui était chargée de répertorier les nouveaux livres sur les étagères. Elle prenait soin de les classer par catégorie et attribuait à chacun d'eux un numéro de série. Qui sait, pensait-elle, peut-être qu'un jour sa maison de thé aurait assez d'ouvrages pour qu'on y ouvre une salle de lecture, à l'instar de toutes les grandes librairies du centre-ville. Certains livres faisaient toutefois l'objet d'un traitement spécifique, ceux que Meng et Cul-de-Bouteille refusaient d'inclure dans le répertoire. Ils les dissimulaient immédiatement dans la réserve, derrière le rideau bleu, et ne les ressortaient que le soir pour les emporter chez eux. Six s'était imaginé que le couple agissait ainsi pour satisfaire son désir insatiable d'agrandir sa collection personnelle. Plus tard, cependant, elle entendit certains clients dire à la sauvette : « Ce livre est toujours interdit… » ou « … Pour celui-là, la censure a été levée… » et elle comprit que tout livre au statut incertain ne pouvait être exposé au grand jour.

Intriguée, elle prit son courage à deux mains et questionna Cul-de-Bouteille à propos des « livres interdits ». Que pouvait-on lire ? Que ne pouvait-on pas lire et pourquoi ? Incapable de répondre avec précision, il se contenta de vagues recommandations : si elle venait à avoir entre les mains des ouvrages touchant à la religion, la liberté d'expression, la justice, l'éducation sexuelle, elle devrait d'abord s'en référer à lui avant de les inclure dans le répertoire. Mais l'étendue des sujets sensibles était si grande qu'il semblait difficile de pouvoir être catégorique. De surcroît, ajouta Guan Buyu, les règlements édictés à ce sujet en ville ne cessaient d'évoluer, si bien qu'en définitive personne n'avait de certitude quant au verdict final concernant un livre controversé. Il avait donc été décidé de ne prêter de livres qu'aux amis et connaissances dignes d'une confiance totale. Aux autres, même les clients réguliers, il était préférable de répondre qu'il n'y avait « pas de nouveau livre » plutôt que de prendre le risque de les mettre en danger. Qu'il puisse être dangereux de lire n'avait pas effleuré Six, mais elle prit les avertissements de Guan Buyu très au sérieux. Pour rien au monde elle n'aurait voulu qu'un *papivore* ait à pâtir de sa négligence.

A vrai dire, Six trouvait certains livres des amis de Guan Buyu très subversifs, notamment ceux qui fustigeaient le Parti communiste, et tous ces plaidoyers en faveur de la démocratie ou du multipartisme. Une

Chine sans Parti communiste pouvait-elle être démocratique ? Comment osait-on proférer de telles insanités ? Mais comme disait sa mère : « Qui n'entend qu'une cloche n'entend qu'un son. » Elle avait bien raison !

Les ouvrages pour lesquels Six éprouvait le plus d'aversion étaient ces écrits licencieux décrivant sans ambages les ébats intimes des hommes et des femmes. Seule au magasin, elle en avait profité un jour pour en feuilleter quelques pages, mais, profondément troublée, elle n'avait pu se remettre au travail. Si les gens de son village lisaient ce genre de livres, pensait-elle, les champs seraient laissés à l'abandon. C'étaient ceux-là qu'il fallait interdire ! Elle aurait bien voulu discuter avec les lecteurs friands de ces pages luxurieuses, mais se sachant considérée comme une simple employée et non comme une intellectuelle, elle y avait renoncé. Elle avait bien perçu que la politesse affectée de ces lettrés envers elle n'était que l'expression déguisée d'une certaine compassion pour son rang, voire de la pitié. Alors que les gens ordinaires qui venaient pour lire des histoires drôles et boire du thé la traitaient d'égal à égal, avec une amicale et sincère cordialité. Pourtant, elle les aimait quand même, ces hommes de lettres gourmés et pleins de morgue !

Mais ses clients préférés étaient les amis de Ruth. Ce n'était pas par curiosité vis-à-vis de ces étrangers, non, mais parce que, en leur compagnie, elle ressentait une profonde fierté d'être chinoise et un fort sentiment d'accomplissement. Son bagage culturel ne pesait pas bien lourd, certes, mais pour ces jeunes passionnés de Chine, il semblait un puits sans fond. Et puis elle apprenait tant de choses surprenantes à leur contact – leurs traditions populaires, leur folklore –, c'était tout un monde qui s'ouvrait à elle.

Par exemple, un jour, elle surprit la conversation d'un professeur japonais qui expliquait à Ruth les usages en matière de cadeaux. Lorsque les Japonais offrent des cadeaux, disait-il, il s'agit la plupart du temps d'objets qui ne sont d'aucune utilité au bénéficiaire, car il n'est pas rare que celui-ci les offre à son tour à quelqu'un d'autre et ainsi de suite. Il faut par ailleurs veiller à tendre les deux mains pour recevoir son cadeau et surtout ne pas l'ouvrir devant le donateur. C'est seulement quand vous le croisez la fois suivante qu'il ne faut pas omettre d'évoquer ledit présent et de l'en remercier. Six s'interrogea : si les coutumes des Japonais en matière de cadeaux étaient si semblables à celles des Chinois, pourquoi y avait-il tant de différences entre leurs deux langues ? Intriguée, elle écouta la suite de leur conversation.

« Chez nous, les Occidentaux, c'est l'inverse, dit Ruth. Quand on reçoit un présent, il faut l'ouvrir sur-le-champ, ne pas manquer de l'admirer ou le cas échéant de le goûter, et remercier chaleureusement dans la foulée celui qui vous l'a offert. Pas question de le mettre de côté et de ne l'ouvrir qu'après le départ des invités, cette réserve toute chinoise serait très mal perçue ! » Ruth demanda ensuite à Six de lui expliquer pourquoi les Chinois n'ouvraient pas leurs cadeaux en public. Celle-ci n'y avait jamais réfléchi, mais elle restitua ce que disait sa mère :

« Seuls les esprits affamés possédés du démon se précipitent pour ouvrir leurs cadeaux et perdent ainsi la face. »

Ruth débarqua un jour à la maison de thé en compagnie d'un couple canadien. L'homme était un ancien camarade d'université de Ruth et il était revenu en Chine avec sa femme pour leur lune de miel. A cette nouvelle, Six, fidèle à la tradition de sa campagne, s'empressa de servir aux jeunes mariés du thé accompagné de cacahuètes et de jujubes confits, geste propitiatoire riche de sens, puisque ces fruits sont symboles de longévité et de fertilité.

« Puissiez-vous avoir très vite un fils ! » souhaita-t-elle aux étrangers qui, sans saisir un mot de son chinois, la remercièrent néanmoins très poliment : « *Thanks !* » Et Meng, qui se trouvait à proximité, de renchérir à son tour en anglais : « *How many children would you like to have ? Do you both like a big family with many kids ?* » A ces mots, les deux tourtereaux rougirent immédiatement d'embarras et Ruth piqua un fard. Après leur départ, Meng demanda à Shu Tian pourquoi ses mots avaient suscité un tel malaise.

« Enfin, voyons, ça ne se fait pas ! On ne pose jamais ce genre de questions aux jeunes mariés en Occident ! » Ebahie par cette nouvelle, Six tira la langue en signe de surprise : qui pouvait s'offusquer qu'on lui souhaitât l'arrivée d'un fils ?

Mais Six n'était pas au bout de ses surprises, même une pie pouvait être source de grands malentendus. La pie était son oiseau préféré. Et pour cause : « Une pie qui jacasse annonce la venue d'un hôte de marque », disait sa mère ; quand ses grandes sœurs s'étaient mariées, leur mari leur avait offert à chacune une jolie paire d'oreillers brodés de pies, symboles d'amour conjugal ; et quand Six avait quitté le village, ses meilleures amies lui avaient offert une paire de semelles intérieures, l'une brodée d'une pie, l'autre d'une oie sauvage, cadeau censé lui porter chance sur son chemin vers la liberté. Aussi, quelle ne fut pas sa stupéfaction le jour où, comme elle montrait à Ruth et à ses amis étrangers une pie qui clopinait gaiement sur le trottoir devant la maison de thé, ils détournèrent aussitôt leur regard en criant : « Ne regardez pas, une pie ! » L'un d'eux cracha même dans sa serviette en jurant : « Oiseau de malheur ! » Ruth expliqua à Six que, dans beaucoup de pays d'Europe, la pie était un oiseau de mauvais augure quand il était seul et de bon augure quand il était en couple.

Les étudiants qui commençaient leur apprentissage du chinois avaient pris l'habitude de se retrouver dans la maison de thé pour pratiquer un peu la langue entre eux. La question qui revenait le plus souvent était : « Qu'est-ce que tu préfères ? » Certains répondaient : « Me promener. » Pourquoi cette idée de marcher plaisait-elle tant aux Occidentaux ? Six en restait comme deux ronds de flan. Elle qui au village avait dû faire des kilomètres à pied chaque jour pour aller à l'école et en revenir, même quand elle était fatiguée… En ville, elle voyait tous les gens stressés quand ils marchaient – ou couraient à moitié – pour aller travailler. Même pour se rendre au cinéma ou au restaurant, ils couraient encore. Bref, ils couraient tout le temps. Alors, marcher par plaisir… elle n'avait jamais vu ça.

Et la liste était encore longue ! Mais plus Six apprenait à connaître les étrangers et plus elle avait le sentiment que les Chinois étaient de loin les plus intelligents et les plus travailleurs. Prenons l'exemple de la langue : Kang lui avait expliqué que le mot anglais *taboo* venait en réalité du polynésien *tabu*. Ainsi, tandis que les Chinois créaient eux-mêmes leurs nouveaux mots de toutes pièces en s'appuyant sur le sens et la logique, les Anglais, eux, se contentaient d'emprunter les leurs à d'autres langues. N'était-ce pas là un flagrant délit de paresse ?

L'ignorance des étrangers la plongeait souvent dans une profonde consternation. Dans ses livres d'école, elle avait beaucoup appris sur l'histoire de leurs pays. Elle connaissait le sombre passé colonial et esclavagiste de l'Angleterre, la sanglante guerre civile des Etats-Unis, les guerres maritimes hégémoniques de la Hollande, de l'Espagne et du Portugal ; elle avait étudié les bas-reliefs français, les ruines de l'ancienne Rome, les mythes de la Grèce antique mais aussi les déserts de l'Afrique et les plantations d'Amérique. Elle s'attendait sans doute à ce que les *longs-nez* connaissent les briques Qin et les tuiles Han, les poésies Tang et Song, le théâtre des Yuan et les romans classiques des dynasties Ming et Qing… Mais ils ignoraient jusqu'aux quatre grandes inventions chinoises : le papier, l'imprimerie, la boussole et la poudre à canon ; pas un seul d'entre eux n'avait entendu parler du *Livre des odes* ou du *Rêve dans le pavillon rouge*. Elle s'effondra en s'écriant :

« C'est impossible, impossible ! Tous nos lycéens connaissent vos Shakespeare, Dickens, Victor Hugo et j'en passe… Et vous, vous ignorez nos Cao Xueqin et Tang Xianzu ! Quand je pense à la surface de la Chine, à son milliard d'hommes et à ses cinq mille ans d'histoire, dites-moi comment vous pouvez ignorer tout cela ? »

Aucun des amis de Ruth ne sut répondre à cette question. Mais ce qu'ils savaient de la Chine, ni Six ni tous ces étudiants chinois qui venaient pratiquer leur anglais avec eux ne le savaient. Tous ces mouvements politiques en Chine, combien de pauvres gens avaient-ils tués ? Et quand ? Six répondait que tout cela n'était pas écrit dans ses livres et que sa famille ne lui en avait jamais parlé. Les *longs-nez* prétendaient aussi que le président Mao avait affamé et causé la mort de millions de Chinois, alors pourquoi les vieux de son village racontaient-ils, au contraire, que sans lui leurs grands-parents seraient morts de faim ? Six ne savait plus que penser. Pourtant, ce que disaient Ruth et ses amis ne semblait pas dénué de fondement : pourquoi y avait-il tant de richesse en ville et tant de pauvreté à la campagne ? Et puis toutes ces autres histoires qui racontaient comment les Chinois avaient aidé les Nord-Américains à construire des voies ferrées, comment certaines plantes présentes en Europe avaient été importées de Chine, que le taux de suicide des femmes en Chine était au troisième rang mondial, que plus d'une vingtaine de pays dans le monde avaient déjà adopté des centaines de milliers de petites orphelines chinoises, et enfin que les étudiants chinois étaient les plus riches étudiants étrangers en Occident, mais aussi les plus inaptes à poser des questions en classe…

Ces étrangers connaissaient une Chine si dissemblable de la sienne ! Etait-ce le résultat de cette fameuse propagande dont parlait Kang au sujet des médias occidentaux qui colportaient tant de propos diffamatoires sur la Chine ?

Elle décida d'interroger Cul-de-Bouteille et sa femme. Ils échangèrent d'abord un regard, puis Cul-de-Bouteille répondit :

« A ton avis, Six, pourquoi nos deux oreilles se trouvent-elles de chaque côté de notre tête ? C'est pour nous permettre d'entendre ce qui vient à la fois de droite et de gauche, car ce ne sont pas forcément les mêmes sons. De même, certaines choses existent et ça ne veut pas dire pour autant que tu les vois, ou que tu les vois telles qu'elles sont vraiment. Ce que les villageois t'ont raconté sur la ville avant ton départ ne ressemble sans doute pas à ce que tu y as découvert par toi-même, n'est-ce pas ? Et les citadins dont te parlait Deuxième Oncle ne sont sans doute pas non plus ceux que te décrivait Trois. Notre Chine est si vaste : entre Nord et Sud, Est et Ouest, ville et campagne, les disparités sont si grandes ! Chacun a sa propre vision des choses, sa propre version des faits. Certaines assertions sont vraies, d'autres fausses, mais au bout du compte personne ici-bas ne peut prétendre détenir l'ultime vérité. Il est important de se faire sa propre opinion des choses sans s'en remettre aux convictions des autres. Mais il ne faut pas douter de tout en permanence. Tu comprends ? »

Meng la regarda gentiment et ajouta :

« C'est bien que tu te fasses des amis étrangers, mais tu ne devrais pas aborder avec eux des sujets que tu ne maîtrises pas, surtout s'il s'agit de politique.

Dans cette maison de thé, tu ne rencontreras que des gens bien, mais si tu ne cours pas le risque d'être agressée ou volée, en revanche certains pourraient t'accuser à tort de tenir des propos réactionnaires. Ceux qui ont un cerveau et qui s'en servent ne croiront jamais qu'une jeune fille comme toi puisse être réactionnaire, mais il y a encore une très grande majorité de Chinois qui n'ont pas ou peu d'éducation. Ceux-là n'auront aucun scrupule à déformer tes propos pour monter en grade, sans se soucier du bien-fondé de leurs accusations, encore moins de leurs répercussions. Tu es venue en ville pour voir le monde, alors observe bien autour de toi et prends le temps de te faire ta propre opinion. Tu es encore jeune et tu manques d'expérience. Continue à étudier, c'est en lisant que tu t'ouvriras l'esprit. Regarde-moi, à mon âge, j'ai encore une foule de questions auxquelles je n'ai pas pu répondre !

— Vraiment ? Il y a encore des choses que vous ne comprenez pas ? »

Six était incrédule.

« Oui, comme tout le monde. Plus on lit, plus on devient curieux et plus on se pose de questions. »

Meng caressa tendrement les cheveux de Six et ajouta :

« Suis-moi, je vais te montrer quelque chose, j'ignore qui a écrit cette histoire dans le livre hier soir, mais elle est très intéressante. Quand tu l'auras lue, tu comprendras pourquoi les gens respirent toujours au milieu de leurs questions. »

« Respirent... au milieu de leurs questions ? » Drôle de façon de parler, pensa Six, béante d'admiration devant Meng et Cul-de-Bouteille.

« Alors, tu viens ? Il n'y a pas de clients, profitons-en ! »

Meng ouvrit le livre et fit lire à Six l'histoire suivante :

LA DISCRIMINATION SEXUELLE DES PATRONS

Quand un patron voit une photo de famille sur le bureau d'un de ses employés, il se dit : « Mmm... voici un homme responsable et très dévoué à sa famille. » Quand un patron voit une photo de famille sur le bureau d'une de ses employées, il se dit : « Mmm... son travail n'est pas sa priorité dans la vie, inutile d'espérer la voir s'investir pour la société. »

Quand un patron voit que le bureau d'un de ses employés est en désordre, il se dit : « Comme il est travailleur et consciencieux ! Regardez ça. Il n'a même pas le temps de ranger son bureau. » Quand un patron voit que le bureau d'une de ses employées est en désordre, il se dit : « Regardez-moi ce bazar. Je ne donne pas cher de ses qualités organisationnelles. »

Quand un patron voit un de ses employés parler à ses collègues, il se dit : « Il doit discuter des derniers projets en cours. Excellent ! » Quand un patron voit une de ses employées parler à ses collègues, il se dit : « Pff ! Encore en train de médire et cancaner. Les femmes sont de vraies langues de vipère, c'est la nature qui veut ça. »

Quand un patron voit un de ses employés faire des heures supplémentaires, il se dit : « Les employés aussi bûcheurs sont devenus rares de nos jours. C'est une perle ! » Quand un patron voit une de ses employées faire des heures supplémentaires, il se dit : « Décidément, les femmes ne sont pas douées. Elles passent un temps fou sur des bricoles. »

Quand un patron voit un de ses employés promu par son directeur, il se dit : « Il doit avoir du potentiel. » Quand un patron voit une de ses employées promue par son directeur, il se dit : « Il y a sûrement quelque chose entre eux… »

Quand un patron remarque l'absence d'un de ses employés, il se dit : « Il a dû partir voir un client. » Quand un patron remarque l'absence d'une de ses employées, il se dit : « Elle a dû partir faire des courses. »

Quand un patron voit un de ses employés subir une injustice, il se dit : « Il va certainement se mettre en colère et protester pour faire valoir son bon droit. » Quand un patron voit une de ses employées subir une injustice, il se dit : « Elle va certainement se mettre à pleurer et ne tardera pas à démissionner. »

Quand un patron voit un de ses employés pendu au téléphone, il se dit : « En voilà un qui ne chôme pas pour trouver de nouveaux clients. C'est bien ! » Quand un patron voit une de ses employées pendue au téléphone, il se dit : « Encore en train de papoter avec son petit ami… à moins qu'elle ne soit en train de flirter avec un autre… »

Quand un patron voit un de ses employés partir de bonne heure, il se dit : « Il doit avoir un dîner avec un client, vraiment il n'arrête pas, il faut que je lui rappelle de ne pas négliger sa famille. » Quand un patron voit une de ses employées partir de bonne heure, il se dit : « Elle doit aller chercher son gamin, avec les femmes, les enfants et le mari passent toujours en premier. »

Quand un patron découvre qu'un de ses employés le quitte parce qu'il a trouvé mieux ailleurs, il se dit : « Voilà un homme qui sait ne pas laisser passer une bonne opportunité quand elle se présente, c'était un bon élément, dommage qu'il nous quitte ! » Quand un patron découvre qu'une de ses employées le quitte parce qu'elle a trouvé mieux ailleurs, il se dit : « On ne peut jamais compter sur les femmes ! »

Maintenant, à votre avis, ce patron est-il un homme ou une femme ?

Comment la même situation peut-elle donner lieu à des interprétations aussi différentes ?

Est-ce la faute de l'éducation familiale ?

J'attends votre réponse.

Juste en dessous, Six remarqua que quelques personnes avaient griffonné des réponses à la hâte :

En effet, je pense que c'est la famille qui éduque les filles de cette façon.

Si les femmes sont inférieures aux hommes, ça n'a rien à voir avec la famille !

Pauvres femmes ? Arrêtez ! Vous savez bien qu'un patron ne l'est que parce que sa femme lui a tout appris !

Tels sont les faits.

En lisant le « Pauvres femmes ? », Six reconnut l'écriture de Meng. Comme elle n'était pas sûre d'être d'accord, elle fut tentée d'ajouter : « Tout est la faute des hommes ! », mais en raison d'une phrase qu'un client venait tout juste de lui apprendre : « L'impatience est mère de tous les maux », elle s'abstint finalement de tout commentaire.

9

Les bourgeons d'un cœur de pierre

A compter de cet été-là, les trois sœurs se retrouvèrent de moins en moins. Cinq et Six connaissaient mieux la ville et Trois estimait qu'elles n'avaient donc plus besoin d'un guide. Mais sans elle, les deux sœurs n'arrivaient jamais à tomber d'accord sur ce qu'elles voulaient faire.

Cinq insistait toujours pour aller voir les « silhouettes » dans les vitrines et il y en avait pour plus d'une heure à chaque fois. Quand Six cherchait à comprendre ce qui fascinait Cinq à ce point, celle-ci se bornait à répondre qu'il n'y avait pas de raison particulière, mais elle restait plantée là. Six, de son côté, préférait de loin rejoindre ses amis étudiants à l'université pour pratiquer son anglais, mais elle avait scrupule à délaisser sa sœur. Bien consciente que Six préférait vaquer à ses occupations, Cinq s'efforçait de réduire son temps de contemplation devant les vitrines, pour écourter d'autant les jérémiades et commentaires intempestifs de sa sœur. Mais Cinq se sentait très mal à l'aise avec les amis de Six : aucun d'entre eux, même les Chinois, ne voulait croire qu'elle ne savait pas lire et quand elle essayait de leur parler de sa campagne, ils ne comprenaient rien. Il faut dire qu'elle s'exprimait dans son dialecte de l'Anhui et Six, qui n'avait jamais vraiment travaillé aux champs, était bien en peine de leur traduire son jargon agricole. L'exaspération de Cinq atteignait le comble quand il lui fallait écouter tous ces étrangers qui babillaient avec Six dans leur langue. Il ne lui restait plus alors qu'à s'isoler dans son coin et à les observer en silence. Elles s'amusaient bien mieux quand Trois était là. Ensemble, elles faisaient les grands magasins ou se promenaient dans des centres commerciaux plein de restaurants. Six pouvait y retrouver ses amis tandis que Trois emmenait Cinq faire un tour à côté, chacune y trouvait son compte. Mais les fois suivantes, Trois resta introuvable, et quand elles interrogeaient le personnel de *L'Imbécile heureux*, on leur répondait qu'elle était partie retrouver un ami.

« Mais pourquoi ne nous a-t-elle rien dit, si elle avait rendez-vous ? Elle aurait pu nous emmener avec elle… » Les deux sœurs la trouvaient bien ingrate. Mais c'était sans connaître le profond bouleversement qui chavirait sa vie : Trois s'éveillait à la passion et son cœur de pierre connaissait enfin… l'amour !

Les Chinois racontent que lorsque la chance réunit deux êtres attirés l'un vers l'autre mais que le temps joue contre eux, leur amour ne pourra s'épanouir : c'est de l'amour charnel, il ne dure pas. L'amour qui donne aux êtres le temps de se connaître ne s'épanouira pas plus, s'ils n'ont pas la chance d'être attirés l'un vers l'autre : c'est de l'amour fraternel ou de l'amitié. Le grand amour n'existe que si la chance et le temps se conjuguent en harmonie pour permettre à deux êtres de former un couple.

Dans quel cas de figure Trois se trouvait-elle ? A vrai dire, elle n'y avait jamais pensé et n'y entendait pas grand-chose. Tout ce qu'elle savait, elle, c'est qu'à un moment donné de sa vie, l'homme partait se chercher une femme pour la « ramener » chez lui, ou qu'on lui en « apportait » une en échange d'une de ses sœurs qui serait « emportée » à son tour pour être mariée dans la famille de sa nouvelle épouse. La chance et le temps n'avaient rien à voir dans tout cela, il n'était pas question d'amour mais juste d'être « emportée ». Elle ignorait où et quand cela pouvait arriver, mais une chose était sûre : cela ne lui arriverait pas. N'était-ce pas ce qui s'était passé pour sa mère ? Son père l'avait « ramenée » chez lui un jour, et voyez ce qu'elle était devenue : une machine à faire les enfants, coudre les vêtements, faire la cuisine, tenir la maison, élever les cochons, nourrir les chiens, subir les injustices et la souffrance… S'il fallait se résigner à cela pour vivre avec un homme, elle serait ravie de s'en passer !

Elle savait qu'il ne serait pas facile d'y échapper. Depuis son enfance, Trois avait observé ce qui se passait au village et prêté l'oreille à tous les racontars. A savoir que l'homme pouvait être en rut comme une bête ! Mais pourquoi les femmes devaient-elles payer, tout le reste de leur vie, une petite envie matinale un beau jour de printemps ? Très tôt Trois s'était rendue à l'évidence : les hommes étaient bien plus stupides que les animaux. Alors qu'une truie pouvait donner naissance à dix petits cochonnets et les allaiter tous en même temps, les hommes ne pouvaient faire qu'un bébé à la fois, deux tout au plus, et il fallait les nourrir chacun leur tour. En outre, quelques jours suffisaient aux bébés animaux pour ouvrir les yeux et tenir sur leurs pattes, alors que nos bébés à nous mettaient plus d'un an pour faire leurs premiers pas. Même les poules étaient libres comme l'air dans leurs basses-cours et ne se laissaient pas voler dans les plumes par les coqs... Trois ne manquait pas d'exemples pour illustrer ses convictions.

Soi-disant, l'homme dépassait l'animal par ses aptitudes. Quelles aptitudes et pour quoi faire, si elles n'empêchaient pas de souffrir ? Aux yeux de Trois, sa maman était la plus capable du village et cela ne lui avait été d'aucun réconfort : faute d'avoir pu faire un fils, elle valait encore moins que du bétail. Heureusement, son mari, Li Zhongguo, était foncièrement bon. Contrairement aux autres, il ne l'avait ni battue ni injuriée de n'avoir pu enfanter une « poutre » pour le foyer. Il n'avait étouffé ou noyé aucune de ses filles, son cœur de mère en aurait été brisé. Au fil des années, Trois avait grandi la peur au ventre, son cœur s'était endurci. L'homme était la source de tous les maux et de toutes les misères des femmes.

Mais voilà ! Trois ne pouvait pas garder pour toujours un cœur de pierre. Tout comme les fleurs ne s'ouvrent qu'au printemps, l'amour ne germe dans le cœur des jeunes filles que lorsqu'il y est prêt. Et quand le cœur de Trois se mit à bourgeonner, elle eut beau faire, il lui fallut se résigner à laisser la nature faire son œuvre.

L'amour naquit d'une bagarre. Un jour, alors que le coup de feu de midi allait commencer, trois hommes firent irruption dans le restaurant et commandèrent un grand bol de nouilles à la gelée de soja, une portion de légumes verts sautés et trois verres de bière. Les plats venaient à peine d'être servis que l'un d'eux balança son verre par terre en vociférant :

« C'est parce que vous vous appelez *L'Imbécile heureux* que vous prenez tous vos clients pour des imbéciles ? Tout le monde vante la fraîcheur de vos légumes… sans doute parce que vous ne vous donnez même pas la peine de les laver : direct dans le wok avec la terre, les bestioles et le reste ! Non mais, venez tous voir ça, mon plat vient d'arriver et là, il y a un ver qui grimpe sur les feuilles ! Il a beau être de la même couleur que les légumes, il ne serait certainement pas là si vous les aviez lavés convenablement. Regardez-moi ça ! Il bouge encore ! »

Sur ce, le plus grand des trois se leva et promena l'infamante assiette de table en table, prenant à témoin tous les clients. Aussitôt, tout le restaurant fut en ébullition et chacun se mit à fouiller fiévreusement son plat de ses baguettes, à la recherche d'un autre vice de forme. Trois était terrifiée. Depuis deux ans et demi qu'elle travaillait au restaurant, elle ne s'était jamais trouvée dans pareille situation. De plus, Wang Tong venait de s'absenter pour refaire le plein de légumes au marché, le cuisinier était occupé en cuisine, elle se retrouvait seule en salle.

« Mes très chers frères… » balbutia-t-elle en se précipitant vers les trois hommes.

Mais ils l'interrompirent tout net.

« C'est nous que tu appelles comme ça ?

— Chers oncles… reprit Trois aussitôt.

— Tu nous crois donc si vieux que ça ? On n'est même pas mariés… »

La pauvre Trois était mortifiée. Comment devait-elle s'adresser à eux ? En désespoir de cause, elle essaya *xiansheng*, oubliant l'espace d'un instant que si on utilisait ce terme pour dire « monsieur » à la campagne, en ville il signifiait « mari ».

Les trois hommes éclatèrent d'un rire salace.

« Tu ne crois quand même pas qu'on va se marier avec une fille qui met des vers dans la bouffe ? Aurais-tu une autre idée derrière la tête ? On dit partout que tu as remis au goût du jour la tradition des légumes frais à Nankin… mais peut-être que, grâce à toi, la vieille ruelle du Fard à Joues va aussi renouer avec son glorieux passé ! Qu'en dis-tu ? Laquelle de nos bonnes vieilles traditions penses-tu pouvoir ranimer le mieux ? Le culinaire ou le cul-tout-court ? »

Et les trois goujats de rire de plus belle en continuant de faire le tour des tables pour exhiber le tortillant animal.

Effrayés par l'esclandre, les clients attablés se levèrent pour quitter les lieux, ceux qui faisaient la queue à la porte se hâtèrent de rompre le rang. Pendant ce temps-là, attirés par le charivari, une foule de badauds s'étaient attroupés au-dehors et lorgnaient par les fenêtres.

Affolée, Trois fondit en larmes et faillit tomber à genoux pour supplier les rustres de cesser leur tapage.

« Messieurs, je vous en prie, soyez indulgents pour cette fois, je vais vous rendre votre argent.

— Et tu crois que ça va suffire ? Va chercher le patron ! Un patron qui a la conscience tranquille ne se cache pas quand il y a du grabuge. C'est bien connu : qui se sent galeux se gratte ! Et toi, gamine, sais-tu ce que veut dire "compensation" ? Si un Américain trouve une bestiole dans son assiette, il réclame plusieurs milliers de dollars de compensation pour préjudice moral ! Ça fait donc plusieurs dizaines de milliers de yuans. Tu crois toujours que tu peux nous rembourser ? »

Les badauds s'agglutinaient, certains se frayaient un chemin à l'intérieur pour être aux premières loges ou profiter de l'occasion pour voler des couverts. Trois tremblait de la tête aux pieds, son cœur cognait dans sa poitrine, ses mains et ses pieds s'engourdissaient. Les curieux qui s'agitaient devant elle, de plus en plus nombreux, hurlaient comme de beaux diables. Elle repensa aux histoires que lui racontait sa mère sur ces gens dont les âmes étaient dérobées par des fantômes. Etait-ce ce qui était en train de se produire ? Elle sentait son corps sur le point de se dérober sous elle quand soudain un homme s'avança sur le devant de la scène en criant : « Ça suffit ! Vous êtes allés trop loin ! »

Trois reprit ses esprits et l'assemblée tout entière se figea de stupeur. Le jeune homme était grand et fort, vêtu d'un uniforme blanc estampillé du nom *Hôtel Jiangnan* sur la poitrine.

« Tout ce ramdam pour des légumes mal lavés ? Oh, mais que voit-on là ? Un ver tout gaillard qui a laissé des traces de terre sur son passage ! Et vous, vous avez déjà vu un ver vivant et plein de terre après avoir été frit dans l'huile et sauté avec des légumes ? » Et du bout de ses baguettes, il sortit le coupable du plat de légumes et l'exposa à la vue de tous les badauds.

Il s'avança ensuite au-devant des trois trublions et, d'une voix posée, s'adressa à eux :

« Je suis cuisinier et c'est bien la première fois que je vois un ver aussi fringant après avoir été plongé dans un bain d'huile bouillante. Alors réfléchissez bien, les amis ! Les patrons ne sont pas là, mais je suis sûr qu'à leur retour ils iront tout droit trouver leurs copains dans la police pour régler ça. Oui, j'ai bien dit "leurs copains". De nos jours, il ne suffit pas de travailler dur pour ouvrir un commerce. Il faut du renfort et de sérieux amis bien placés. Quand les flics seront là, vous les gars, vous serez coincés ici et quand ils fouilleront vos poches, ils trouveront la terre que votre ver y a laissée et vous serez cuits ! Je suis sûr que le destin veut que nous soyons amis et un ami n'aime pas voir les siens dans la détresse. Alors si j'étais vous, j'en resterais là, car souvenez-vous : "Des trente-six stratagèmes, la fuite est la suprême politique"... »

A ce moment-là, la voix criarde de Wang Tong s'éleva au-dessus de la foule :

« Laissez-moi entrer ! C'est mon restaurant, qu'est-ce qui s'est passé ? Et qu'est-ce que c'est que tout ce monde ? Ecartez-vous enfin, laissez-moi entrer ! Comment ça, pourquoi je pousse ? C'est mon restaurant ici ! Qu'est-ce que vous faites tous là ? Je vais appeler la police ! Et puis d'abord, qu'est-ce que c'est que cette histoire de bestiole dans les légumes ? Même si vous y aviez trouvé un fantôme, vous ne m'empêcheriez pas de rentrer dans mon restaurant. Allez, ouste, dégagez maintenant, du vent !... Trois, Trois ! »

Dès que Trois entendit la voix salvatrice de Wang Tong, elle s'effondra en larmes, soulagée de voir sonner l'heure de sa délivrance et la fin de son calvaire. « Wang Tong ! » cria-t-elle, sans pouvoir articuler un mot de plus tant elle était secouée.

Tandis que le jeune homme de l'hôtel dispersait la foule des curieux, Wang Tong s'empara de son téléphone portable pour appeler la police. Paniqués, nos trois agitateurs forcèrent le passage pour s'éclipser. Et lorsque Wang Tong eut fini d'interroger le jeune homme sur tous les détails de cette affaire, les trois importuns avaient disparu.

« Jeune homme, je vous remercie de votre intervention mais pourquoi les avez-vous laissés filer, nous aurions pu les livrer à la police !

— Madame, répondit-il, tout en continuant de remettre en place les tables qui avaient été bousculées dans la mêlée, je comprends votre colère. Vous avez raison, la police devrait être informée de tels agissements, mais vous savez comme moi que les flics n'auraient pas fait grand-chose : quand c'est grave, ils s'enfuient et quand ça ne l'est pas, ils s'en foutent ! Vous n'allez pas mettre en branle toutes vos relations pour de telles broutilles ? A coup sûr, quelqu'un de mal intentionné aura engagé ces malfrats pour vous faire du tort… Tout change très vite par ici, on fait rapidement des envieux. Moi, je viens de la campagne. Avant d'arriver à Nankin, je pensais que les citadins étaient très différents des gens de chez nous, mais les années que j'ai passées ici me font dire aujourd'hui que les Chinois sont les mêmes partout.

« Ici ou ailleurs, qui se réjouit du bonheur de ses voisins ? Et si vous avez des soucis, tout le monde compatit par-devant pour s'en réjouir par-derrière. D'ailleurs, ne dit-on pas : “Les bonnes nouvelles ne franchissent pas la porte alors que les mauvaises se répandent comme une traînée de poudre" ? En y réfléchissant, cet incident n'est pas une si mauvaise chose : il montre que certains sont jaloux de votre succès, et ça c'est très bon signe ! Quant à ceux qui auraient eu un doute, maintenant ils savent qu'il n'y a pas de pesticide dans vos légumes. Comment ? Vous n'êtes pas au courant ? Aujourd'hui, les riches demandent à leurs employés d'acheter des légumes avec des trous d'insectes dans les feuilles…

« En tout cas, j'ai trouvé cette fille formidable. N'importe qui d'autre se serait réfugié dans la cuisine en les laissant tout fracasser. Si elle ne s'en était pas si bien tirée, je pense qu'ils auraient complètement saccagé votre restaurant. Elle est très courageuse ! »

Trois n'en revenait pas. Courageuse, elle ? Elle avait été si secouée qu'elle en était restée pétrifiée.

« Merci beaucoup, répondit-elle, un peu gênée. Mais, maintenant, je vous en prie, laissez-nous faire, nous allons nous occuper du reste.

— C'est vrai, ça ira maintenant, on va se débrouiller, merci encore, renchérit le cuisinier qui venait de refaire surface. J'étais aux toilettes quand ces abrutis ont commencé à faire du raffut, mais maintenant je suis là. »

Wang Tong et Trois s'abstinrent de tout commentaire. Elles le savaient pétochard et se doutaient qu'il avait dû se cacher pendant la bagarre. Mais elles n'en laissèrent rien paraître car pour un Chinois, il est de notoriété publique que perdre la face est bien pire que de se faire taper dessus.

C'est alors que Wang Tong se soucia de l'identité du jeune homme : « Pardonnez-moi, j'étais si en colère que j'ai oublié de vous demander votre nom.

— Je vous en prie, ne vous excusez pas. Mon nom est Ma, mais tout le monde m'appelle Grand Ma. Je viens de l'Anhui. »

Oubliant ce qui venait de se passer, Trois s'égaya tout à coup :

« Ça alors, moi aussi ! D'où exactement dans l'Anhui ?

— De Quanjiao, et toi ?

— De Daying dans la préfecture de Chuzhou.

— On dit en général que deux compatriotes se saluent les yeux noyés de larmes quand ils se rencontrent, et regarde-nous ! Tout à l'heure, nous étions si furieux que nos yeux lançaient des éclairs ! »

Le rire de Grand Ma résonnait si fort que Trois ne put étouffer un gloussement un peu gêné.

Wang Tong s'affairait autour d'eux pour remettre toutes les chaises en place.

« Puisque vous venez de la même province que Trois, alors vous faites un peu partie de la famille ! Je vais retourner le panonceau pour indiquer que nous sommes fermés à midi et le chef va vous mitonner de bons petits plats. Nous rouvrirons cet après-midi. En attendant, asseyons-nous et buvons quelques verres. Il faut nous remettre de nos émotions pour que la chance tourne à nouveau en notre faveur. Ne dit-on pas : "Si vous n'êtes pas serein, le dieu de la Richesse passera son chemin" ? Levons nos verres à la santé de notre nouvel ami Grand Ma et de notre précieuse Trois ! »

Grand Ma passa un petit coup de fil à son hôtel et s'arrangea pour rentrer un peu plus tard. Il avoua alors ne pas être cuisinier mais chauffeur. Lors de ses jours de repos, il donnait un coup de main à un collègue pour qui il récupérait du linge nettoyé à sec. Il était entendu qu'il serait de retour vers trois heures et demie. Les trois convives déjeunèrent joyeusement et il était deux heures passées quand le repas prit fin.

« Raccompagne ce jeune homme et va faire un tour pour te changer les idées. Le service ne reprendra que vers cinq heures. »

Trois remercia Wang Tong de sa sollicitude. Elle débordait de joie à l'idée de partir avec son sauveur, il l'avait éblouie.

Trois marchait timidement aux côtés de Grand Ma. Depuis qu'elle était toute petite, c'était la première fois qu'elle traversait une marée humaine en compagnie d'un jeune homme. Elle était fière de le connaître, mais elle craignait qu'on la surprenne et qu'on salisse sa réputation. Bien sûr, elle était loin de chez elle, mais elle connaissait beaucoup de monde en ville. Au fond, était-ce vraiment de la crainte ? Pas vraiment… même pas du tout pour être honnête. En fait, elle mourait d'envie de croiser quelqu'un qui la reconnaîtrait et lui demanderait qui l'accompagnait, comment ils s'étaient rencontrés… Que répondrait-elle à ces questions ? Si seulement elle savait…

Comme s'il avait pu lire dans ses pensées, Grand Ma entama la conversation.

« Je travaille comme livreur à l'hôtel. Comme c'est mon jour de repos, j'avais décidé d'aller déjeuner au Kentucky Fried Chicken, à côté de chez vous, pour fêter mon anniversaire.

— C'est ton anniversaire aujourd'hui ?

— Oui, et maintenant tu es ma seule amie à le savoir, hormis le directeur du personnel de l'hôtel. Lui, il le sait, c'est écrit sur le formulaire d'embauche qu'il m'a fait remplir.

— Tu me considères vraiment comme une amie ?

— Bien sûr ! Tous ceux qui viennent de l'Anhui sont mes amis.

— Mais comment as-tu atterri dans notre restaurant ?

— En fait, ce n'était pas prévu. Avant d'arriver au Kentucky Fried Chicken, j'ai remarqué un attroupement devant chez vous et des gens qui braillaient : "Y en a qui font les imbéciles à *L'Imbécile heureux* !" Comme le nom du restaurant m'était familier, je me suis frayé un passage dans la foule pour voir ce qui se passait. Certains clients racontaient en sortant que trois hommes y étaient entrés pour flanquer la pagaille. Mon premier réflexe a été de passer mon chemin car je pense que les campagnards n'ont pas à se mêler des affaires des citadins. Mais au moment où j'allais filer, j'ai entendu un vieil homme parler d'une jeune fille de l'Anhui aux prises avec des sagouins. Alors je ne pouvais plus reculer, il fallait que je lui vienne en aide ! Je me suis avancé pour les asticoter un peu en bluffant… J'ai prétendu être cuisinier, moi qui ne sais rien faire d'autre que mettre des nouilles dans l'eau et couper de la viande pour remplir un petit pain à la vapeur. Au restaurant de l'hôtel, je me souviens, il y avait une cliente hollandaise qui demandait toujours à ce qu'on lui serve des légumes avec des trous d'insectes dans les feuilles, comme ça, disait-elle, elle était sûre qu'ils n'avaient pas été traités avec des produits chimiques. Alors, dès que j'ai vu le plat de légumes incriminé, j'ai compris que ces gars-là étaient venus chercher la petite bête. Un ver qui se tortille encore après être passé à la casserole, on n'a jamais vu ça ! Et qui laisse des traces de terre par-dessus le marché ! J'ai tout de suite flairé le coup monté.

— Et moi qui n'ai rien vu... » dit Trois, toute confuse.

Grand Ma rit.

« Ça m'a étonné que tu ne remarques rien. Il faut dire qu'ils t'avaient tellement malmenée, tu semblais affolée.

— Qu'est-ce qui t'a poussé à venir travailler en ville ? »

Trois voulait tout savoir sur son nouveau compagnon.

« Comment j'ai atterri ici ? En fait, quand j'étais petit, j'adorais conduire le tracteur de mes parents, alors je les ai persuadés de m'aider à trouver un travail dans le bourg voisin comme livreur. Aux commandes de mon tricycle à moteur, j'adorais dévaler les rues et les ruelles et regarder vivre la ville : un jour, ici, il y avait un mariage ; ailleurs, le lendemain, s'ouvrait un supermarché. Tous les jours, de nouveaux bâtiments sortaient de terre, les routes s'élargissaient... Tu n'imagines pas combien cette ville a changé en deux ans et demi. Plus tard, un de mes amis m'a aidé à passer mon permis de conduire.

— Ton permis de quoi ? »

Trois n'avait aucune idée de ce dont il parlait.

« Mon permis de conduire. C'est un petit livret qui prouve que tu as réussi un examen de conduite. Tout le monde doit passer un test pour l'avoir.

— Et pourquoi te fallait-il un ami pour ça ? Tu ne pouvais pas te débrouiller tout seul ?

— Tu sais, nous les paysans, on ne va pas très loin sans quelques amis bien placés. Les fonctionnaires qui font passer ces examens ont les poches profondes : si tu n'as pas de relations, autant jeter l'argent par les fenêtres ! Cet examen comprend deux tests : le code et la conduite. Le code est un test écrit, mais les questions sont tellement difficiles qu'il est impossible de réussir sans quelqu'un qui te file les réponses. L'avantage, c'est que l'examinateur ne dit rien quand tu te contentes de les recopier. Pour la conduite, c'est autre chose. Les agents de la circulation t'ont à l'œil et tout doit se faire dans les règles, sinon tu n'as pas ton permis et si tu conduis sans, tu risques la prison.

« Mon permis en poche, j'ai trouvé qu'à mon âge il était grand temps de gagner de l'argent, beaucoup d'argent. J'ai entendu dire que dans le Sud c'était possible mais qu'il fallait être recommandé. En attendant que l'occasion se présente, j'ai décidé de faire mes premières armes dans la ville la plus proche. Nankin n'était pas loin, et sachant que c'était une ville très riche, ancienne capitale de plusieurs empereurs, je me suis lancé, et voilà ! Au début, j'ai eu beaucoup de chance. L'agence pour l'emploi près du grand saule m'a très vite trouvé un petit boulot de manœuvre pour une chaîne de magasins. C'était très dur : je devais charger et décharger des camions, chaque caisse pesait cinquante kilos et il fallait que j'en soulève plus de cinq cents par jour. Quand les copains ont su que j'avais mon permis de conduire, ils m'ont aidé à faire les petites annonces dans les journaux pour trouver un boulot de chauffeur.

— Pourquoi chercher dans les journaux ? »

Trois ne connaissait pas les petites annonces. Elle craignait de l'assommer avec ses questions, mais Grand Ma se révéla très patient.

« Pourquoi dans les journaux ? Parce que les annonces qu'on y trouve sont bien plus fiables que dans n'importe quelle agence pour l'emploi. Ce sont des entreprises sérieuses et leurs annonces ne sont pas bidon, si tu vois ce que je veux dire.

— Et on les trouve où, ces journaux ?

— Il faut les acheter, bien sûr ! Le mieux, c'est le *Journal du soir*, il coûte un yuan.

— Un yuan ! s'exclama Trois. Mais c'est le prix de la moitié d'un repas !

— C'est cher, pour toi ? Pas tant que ça si ça te permet de trouver du travail. Regarde, moi, par exemple : c'est dans le journal que j'ai dégoté cet emploi de livreur dans un hôtel cinq étoiles. Mon salaire y est plus de deux fois supérieur à celui que je gagnais en soulevant des caisses et c'est beaucoup moins fatigant. En plus, je conduis, je fais ce que j'aime. Et puis nous avons des horaires fixes et même des congés réglementaires officiels.

— Des "congés réglementaires officiels" ? » Trois était bouche bée devant ce puits de science.

« Ce sont des jours de repos fixés par le gouvernement, et si tu leur rajoutes ceux que l'hôtel m'accorde, ça fait chaque année plus de deux mois de vacances. Ça me permet de rentrer chez moi pour les moissons. Evidemment, je rentre aussi pour le Nouvel An. Mais bon, on ne peut pas tous prendre nos vacances au même moment chaque année, il faut toujours qu'il reste du personnel à l'hôtel, alors on tourne… Et toi ? Quand as-tu des vacances ? Tu rentres chez toi pour le Nouvel An ? Depuis combien de temps travailles-tu ici à Nankin ? »

Grand Ma hésita un instant en passant devant le parking où il était garé mais il ne voulait pas interrompre Trois qui lui racontait son arrivée en ville. Ils firent le tour complet du temple de Confucius sans qu'elle s'en aperçût tant elle était absorbée dans son récit. Quand Grand Ma annonça qu'il devait rentrer, elle réalisa qu'ils parlaient ensemble depuis presque une heure.

« Tu viens souvent pour des livraisons près du temple de Confucius ? demanda-t-elle, regrettant de le voir s'en aller.

— Oui, répondit-il avec un sourire. Il y a un teinturier très connu dans la ruelle des Gardes Rouges. Notre hôtel travaille beaucoup avec lui, alors je viens souvent. Le jour où nous serons tous les deux de repos, je viendrai te chercher, on ira boire un thé et tu me parleras de ton talent pour arranger les légumes. Car ce n'est pas rien, ce que tu fais ! Est-ce que tu sais en faire autant avec les fleurs ? Les citadins adorent les compositions florales ! »

Grand Ma plongea la main dans sa poche pour récupérer ses clés et monta dans une camionnette blanche. En démarrant, il interpella Trois par la fenêtre :

« Dès que j'aurai le temps, je t'emmènerai faire un tour au mémorial de Sun Yat-sen ! Au revoir !

— Au revoir… »

Trois suivit des yeux la camionnette qui s'éloignait tout en agitant son bras en l'air en signe d'adieu. Il fallut un long moment avant qu'elle ne le baisse.

Elle rentra précipitamment au restaurant et demanda à Wang Tong où dénicher des livres sur les compositions florales. Depuis que Grand Ma lui en avait parlé, elle s'était mis en tête d'apprendre tout ce qu'il y avait à savoir sur le sujet. Désormais tout ce qui intéressait Grand Ma l'intéresserait. Son ombre flottait dans son cœur, omniprésente, jour et nuit elle ne pensait qu'à lui.

Wang Tong chercha à savoir ce qui l'absorbait autant. Elle craignait que ce soit l'incident avec les voyous qui l'ait rendue silencieuse.

« Non, ça n'a rien à voir, murmura Trois en nettoyant les verres, l'air dégagé. C'est juste que je me demande… c'est quoi l'amour ? »

Wang Tong esquissa un sourire et poursuivit la discussion le plus naturellement du monde.

« L'amour, c'est être heureuse quand tu vois une personne et malheureuse quand tu ne la vois pas. Pourquoi ? Tu es tombée amoureuse et tu ne m'as rien dit ?

— Mais non… répondit Trois, cramoisie. Ne vous inquiétez pas, quand j'aurai trouvé quelqu'un, vous serez la première personne à le savoir ! »

Durant les deux mois qui suivirent, Grand Ma et Trois se rencontrèrent à plusieurs reprises. A chaque fois, ils parlaient compositions florales comme s'ils n'avaient aucun autre sujet de discussion. Trois inondait toujours Grand Ma d'un torrent de questions et il faisait de son mieux pour y répondre.

« Tu m'as dit qu'il y avait beaucoup de bonsaïs et de bouquets dans ton hôtel, pourquoi, et qui s'en occupe ? Et comment faites-vous, l'hiver ? Les fleurs de serre ressemblent-elles aux autres ? Et les étrangers, pourquoi aiment-ils les fleurs séchées ? Quelle beauté trouvent-ils à ces fleurs à moitié mortes ? Ne voient-ils pas que c'est le matin, quand la rosée perle encore sur leurs pétales, que les fleurs sont les plus belles ? Et s'ils les aiment tant, pourquoi les coupent-ils et les séparent-ils de leurs racines ? Une fleur plantée dans un vase peut-elle rivaliser de beauté avec celle qui pousse dans les champs ? Et si on mélange ensemble des fleurs différentes dans un vase, leurs senteurs ne vont-elles pas se contrarier ? Pourquoi dis-tu que les fleurs sont comme les femmes ?... »

Les questions de Trois ne prenaient fin qu'au moment où ils se séparaient, et Grand Ma avait toujours réponse à tout. Ensemble, ils flânaient dans les jardins botaniques et les parcs pour admirer les fleurs, puis se rendaient dans des librairies à la recherche d'ouvrages sur leur sujet de prédilection. Il y avait bien encore un lieu que Trois rêvait secrètement de découvrir mais où Grand Ma ne l'avait jamais emmenée : son hôtel. Elle brûlait de lui en parler, mais comme il n'abordait jamais ce sujet, elle n'osait pas. Après tout, sa maman le lui avait bien dit : « Les fruits verts sont beaux mais peu savoureux, c'est lorsqu'ils sont mûrs qu'ils sont délicieux. » Elle voulait donc attendre que Grand Ma le lui propose.

Trois aurait tant aimé partager son bonheur avec quelqu'un ! Elle avait pensé se confier à ses sœurs, mais elle redoutait de les voir lui poser mille et une questions indiscrètes auxquelles elle ne pourrait répondre... Elle ne savait pas encore grand-chose de la famille de Grand Ma et elle voulait le sonder davantage. Si ses deux pipelettes de sœurs l'interrogeaient, que dirait-elle ? Elle ignorait encore si elle avait raison de suivre son inclination pour cet homme, mais elle avait acquis la certitude que ce qu'elle ressentait n'avait rien de commun avec les pulsions primaires de ces animaux en rut. Grand Ma n'avait même pas effleuré son petit doigt que déjà elle se sentait toute à lui, corps et âme. Sa mère et son père n'avaient sans doute jamais éprouvé pareille exaltation, sinon comment expliquer que son père traitât sa mère comme un vulgaire caillou ? Comment sa mère aurait-elle pu connaître ce bonheur-là ? Son père s'était contenté de l'« emporter » loin des siens sans jamais s'occuper d'elle. Pauvre maman... pensa Trois tristement. Comme elle aurait aimé rentrer chez elle et lui chuchoter son secret à l'oreille : « Le cœur de pierre de ta fille est en fleur... »

Mais le destin semblait vouloir se jouer d'elle et l'illusion de son bonheur allait bientôt prendre fin...

Un jour, elle avait prévu de retrouver Six à deux heures et demie devant l'entrepôt de vente en gros, à l'est du temple de Confucius. De là, elles devaient passer prendre Cinq au *Palais du dragon d'eau* pour faire des emplettes en vue du Nouvel An. C'était la période des soldes et elles voulaient en profiter pour faire des affaires car, le mois précédant les fêtes, les prix grimpaient en flèche. Les deux sœurs se saluaient en plaisantant quand Trois crut voir Grand

Ma pénétrer dans l'entrepôt par une autre entrée. Son cœur bondit dans sa poitrine : il y avait une jeune fille à ses côtés ! Elle se figea un instant, bouleversée. Impossible, ce ne pouvait pas être lui. Elle saisit Six par la main et l'entraîna à l'intérieur ; elle voulait à tout prix éviter que Cinq se colle aux vitrines pour contempler ses « silhouettes » et les retarde d'autant dans leur course aux bonnes affaires.

L'entrepôt en question était un bâtiment à trois étages, petits en surface, mais regorgeant d'une multitude d'articles en tous genres, de toutes les couleurs, à vous faire tourner la tête. La cohue des chalands avançait en se pressant entre les rayons, et les vociférations des marchandeurs étaient assourdissantes. Les hommes beuglaient, les femmes hurlaient, les gosses braillaient et piaillaient. C'est bien simple : tout le folklore du commerce de Nankin s'était condensé en ce lieu… Six, surexcitée, fila tout droit au rayon vêtements, attirée par les pancartes racoleuses affichant des prix barrés de grosses croix rouges. Elle cherchait ce qui pourrait plaire à sa mère, à son père et à ses sœurs – Quatre ainsi que celle qui était mariée. Absorbée dans ses emplettes, elle ne remarqua pas tout de suite que Trois n'était plus à ses côtés, et quand elle releva la tête, elle avait disparu.

La pauvre fille jouait des coudes pour se frayer un passage dans la foule à la recherche de Grand Ma, son cœur hurlait son nom. Elle cherchait aussi désespérément à voir sa compagne, tout en redoutant la confirmation de ses soupçons. Mais si l'homme qu'elle avait vu était bien lui, à coup sûr celle qui l'accompagnait n'était pas elle…

Elle finit par reconnaître la silhouette haute et massive de Grand Ma. Aucun doute, une jeune fille était à ses côtés et tous deux papotaient gaiement. Il avait même passé un bras autour de ses épaules ! Le sang de Trois se glaça dans ses veines et un frisson la parcourut de la tête aux pieds. Toutes les couleurs du bâtiment plongèrent dans la grisaille, le vacarme cessa et Trois se sentit fondre dans un silence de mort.

Quand Six retrouva sa sœur, elle était méconnaissable. Trois, qui cinq minutes auparavant pétillait de joie, était comme statufiée. Son visage blême et figé n'exprimait plus aucune émotion, l'étincelle de ses yeux s'était éteinte. Et elle ne répondait même plus aux questions de sa sœur.

Six s'empressa d'aider Trois à gagner la sortie et la fit asseoir sur les marches. Puis elle acheta une bouteille d'eau glacée pour lui rafraîchir les mains, le front et l'aider à reprendre ses esprits. Après un moment d'éternité, Trois poussa un long soupir et un filet de larmes roula sur ses joues. Six voulut savoir ce qui s'était passé, mais Trois restait murée dans son silence. Elle murmura juste qu'elle voulait rentrer et se mit en route.

Trois s'éloigna sans même se retourner, Six la suivit des yeux, perplexe et chagrine. Elle regagna l'entrepôt pour rejoindre Cinq, toujours incapable de se débrouiller seule, cherchant tout au long du chemin ce qui avait pu plonger sa sœur dans une telle détresse.

De retour dans sa chambrette, Trois pleura amèrement. Pourquoi ? Que faisait Grand Ma avec une autre ? Qui était-elle ? L'élue de son cœur ? Pourquoi ne lui avait-il jamais dit qu'il avait une petite amie ? Comment pouvait-il ignorer les sentiments qu'elle éprouvait à son égard ? Comment ?

Cette nuit-là, ces questions lancinantes l'empêchèrent de trouver le sommeil. Le lendemain matin, quand elle arriva au restaurant, ce fut un vrai massacre : elle cassait les tiges des légumes, écrasait les melons, si bien que le cuisinier dut sortir en douce pour se ravitailler. On était en automne et en cette saison le marché regorgeait de pêches magnifiques. D'habitude, Trois faisait toujours preuve d'une imagination débordante pour les présenter mais ce jour-là, elle était dénuée de toute inspiration. Wang Tong, inquiète, imagina qu'elle avait dû se fâcher avec ses sœurs lors de leur dernière virée en ville. Elle téléphona à Six pour s'informer, mais cette dernière lui assura qu'elle ignorait tout du tourment de Trois.

Durant les deux mois qui suivirent, d'épais nuages continuèrent d'obscurcir le moral de Trois. Silencieuse, elle se recroquevilla dans sa coquille. Quand Grand Ma venait la chercher au restaurant pour l'emmener en balade, elle se cachait à la cuisine et chargeait le cuisinier de lui dire qu'elle était trop occupée. Elle ne voyait plus ses sœurs non plus et refusait de révéler à qui que ce soit la cause de son chagrin.

Elle ne pouvait accepter de n'être pour l'élu de son cœur rien de plus qu'une amie, qu'une fille de son pays. Et se remettre d'un amour non réciproque est toujours difficile, surtout si c'est le premier. Elle était totalement démunie face à cette épreuve.

Wang Tong finit par se douter qu'il s'agissait d'une peine de cœur et se sentit d'autant plus impuissante.

S'il y avait un domaine où l'on ne pouvait être d'aucun secours, c'était bien celui des sentiments ! Pour cette jeune campagnarde débarquée en ville sans avoir jamais vu de télévision ni de voiture, tout était découverte. Et son cœur, vierge comme une feuille de papier blanc, était naturellement avide de la moindre émotion qu'on ferait naître en lui. Informé par Wang Tong du mal qui rongeait Trois, son mari Guan Buyu consulta son père et son frère.

« Souviens-toi de l'expression : "Qui se marie à un coq, suit son coq ; qui se marie à un chien, suit son chien", dit le Vieux Guan, autrement dit : la femme accepte et partage le sort de son mari, quel qu'il soit. Alors si tu veux vraiment aider cette fille, présente-lui un nouveau prétendant et le temps fera le reste. »

Forts de ce conseil, les deux frères Buyan et Buyu ainsi que quelques-uns de leurs amis bien intentionnés tentèrent à maintes reprises de présenter à Trois d'autres jeunes gens. Ce fut peine perdue. Personne n'arrivait à la cheville de Grand Ma et elle ne souhaitait rencontrer personne d'autre.

A l'approche de la fête du Double Neuf, Wang Tong entrevit enfin l'espoir de sortir de cette impasse. Affligée de voir Trois dépérir jour après jour, elle continuait à chercher le moyen de l'extraire de sa mélancolie. Il fallait trouver quelqu'un à qui elle pourrait confier sa peine. Sachant combien Trois avait à cœur d'aider ses sœurs à se familiariser avec les us et coutumes des citadins, elle usa d'un ton impérieux pour la convaincre de les revoir. « Comment sauront-elles célébrer cette fête si tu ne leur expliques pas ce qu'il faut faire ? Emmène-les acheter quelques rameaux de xanthoxyle et enseigne-leur les rituels consacrés aux personnes âgées », lui dit-elle. La ruse fonctionna et le rendez-vous fut pris.

Cinq et Six, qui n'avaient pas vu leur sœur depuis presque deux mois, furent effarées de la voir si changée. Elle qui avait toujours si bonne mine, elle si vigoureuse et pleine de santé n'était plus qu'une ombre. Son visage exsangue était sombre et morne, ses épaules voûtées ; elle avait tant maigri qu'elle n'avait plus que la peau sur les os.

« Mais qu'est-ce qui t'arrive ? Que s'est-il passé pour que tu maigrisses à ce point ? Le cuisinier de ton restaurant nous a confié que tu étais tombée amoureuse et qu'il ne fallait pas te déranger. Mais je ne peux pas croire que ce soit l'amour qui t'ait mise dans cet état ! » En voyant l'inquiétude et la compassion de ses sœurs à son égard, le cœur de Trois fondit en larmes. Le temps avait fait son œuvre et aujourd'hui elle se sentait capable de s'épancher.

Attablées à la gargote *Qifangge*, près du temple de Confucius, les trois sœurs commandèrent un bol de soupe au sang de canard, un ragoût de tofu au jus de viande et des boulettes de riz à la fleur d'osmanthe. Elles mangeaient, elles parlaient, elles pleuraient… Et il leur fallut plus de trois heures pour venir à bout de leurs petits bols d'amuse-gueule, au grand dam des serveurs qui rageaient de les voir monopoliser une très bonne table, si longtemps, pour seulement quelques piécettes. Mais, témoins des torrents de larmes qu'elles avaient versés, ils eurent scrupule à le leur faire remarquer. A dire vrai, la scène ne les avait pas surpris tant que ça : chaque année à cette époque, les Nankinois venaient pleurer leurs défunts dans leur soupe pour fêter le Double Neuf ! Cette fois encore, on ne dérogeait pas à la tradition.

Pendant les quelques heures qui suivirent leur déjeuner de spécialités, Cinq et Six tentèrent par tous les moyens de consoler leur sœur. Pour la distraire, elles lui posèrent nombre de cocasses devinettes sur la fête du Double Neuf et elles trouvèrent leurs efforts récompensés lorsque se dessina enfin l'esquisse d'un sourire sur le visage émacié de Trois.

10

Leçons d'anglais

A la douloureuse confession de leur sœur, Cinq et Six réagirent de façon très dissemblable.

Cinq, outrée, prit fait et cause pour sa sœur de façon inconditionnelle. Pour elle, Grand Ma n'était qu'un mufle de la pire espèce, semblable à ceux que sa mère leur avait décrits, un opportuniste qui mangeait à tous les râteliers. Mais pourquoi n'a-t-elle pas encore trouvé quelqu'un de bien ? se demandait Cinq. Sa sœur était en ville depuis longtemps et beaucoup l'appréciaient, ils admiraient son habileté et la trouvaient aussi maligne et perspicace qu'une vraie citadine. Et puis Nankin était une grande ville, ce n'étaient pas les hommes qui manquaient. Alors pourquoi était-elle si déterminée à se pendre à cet arbre-là ? Qu'avait donc cet homme de si extraordinaire pour qu'elle ne jurât que par lui ? Son père disait : « Quand un chien reste affamé pendant trois jours, il abandonne son maître pour aller voir ailleurs. » Alors pourquoi s'entêtait-elle ainsi ? N'avait-elle donc jamais ouvert son cœur à un homme avant lui ?

Six voyait les choses tout autrement. Trois restait pour elle une ingénue candide et naïve, et bien que travaillant en ville depuis plus de deux ans et demi, elle ne voyait quasiment personne en dehors du restaurant. Six se souvenait d'une conversation qu'elle avait eue avec sa sœur quand celle-ci était rentrée à la maison. Trois s'était plainte de s'ennuyer à mourir quand elle ne travaillait pas, car elle n'avait pas assez d'argent pour sortir. Elle avait aussi tenté de lui expliquer ce que Wang Tong appelait, en anglais, les « trois C » : la voiture *(car)*, l'ordinateur *(computer)* et la carte de crédit *(credit card)*. Mais à l'évidence, tout cela lui semblait très confus et si elle avait vaguement compris ce que l'on pouvait faire d'une voiture, en revanche le fonctionnement d'un ordinateur ou d'une carte de crédit restait pour elle une énigme.

Prenons l'ordinateur. A son grand regret, Trois n'avait jamais réussi à en voir un, mais on lui avait dit qu'il permettait de communiquer avec des amis lointains sans écrire ni téléphoner. Par quel miracle ? L'histoire ne le disait pas. Pour la voiture, d'après les clients du restaurant, le problème n'était pas d'en acheter une mais de payer ensuite tous les frais d'entretien et d'usage : parking, taxes, amendes... Fallait-il être crétin pour se lancer dans un achat dont s'ensuivaient tant de dépenses ! Sur ce point, Six, qui voyait son patron passer plus de temps à réparer sa vieille guimbarde qu'à la conduire, était tombée d'accord avec sa sœur. Quant à la carte de crédit, le troisième C de la série, elle laissait Trois encore plus perplexe. A l'entendre, en ville, elle voyait souvent les citadins payer leurs courses sans argent mais avec une carte : à l'intérieur de la carte, c'était comme s'il y avait une grosse banque... mais elle ne voyait pas d'où pouvait venir l'argent. Six avait effectivement lu dans ses livres que les banques donnaient une carte à leurs clients pour remplacer le liquide, mais elle n'en avait pas mieux compris le fonctionnement : ses livres disaient que les banques y trouvaient leur intérêt en taxant les clients de frais d'utilisation, mais que cela permettait aussi aux clients d'échapper à leurs créanciers, bref, c'était bien compliqué.

Six en était convaincue, Trois ne deviendrait jamais une vraie citadine : sa mentalité paysanne était bien trop ancrée en elle, elle ne s'en déferait jamais ! Certes, elle ne voulait pas revivre le calvaire de ses parents, mais l'incurable et inculte campagnarde qu'elle restait n'avait d'autre but dans la vie que de trouver un homme, un pilier sur lequel elle pourrait s'appuyer, le soleil qui illuminerait sa vie. Pour lui, elle serait la petite femme modèle qui fait des enfants et le ménage. Elle ne sortirait pas du moule. Voilà pourquoi, croyant lui plaire, Trois avait laissé Grand Ma déflorer son cœur.

Six se sentait si différente de ses sœurs : elle au moins avait de l'ambition ! Ses sœurs qui se contentaient sans mal de leur modeste petit train-train, comment auraient-elles pu comprendre ses aspirations ? Elle ne pouvait en discuter avec Trois et encore moins avec Cinq, assez nigaude pour ne pas voir que tous ces gens du *Palais du dragon d'eau*, qu'elle croyait « beaux et gentils », n'éprouvaient que pitié à son égard. Quant à Trois, elle s'était méprise sur les sentiments de Grand Ma : il avait juste voulu l'aider, il ne l'avait jamais trahie puisqu'il ne l'avait jamais aimée. Sinon, bien sûr, il lui aurait présenté ses amis, il lui aurait parlé de sa famille et de sa vie. Grand

Ma n'avait rien fait de tout cela, il s'était juste montré prévenant, mais pour Trois qui avait le cœur sec, une goutte avait suffi à faire germer de grands espoirs. Comme il était tragique d'être aveugle à ce point !

« Quand un homme arrive en ville, la première chose qu'il apprend, c'est comment dépenser son argent pour séduire les femmes ; quand une femme arrive en ville, la première chose qu'elle apprend, c'est comment faire les yeux doux pour délier les bourses », disait un fameux dicton, à la campagne. Mais ayant observé le comportement des paysans en ville, Six n'était pas convaincue qu'ils aient appris quoi que ce soit : tout comme ces fleurs coupées mises dans un vase, leurs talents n'y faisaient pas long feu, privés de leurs racines. Mais elle ne laisserait pas passer sa chance : cette ville était un tremplin et elle ferait tout pour s'éduquer et gagner l'autre rive. Comme disait toujours sa mère en période difficile : « Il n'y a pas de chemin sous le Ciel qui ne puisse être gravi ; même sur les rochers, on voit les traces des insectes qui les ont grimpés. » Pour elle qui voulait découvrir le monde, découvrir une ville était bien peu de chose et rien ne l'arrêterait. S'il y avait des centaines de villes en Chine, combien y en avait-il dans le monde entier ? Le choc de sa rencontre avec Ruth et ses amis l'avait transformée et elle savait maintenant que tout ce qu'ils racontaient, ce n'était pas dans ses livres qu'elle le trouverait.

Un jour, Six avait entendu un camarade de Kang parler des « trois clés de la modernité » : l'anglais, l'ordinateur et la voiture. A ses yeux, cela ne faisait aucun doute : pour construire le pont qui la mènerait à l'autre rive, c'était d'abord sur l'anglais qu'elle devait miser. Si, en apprenant à pleurer, un crapaud pouvait se transformer en prince, nul doute qu'une langue étrangère changerait aussi son destin. Kang ne disait-il pas que l'anglais était aussi important qu'une souris pour un ordinateur ou qu'un volant pour une voiture ? Malheureusement, en l'état actuel des choses, elle n'irait pas bien loin avec les trois mots qu'elle baragouinait. Si elle voulait faire de l'anglais sa pierre de gué, il fallait mettre les bouchées doubles. Elle qui avait déjà du mal à passer de son dialecte au mandarin endurait une torture bien pire avec l'anglais. Elle avait tant de mal à prononcer les *th* et les *ch* que sa langue était au supplice comme si on y avait accroché des poids. Mais rien ne pouvait ébranler sa motivation, pas même les taquineries de Ruth et de ses camarades. « *Shit*, c'est pour jurer et *shirt,* c'est pour s'habiller ! » la corrigeait Ruth gentiment. Elle braverait toutes les embûches sans jamais baisser les bras : jamais elle ne se résoudrait à subir le sort de sa mère, jamais elle ne s'abaisserait à être l'esclave d'un homme.

Six ne voulait pas dépenser d'argent pour suivre des cours d'anglais et malgré les encouragements de Shu Tian et Meng, elle refusait également tout argent de leur part. Il était hors de question de rogner sur les économies qu'elle faisait pour ses parents, encore moins d'accepter la charité de ses employeurs. Elle avait bien en tête les recommandations de sa chère maman : une femme capable ne doit pas compter sur les autres pour devenir quelqu'un et gagner le droit de penser par elle-même.

Elle mit donc au point sa propre méthode d'apprentissage : commencer par retenir par cœur des listes de vocabulaire, puis l'utiliser dans des phrases en suivant l'ordre habituel des mots en chinois. Il va sans dire que son « anglais » fabriqué sur la base d'une syntaxe chinoise en déconcertait plus d'un quand elle se lançait bravement dans une conversation avec Ruth et ses amis. Cela donnait des phrases cocasses du genre : « *We everyday in teahouse with friends drink tea* » ou « *want money no, want life one* ».

Mais très vite, les plus malins d'entre eux réalisèrent que l'anglais de Six pouvait s'avérer précieux pour l'apprentissage de leur chinois et plus particulièrement de certains dictons et proverbes. Aussi, leur méthode à eux était simple : déchiffrer l'anglais de Six puis corriger ses phrases tout en prenant soin de noter l'ordre initial des mots comme future référence lorsqu'ils parleraient chinois. De cette façon, à force d'étudier l'« anglais courant » de Six, ils apprirent nombre de locutions chinoises. Aussi, quand elle sortait des expressions comme : « *People mountain, people sea* », « *Morning three night four* », « *Wang eight eggs* », « *Wield a big knife in front of General Guangong* » ou la fameuse citation de Mao (leur préférée) : « *Good good study, day day up* », ils l'interrogeaient sur le sens exact de chacune en chinois et élaboraient ainsi leur propre dictionnaire :

People mountain, people sea : une marée humaine.

Morning three night four : changer d'opinion comme de chemise.

Wang eight eggs : bâtard, salaud.

Wield a big knife in front of General Guangong : frimer, faire une démonstration de force.

Good good study, day day up : étudier très dur pour progresser chaque jour.

Six se prit au jeu de ces étranges « combinaisons anglo-chinoises » et chaque fois que quelqu'un disait : « *I'll give you some colour to see* » (je vais te montrer de quel bois je me chauffe !), elle se tordait de rire.

Kang et les amis étrangers de Ruth aimaient beaucoup Six. Elle n'avait rien de commun avec tous ces étudiants chinois qu'ils croisaient sur le campus. Ces légions d'enfants uniques, enfants-rois idolâtrés dans leur famille dès leur naissance, en avaient perdu toute curiosité naturelle. Leurs parents, s'étant pour la plupart saignés aux quatre veines pour satisfaire le moindre de leurs caprices, en avaient négligé l'importance de stimuler leur soif d'apprendre. Pervertis par cette vie facile où tout leur était dû, couvés, choyés, ces jeunes n'avaient pas grandi avec le désir inné d'expériences nouvelles, ni celui de se battre dans la vie. Seigneurs et maîtres en leur royaume, convaincus par leurs parents d'être le nombril du monde, ces petits empereurs n'avaient plus que ces mots à la bouche : « Je m'en fous, j'ai déjà tout ce dont j'ai envie ! » Face à tant d'indifférence, d'inertie et d'étroitesse d'esprit, Ruth et ses amis ne savaient comment s'y prendre pour communiquer avec eux. C'est pourquoi ils appréciaient tant la compagnie de Six, ils la trouvaient pétillante et son insatiable curiosité les ravissait.

Quelques étudiants étrangers avaient un jour apporté un pot de crème glacée et lui avaient proposé d'y goûter. Enchantée de découvrir enfin cette fameuse glace américaine, Six y avait mordu à pleines dents. Le résultat ne se fit pas attendre : sous l'effet du froid intense, ses paupières en avaient palpité de douleur et sa bouche s'était figée. Témoin de la scène, un étudiant danois s'était avancé vers elle et avait pris son visage entre ses mains : « Qu'est-ce qui ne va pas, ma jolie petite Six ? Ça te fait mal ? » La caresse des mains de ce jeune homme l'avait bouleversée, car aucun homme avant lui n'avait jamais touché son visage. Un instant, elle fut saisie de vertige, son corps se dérobait sous elle, elle fondait… Ces mains, cette douceur l'avaient subjuguée, jamais elle ne les oublierait.

Six appréciait aussi ce jeune Danois pour son empathie et sa gaieté. Il la réconfortait, la faisait rire et en échange, elle l'aidait pour son chinois autant que possible. Un jour, alors qu'ils s'entraînaient tous deux à faire des phrases sur le thème de « la mère », il l'avait même fait passer des larmes au rire.

« Ma mère est très maigre, dit Six très lentement afin qu'il comprenne bien, mais c'est elle le pilier qui soutient la maison. Ma mère n'est jamais allée à l'école, mais c'est elle qui nous a appris la vie. Ma mère ne se soucie pas de sa beauté, mais elle a élevé six superbes filles. Ma mère n'est pas loquace, mais chacun de ses mots aide à comprendre la logique des choses. Ma mère travaille très dur, mais jamais elle ne s'est fait de bons plats ou de beaux vêtements. Ma mère est très courageuse, mais elle a longtemps pleuré le fils qu'elle n'a pas eu… »

Soudain, Six s'arrêta. Le sourire de sa mère venait d'illuminer ses yeux emplis de larmes.

« Ça va, Six ? La façon dont tu as parlé de ta maman était magnifique, je crois qu'elle aurait aimé t'entendre ! » lui dit son ami danois pour la réconforter. (Il parlait si mal le chinois qu'il avait prononcé « maman » comme « cheval ».) « Tu veux que je te parle de la mienne maintenant ? Alors, écoute :

« Ma mère est si grosse, elle porte une ceinture en guise de bracelet-montre. Ma mère est si grosse, quand elle voit un menu, elle veut tout ce qu'il y a dessus. Ma mère est si grosse, son tour de taille est comme un tour de piste. Ma mère est si grosse, lorsqu'elle prend l'avion, elle doit acheter tous les billets de la rangée. Ma mère est si grosse, quand elle donne ses vêtements au nettoyage, on les prend pour des rideaux. Ma mère est si grosse, lorsqu'elle marche, c'est toute la terre qui tremble. Ma mère est si grosse, lorsqu'elle patauge au bord de l'eau sur la plage, les marées en sont bouleversées. Ma mère est si grosse, quand elle va se faire une beauté, ça leur prend douze heures pour lui faire un masque. Ma mère est si grosse… »

Six ne pouvait en entendre davantage, elle était pliée en quatre par un fou rire qui avait séché ses larmes.

Grâce à son apprentissage de l'anglais, Six découvrait un humour et un esprit fort différents de ceux des Chinois. Elle se souvenait d'un devoir qu'elle avait corrigé pour une Anglaise. Elle avait tant aimé ces quelques lignes qu'elle les avait recopiées et affichées au-dessus de son lit :

L'argent peut acheter un lit mais pas une bonne nuit de sommeil.
L'argent peut acheter une maison mais pas une famille.
L'argent peut acheter de la nourriture mais pas le bon goût.

L'argent peut acheter des machines pour entretenir le corps mais pas la santé.
L'argent permet de faire du commerce mais pas de s'acheter des amis.
L'argent peut acheter un titre mais pas l'ambition.

Quand ils voyaient Six étudier ou pratiquer son anglais avec ses amis, Shu Tian et sa famille mettaient spontanément la main à la pâte pour lui permettre d'apprendre le plus possible.

Ainsi, grâce à l'attention et au soutien de ceux qui l'entouraient, Six progressa si vite en anglais qu'elle était désormais capable d'échanger quelques phrases avec les étrangers qui fréquentaient la maison de thé. Curieusement, cet accomplissement la rendait à la fois triste et heureuse. Heureuse, parce que son rêve devenait réalité, triste parce qu'elle prenait conscience que chaque pas en avant l'éloignait davantage de sa campagne. Au fil du temps, sa nostalgie du pays natal s'était estompée et aujourd'hui, dans son cœur, il n'en restait plus rien.

Six appartenait à cet industrieux essaim de petites mains venues des campagnes pour travailler en ville, elles étaient comme autant de fleurs sauvages dans un champ. Immortalisée par le pinceau du peintre, l'objectif du photographe ou les vers du poète, chacune de ces fleurs pouvait ensuite avoir les honneurs des cimaises dans les galeries huppées de la ville, ou rejoindre la précieuse collection d'un album ou d'un recueil. Mais parmi ceux qui admireraient cette fleur, combien seraient capables d'apprécier à leur juste valeur le sens de ses couleurs, la source de son parfum et l'aspiration de sa vie ?

Chaque jour, après la fermeture, Six se précipitait sur le livre d'or et passait de longues heures à lire les dernières plaisanteries rapportées. Elle ne s'intéressait pas seulement aux histoires, elle appréciait aussi le style de l'écriture pour ce qu'il révélait de la personnalité de son auteur.

Elle distinguait les caractères tortueux des nobles et dignes vieillards à la main tremblotante ; les griffonnages lestes et ostentatoires des hommes d'affaires lettrés qui passaient en coup de vent ; le style carré et rigide des quadragénaires, inquiets de laisser paraître la moindre irrégularité ; l'écriture fine et légère des femmes, peu nombreuses à laisser trace de leur passage mais dont chaque signe donnait à espérer qu'on les lise plus souvent. Enfin, il y avait les blagues écrites par les étrangers et dont Six se servait comme support pour ses cours d'anglais et ses leçons de vie.

Dans son morne et triste village, Six était loin de soupçonner la variété des divertissements accessibles aux jeunes de son âge. Au contact des étudiants, elle avait découvert que la jeunesse pouvait aussi être insouciante et frivole. L'université semblait leur ouvrir toutes les portes, et à les voir, elle avait l'impression que tous ces étudiants avaient la possibilité de voyager dans le monde entier et qu'il n'y avait rien qu'ils ne puissent faire, rien qu'ils ne puissent dire. Aussi, après chacune de leurs visites et en l'absence d'autres clients, Six se précipitait sur le livre d'or et déclamait à tue-tête les maximes, les dictons et les drôleries qu'ils venaient d'y laisser. C'était son privilège et son plus grand plaisir.

Ce jour-là, elle avait remarqué un groupe d'étudiants pliés en quatre autour du livre d'or. Après leur départ, impatiente de découvrir la cause de leur hilarité, Six avait aussitôt demandé à Meng la permission de s'éclipser pour lire, et ce bien qu'il restât encore deux clients dans la maison de thé. Désormais habituée à l'obsession de Six, Meng hocha gentiment la tête et la laissa satisfaire ce caprice. En général, Six lisait en sourdine par respect pour les clients mais l'histoire était si drôle qu'elle ne put se retenir de la lire à haute voix :

Depuis peu, une nouvelle vague de minijupes toutes plus courtes les unes que les autres déferle sur notre campus. Estimant que ce mauvais goût ne sied pas à la respectabilité de son établissement, le directeur X a ordonné qu'on placarde l'interdiction formelle du port de la minijupe sur le tableau d'affichage de l'université. Depuis l'apparition de cet avis, un vent de contestation souffle sur le campus, lequel s'exprime au travers de nombreux commentaires sur le même tableau.

Le premier fut celui d'une étudiante du département de chinois qui choisit de le rédiger en vers :

Dans toute l'école la bataille fait rage
Car nos jupes trop courtes ne sont pas sages.
Mais qui peut dire qui a raison ?
Que ce tableau nous donne l'explication !

Il fut suivi de l'avis des médecins du campus :
Ce qui cause le coryza est un virus, pas le FROID !

Puis ce fut le tour des surveillantes de la bibliothèque, excédées par le vol récurrent de leurs ouvrages :

Laissez donc libre court à la mode des minijupes !

Il n'y aura plus de place pour cacher les livres et nos yeux pourront enfin se reposer...

Après mûre réflexion, la cantine gribouilla aussi quelques mots :

Quelle différence y a-t-il entre les minijupes et les travers de porc ? Aucune. Tous deux rétrécissent dans l'eau.

Durant la pause-déjeuner, tous les autres départements de l'université affichèrent pêle-mêle leurs points de vue sur la question :

BEAUX-ARTS : *La Vénus de Milo démontre avec brio que lorsqu'on découvre juste ce qu'il faut, c'est encore plus beau.*

PROTECTION DE L'ENVIRONNEMENT : *Qui osera encore dire que le réchauffement de la planète est un mythe ?*

MATHÉMATIQUES : *Si l'on accepte l'hypothèse qu'il existe un rectangle d'1 mètre de long, peut-on valablement rejeter l'hypothèse qu'il existe également un carré de 0,3 mètre de côté ?*

HISTOIRE : *La beauté d'Hélène de Troie n'a pas changé parce que Churchill et Hitler n'avaient pas les mêmes goûts.*

PHYSIQUE : *Si le tissu peut s'avérer un excellent isolant contre le mauvais goût, l'air aussi.*

DROIT : *La loi est faite pour nous protéger des plaignants qui attribueraient leurs mauvaises pensées au port de la minijupe, non pour interdire les minijupes des accusées.*

ECONOMIE : *Quelle que soit la solution adoptée par l'école : vente de lunettes fumées pour les garçons ou de bas noirs pour les filles, nous voulons devenir actionnaires.*

BIOLOGIE : *Ce qui nous différencie des singes n'est pas la longueur de nos jupes mais les pensées qui nous viennent selon qu'elles sont courtes ou longues.*

EDUCATION PHYSIQUE : *A quoi ressemblerait notre équipe de football si on remplaçait les shorts par des pantalons ?*

POLITIQUE : *L'évolution de la jupe, qui passe de longue à courte puis à mini, n'est autre que l'expression criante du centralisme démocratique.*

RELATIONS PUBLIQUES : *Savoir distraire l'attention de notre adversaire dans les négociations : n'est-ce pas ce qu'on cherche à nous enseigner depuis quatre ans ?*

Enfin, l'Association des élèves boursiers ajouta, elle aussi, son mot à la polémique :

Soyez généreux : augmentez nos bourses ! Nous sommes si pauvres que nous pouvons à peine acheter de quoi nous couvrir.

Quand Six eut terminé sa lecture, tous ceux qui se trouvaient dans la maison de thé s'esclaffèrent. Tous, sauf Six. Elle s'était appliquée à lire son texte sans bien en comprendre le sens. N'étant jamais allée à l'université, comment aurait-elle pu lire entre les lignes et saisir les sous-entendus cachés dans l'humour de ces messages ? Kang lui avait ensuite patiemment expliqué chacun d'entre eux et elle en avait alors perçu toute la subtilité.

Malgré tout, la plupart des blagues qui touchaient à la politique restaient un mystère pour Six, et là, personne ne se dévouait pour les lui décrypter. Même Kang, qui d'habitude ne reculait jamais devant rien, faisait la sourde oreille à ce genre de questions. Dans ces moments-là, Six se souvenait des paroles de sa mère : « Beaucoup de secrets sont faits pour le rester », et de celles de son professeur : « Bien des choses doivent être perçues intuitivement et ne peuvent s'exprimer par des mots. » Chaque jour, lorsque Meng vérifiait consciencieusement le contenu des dernières blagues en date, il lui arrivait de déchirer certaines pages, susceptibles, disait-elle, de « créer des problèmes ». Cul-de-Bouteille, de son côté, faisait de même et voici, pour exemple, deux de celles qu'il avait censurées :

La première :

L'histoire se passe dans les années 1980, en pleine politique de Réforme et d'Ouverture. Les trois dirigeants chinois Deng Xiaoping, Jiang Zemin et Li Peng sont à bord d'une voiture appelée Chine. Ils arrivent à un carrefour. D'après les panneaux de signalisation : droit devant se trouve la Chine socialiste, à gauche la Russie en plein effondrement, et à droite, les deux grandes nations capitalistes, Etats-Unis et Grande-Bretagne. D'un même élan,

Jiang et Li se tournent vers Deng pour savoir quel chemin prendre. Et sans sourciller, ce dernier leur répond : « Mettez le clignotant à gauche mais tournez bien à droite ! »

Comme Six n'en avait pas compris un traître mot, elle enchaîna sur la deuxième :

Il était une fois un petit garçon à l'école primaire qui avait un devoir à faire. Il devait rédiger une phrase avec les mots Nation, Parti, Société et Peuple. Comme il ne saisissait ni le sens de ces mots ni ce qui les reliait entre eux, le petit garçon interrogea son père pendant le dîner. Ce dernier réfléchit un moment et résolut d'éclairer sa lanterne en s'efforçant d'utiliser un vocabulaire à sa portée :

« Imagine que ces mots s'appliquent à notre famille. Tu connais les liens qui existent entre nous, n'est-ce pas ? » Voyant son fils acquiescer de la tête, il poursuivit : « Alors disons que grand-mère est la Nation : nous sommes sa descendance et sans elle, aucun d'entre nous ne serait là. Papa est le Parti : c'est lui qui fait la loi. Maman est la Société : elle s'occupe de tout à la maison mais quand elle se met en colère, plus rien ne tourne rond. Quant à toi, tu es le Peuple : tu dois obéir au Parti, aider la Société et faire honneur à la Nation. »

Après le dîner, le petit garçon, n'étant toujours pas sûr d'avoir bien compris et redoutant les remontrances de son père, repoussa l'exercice à plus tard.

Mais quand il eut fini tous ses autres devoirs, il était déjà tard. Il tenta à nouveau d'écrire sa phrase, mais en vain. Effrayé à l'idée de se tromper et d'être ridiculisé par son professeur devant toute la classe le lendemain, il voulut consulter à nouveau sa famille.

Il frappa à la porte de sa grand-mère, mais celle-ci dormait déjà.

Il partit frapper à celle de ses parents, mais comme elle n'était pas tout à fait fermée, il poussa la porte et entra. Surpris en pleins ébats, son père furieux lui hurla de déguerpir. Trop petit pour comprendre, il s'en retourna dans sa chambre en pleurant pour finir ses devoirs.

Le lendemain, le professeur du petit garçon téléphona à son père pour savoir s'il avait rédigé son devoir seul.

« Pourquoi ? demanda le père inquiet, a-t-il écrit quelque chose de contre-révolutionnaire ?

— Non, pas du tout, répondit le professeur, mais… c'est excellent. »

Ce soir-là, quand le père ouvrit le cahier d'exercices de son fils, il vit cinq grandes étoiles rouges et lut ceci :

« Quand la Nation dort et que le Parti joue avec la Société, le Peuple pleure. »

Six questionnait souvent Meng sur ce qui l'intriguait et elle voulait savoir ce qui poussait les gens à inventer des histoires drôles. « C'est pour garder le moral », avait répondu Meng tout à trac, mais la voyant insatisfaite de cette réponse, elle décida d'approfondir.

« Les Chinois parlent rarement du bonheur car leur vie a toujours été rude, emplie de tristesse, de souffrance et de malheur. Dans leur mémoire, peu de souvenirs prêtent à rire, et dans leur quotidien, c'est bien pire. Tout comme les plats sans sel, les gens qui ne rient pas sont bien fades. C'est pour cela qu'il faut rire dans la vie. Peu importe que ce rire soit jaune, idiot, béat, sournois ou perfide. Si notre rire s'éteint, c'est tout l'esprit et la sagesse de notre héritage culturel qui s'évanouissent. Le rire, c'est comme les baguettes, on ne peut rien faire sans. Ton père a beau dire que sans fils, ses ancêtres sont privés du pilier de leur descendance, notre mode de vie et notre culture reposent aussi sur les baguettes. Tu n'es pas d'accord ? Et sans nous, les Chinoises, comment y aurait-il des Chinois ? »

Six ne trouva rien à redire à cet argumentaire profond. Mais si Meng avait raison, pourquoi ses parents et professeurs disaient-ils : « Le rire est une maladie : l'homme qui rit est un bouffon ; la femme qui rit, une dépravée » ? Et si les gens riaient moins à la campagne qu'en ville, était-ce parce qu'ils étaient plus pauvres ou parce que leur conception du rire n'était pas la même ? Six penchait pour la seconde hypothèse. Et cette divergence d'approche devait aussi influer sur le physique car, dans les rues de Nankin, il suffisait d'un regard pour dire qui venait des grandes avenues de la ville et qui des chemins terreux de la campagne.

De son côté, Meng songeait aussi à ces questions. Pour elle, tout visage reflétait un vécu, l'expérience le « maquillait » : ceux dont la vie était paisible et confortable affichaient un visage lisse et détendu, ceux dont la vie était plus rude un visage raviné. Puis Meng poussa un long soupir en faisant la constatation suivante : dans notre culture chinoise perdure l'idée prégnante qu'une « femme respectable » ne doit ni rire ni pleurer. Résultat : nous ne savons plus rire et nous n'osons plus pleurer ! Mais que reste-t-il d'une femme dont on bâillonne le rire et les larmes ?

Quand Six retrouva Cinq la fois suivante, elle lui rapporta les propos de Meng. Cinq manifesta aussitôt son désaccord.

« Personne dans notre village considère Trois comme une femme respectable, pourtant elle rit pas, elle pleure pas. Pour eux, c'est qu'une femme au cœur de pierre. Pour être une femme respectable, faut faire un fils, y a que ça !

— Et notre mère alors ? demanda Six, très contrariée. Parce qu'elle n'a pas eu de fils, elle n'est pas respectable, c'est ça ?

— Bien sûr que non, je dis pas ça, mais c'est comme ça que pense tout le village. En ville, ce serait pas pareil, mais maman vit à la campagne. Pour savoir ce qui est bien ou mal, faut regarder où on est ! Regarde, moi par exemple : au village tout le monde me prenait pour une idiote. Et souviens-toi, maman disait : "Trois n'a peut-être pas encore les sens très éveillés, mais Cinq n'a rien à éveiller du tout !" Pourtant, tu vois, au *Palais du dragon d'eau*, tout le monde trouve que je suis douée. Même les chefs de service, qui traitent les campagnardes de bonnes à rien, ils disent que je suis futée et que j'ai les "quatre orifices" grands ouverts…

— Sept orifices, il y en a sept, corrigea Six tout de go.

— Non, quatre ! insista Cinq. Deux narines, une oreille et un œil. Les gens du centre, ils disent que le reste s'ouvrira quand j'irai à l'école pour apprendre à lire… »

Six éclata de rire.

« Ce sont des gens bigrement intéressants, ces gens-là !

— Qu'est-ce qu'y a de drôle ? ronchonna Cinq. Combien de gens sont capables d'utiliser les quatre orifices correctement ? Si y en avait à tous les coins de rue, pourquoi ils ont trouvé personne avant moi pour vérifier l'eau et les préparations médicinales ? Même Tante Wang, elle devait prendre un thermomètre et du papier test avant moi. Et toi, Six, tu crois que t'as plus d'orifices ouverts que moi ? Viens donc aux bassins et fais voir ce que tu sais faire. Même avec tous tes orifices ouverts, t'as aucune chance contre les miens… »

Cinq était bien décidée à ne pas se laisser marcher sur les pieds. Certes, elle ne savait pas lire, mais elle avait des talents que sa sœur n'avait pas. Pourquoi Six et les gens du centre la méprisaient-ils parce qu'elle n'était jamais allée à l'école ? Ils ne perdaient rien pour attendre, elle allait leur montrer que tout ne s'apprenait pas dans les livres. Sa maman avait raison quand elle disait : « Quand tu auras franchi plus de ponts que d'autres de routes, plus aucun obstacle ne pourra se mettre en travers de ton chemin. »

11

Deuxième Oncle aux portes de l'Enfer

Un après-midi, Cinq était en train de tester la qualité de l'eau des bassins quand Lin fit irruption dans la salle. Cinq avait cessé de l'appeler « la fille en vert » depuis qu'elle avait remarqué qu'elle ne s'habillait pas toujours de cette couleur. Au bout d'un an, elle commençait à retenir tous les noms.

« Cinq, cria Lin, Directeur Shui veut te voir, c'est urgent !

— Je sais, attends, je finis mes tests et j'arrive. »

Elle était si absorbée qu'elle n'avait même pas relevé la tête pour lui répondre.

Il faut dire que depuis le début de l'automne, elle avait été promue. Officiellement, la surveillance de la qualité de l'eau reposait maintenant sur ses épaules et elle prenait ses nouvelles responsabilités très au sérieux. Mis à part Ingénieur Wu et Tante Wang, personne ne pouvait faire ce travail à sa place, tous les autres membres du personnel devaient attendre son feu vert pour utiliser les bassins. Elle était un peu comme son père : à la maison, rien ne pouvait se faire sans son « oui » ; même sa mère et ses sœurs tremblaient à l'idée qu'il dise « non ». Aujourd'hui on l'écoutait. Et elle jubilait. Trois et Six, avec leur cerveau plus performant et leurs années

Poussah

d'école, en étaient toujours réduites aujourd'hui à exécuter les ordres des autres dans leur boulot. A tous ces gens qui la méprisaient au village, elle allait montrer qui elle était, et sa mère allait enfin pouvoir être fière : sa fille n'était pas si sotte, après tout !

« Dépêche-toi, bon sang ! C'est urgent. Laisse Tante Wang s'occuper du reste. » Lin agrippa l'uniforme de Cinq et la força à se redresser. « C'est un cas d'extrême urgence, tu comprends ? Y a le feu, ça presse, ça urge quoi !

— Le feu ? sursauta Cinq, paniquée. Y a le feu au bureau de Directeur Shui ?

— Mais non, y a pas le feu, ça veut dire que… Peu importe, allez, viens vite ! »

Lin ne lui laissa pas le temps de se laver les mains, l'entraîna par le bras et elles détalèrent à toutes jambes en direction du bureau.

A leur arrivée, Cinq fut stupéfaite :

« Trois ! Mais qu'est-ce que tu fais là ? Et pourquoi tu es venue voir notre directeur sans rien me dire avant ?

— C'est compliqué, écoute-les plutôt, ils t'expliqueront mieux que moi », répondit-elle en regardant Directeur Shui, assis à son bureau, et dont le ventre de poussah ballottait tandis qu'il pivotait sur sa chaise.

« Bon, Cinq, surtout ne t'affole pas quand tu entendras ce que j'ai à te dire. Ecoute-moi attentivement et tout va s'éclairer, d'accord ? Tu as bien un oncle qui travaille dans le Sud, n'est-ce pas ?

— Oui, répondit Cinq surprise, c'est Deuxième Oncle !

— Eh bien, il se trouve que sur le chemin du retour, ton oncle a décidé de passer la nuit à Nankin avant de poursuivre sa route. Comme il était tard et qu'il ne voulait déranger personne, ton brave oncle a déplié sa literie dans l'entrée du bureau de Monsieur Guan Buyu pour y dormir. Mais dans la nuit, il a été arrêté par la police. »

Sous le coup de l'émotion, le visage de Cinq blêmit.

« Quoi ? Ils ont arrêté Deuxième Oncle ? »

Directeur Shui se pencha en avant et lui fit signe de s'asseoir.

« Comme je l'ai dit, ne t'affole pas et laisse-moi t'expliquer. Il a certainement dû être pris pour vagabondage ou pour avoir enfreint certains règlements administratifs. Les chômeurs n'ont pas le droit de séjourner en ville sans papiers...

— Ce n'est pas un délit grave, n'est-ce pas ? demanda Trois sous le regard admiratif de Cinq qui ignorait le sens du mot « délit ».

— Non, ce n'est pas un délit grave, répondit Directeur Shui posément. En réalité, on ne peut même pas dire que ce soit un délit. Nous, les Chinois, et cela depuis toujours, nous n'avons jamais pu nous déplacer librement dans notre propre pays : dès qu'il s'agit de voyager ou de rendre visite à des parents éloignés, il faut pouvoir produire des documents : justificatifs, papiers d'identité... Et lorsqu'on souhaite séjourner longtemps au même endroit, il faut s'enregistrer auprès des fonctionnaires locaux : la brigade de production ou le gouvernement du district à la campagne, l'unité de travail ou le commissariat en ville. Maintenant, les ruraux ont le droit de venir travailler en ville, mais la paperasse reste la même. Quand ils ont mieux à faire, les policiers ferment les yeux sur les formalités et les laissent en paix. Mais dès qu'ils sont désœuvrés ou fauchés, ils leur cherchent des noises pour des bricoles : pas de permis de résidence, travail illégal, dégradation du paysage urbain, non-respect des règles d'hygiène… n'importe quoi… »

Qu'un honorable citoyen comme Directeur Shui dise du mal de la police aussi ouvertement sidérait Cinq.

« Mon père dit que la police est là pour attraper les méchants, protesta-t-elle.

— C'est le cas, Cinq, leur rôle est effectivement de maintenir l'ordre public. Mais sous leurs uniformes et leurs belles casquettes à visière, ils n'en sont pas moins hommes. Et des hommes, il y en a des bons et des mauvais. C'est comme vos responsables locaux, certains sont bons, d'autres moins, non ?

— Alors ça veut dire que les policiers qui ont attrapé Deuxième Oncle sont mauvais ?

— Je n'irai pas jusque-là. C'est sans doute un malentendu ou une erreur, ils n'auraient pas dû arrêter ton oncle. Ou alors, peut-être que sans le vouloir il a enfreint certaines règles, va savoir… »

Trois lança un regard désespéré à Directeur Shui.

« C'est foutu ! gémit-elle. Ma patronne dit qu'il faut avoir des relations pour résoudre ce genre de problème. Car qui dit relation dit piston, et alors tout s'arrange : les gros ennuis deviennent petits et les petits s'effacent ; les lourdes peines s'allègent et les légères s'envolent. Il paraît même qu'un coupable peut devenir innocent. Mais sans relations, tout se complique… Un petit rien devient un problème, un petit problème un gros, et un gros peut vous coûter la vie. Mais, nous, qui sommes-nous pour connaître du monde ici ? Mon patron dit aussi qu'en cas de gros ennui, il faut un gros piston et qu'en cas de petit souci, il ne faut déranger personne. Deuxième Oncle n'est peut-être pas quelqu'un d'important ici, mais malgré tout c'est notre oncle ! »

Au fur et à mesure qu'elle parlait, Trois s'effondrait.

« Allons, calme-toi. Finalement, c'était peut-être un mal pour un bien : il valait mieux qu'il passe la nuit au chaud en détention provisoire que sur le pavé dehors par ce froid glacial, fit remarquer Directeur Shui pour l'apaiser.

— Mon Dieu, c'est vrai ! Pauvre Deuxième Oncle serait mort de froid ! »

En pensant qu'il avait peut-être évité le pire, Cinq se ragaillardit.

Trois, en revanche, ne se consola pas si facilement.

« Je doute qu'une cellule soit beaucoup plus confortable. Au village, notre Bao Daye disait : “Quand on passe une nuit en taule, on y laisse forcément des plumes”…

— Mais non, ne vous inquiétez pas. On va arranger ça. Votre Deuxième Oncle devrait s'en sortir sans trop de mal. Et toi, Cinq, pourquoi ne m'as-tu jamais dit que tes deux sœurs travaillaient ici ? Moi qui croyais que nous étions amis ! Je n'ai appris la nouvelle que quand Trois a fait incursion dans mon bureau. Apparemment, votre Deuxième Oncle a dit à la police qu'il connaissait Monsieur Guan Buyu.

Et c'est lui que la police a chargé de vous trouver afin que vous payiez l'amende. Me connaissant et sachant que je dispose de relations influentes dans la police, Monsieur Guan envoyé Trois me trouver. Voilà comment nous nous retrouvons réunis dans mon bureau. Cinq, tu es ma meilleure employée, comment pourrais-je ne pas intercéder en ta faveur ? Je ne vais pas laisser ton oncle croupir dans sa cellule ! J'ai déjà passé un coup de fil et ils m'ont dit de venir le chercher au poste vers midi. Comme il est déjà dix heures et demie, je suggère que vous veniez toutes les deux avec moi maintenant pour régler cette affaire, je dois assister à une réunion en ville cet après-midi. » Tout en parlant, Directeur Shui éteignit son ordinateur.

Cinq savait aujourd'hui que cette « petite fenêtre avec des poissons derrière » était l'écran d'un puissant « cerveau électrique » doté de possibilités extraordinaires.

« Mais j'ai pas d'argent sur moi ! s'exclama Cinq en sautant de son siège pour courir au dortoir chercher ses économies.

— Cinq ! » Directeur Shui lui fit signe de ne pas bouger. « Ton maigre pécule ne suffirait pas pour régler la note. Alors écoute : tu nous es très utile au centre, tu es aux petits soins de gens très importants quand ils viennent se baigner dans nos bassins, je suis sûr qu'ils seront d'accord pour nous aider. Alors continue de bien travailler et nous serons quittes !

— Mais combien d'années ça va me prendre pour rembourser ? » demanda Cinq, soucieuse.

Directeur Shui éclata de rire, amusé de sa candide naïveté.

« Contente-toi de travailler tant que tu es motivée et ne t'inquiète pas, petite ! »

Dix minutes plus tard, les deux sœurs étaient à bord de l'Audi noire de Directeur Shui, en route pour le commissariat. Cinq, terrifiée, passa presque tout le voyage en apnée, c'était son premier voyage en voiture. Mais Trois, qui avait déjà fait l'expérience de la camionnette de Grand Ma, affichait un air beaucoup plus détendu. C'est elle qui aperçut la première son oncle quand l'Audi passa devant l'entrée du commissariat. Il sortait des lieux, flanqué de deux hommes qui saluaient avec force gestes de gratitude les policiers restés sur le pas de la porte. Quand la voiture se rapprocha, elle reconnut Guan Buyu et Shu Tian, Six était aussi là avec eux. Mais sans prêter attention à l'Audi noire qui arrivait vers eux dans le flot des voitures, ils s'engouffrèrent pêle-mêle dans la vieille Xiali rouge de Shu Tian.

Ils s'apprêtaient à démarrer lorsque Directeur Shui arriva à leur hauteur, celui-ci baissa sa vitre en disant :

« Alors comme ça, tout est réglé ? »

Shu Tian ouvrit sa portière en s'exclamant :

« Eh bien, on peut dire que vous avez pris votre temps, cher Monsieur ! Mais il se trouve que nous avons été très chanceux aujourd'hui, alors nous n'avons pas eu besoin d'attendre l'arrivée de votre carrosse ! Mon tacot a suffi…

— Beau travail ! Et si on se retrouvait chez moi ? Il faut que vous nous racontiez ! Ça donnera à nos trois sœurs et à leur oncle le temps de se remettre de leurs émotions, proposa Directeur Shui.

— Bonne idée ! hurla Guan Buyu pour couvrir les vrombissements du moteur de la Xiali, mais pas plus d'une demi-heure alors, j'ai une réunion cet après-midi. Ah… et puis ce soir nous avons notre rendez-vous littéraire à la maison de thé.

— J'ai aussi une réunion avec le gouvernement municipal cet après-midi mais je peux bien me libérer un moment, répondit Directeur Shui en démarrant à son tour. Et pour ce soir, c'est toujours à la même heure ? Sept heures à la maison de thé ?

— Directeur Shui, dit Trois en faisant un signe de la main à Six assise dans l'autre voiture, le rendez-vous dont vous parlez a bien lieu à la maison de thé où travaille ma sœur, n'est-ce pas ?

— Oui, c'est ça. Nous nous y retrouvons une fois par mois pour des soirées lecture. Avant, dans les années quatre-vingt-dix, nous nous réunissions dans des sous-sols car les rassemblements qui n'avaient pas reçu l'aval des autorités municipales étaient considérés comme “antirévolutionnaires”. Mais depuis 1995 nous pouvons nous réunir au grand jour, plus besoin de nous cacher. Et si certains nous cherchent encore des noises, au moins nos réunions ne sont plus illégales… »

Tandis que Directeur Shui et Trois discutaient ensemble dans sa Xiali rouge, Guan Buyu faisait de son mieux pour réconforter Six et Deuxième Oncle assis tous deux à l'arrière.

« Tout est de ma faute ! dit-il à Six. J'aurais dû vous donner, à toi et à tes sœurs, un numéro de téléphone pour me joindre en cas de besoin. Et j'aurais dû laisser à Dame Tofu un message pour votre oncle, comme ça il aurait pu me contacter directement, ça vous aurait évité cette angoisse. Tu sais, nous les citadins, quand on va à la campagne, c'est comme vous en ville, on n'en mène pas large. On est même carrément paumés ! Il suffit d'une vache ou d'un mouton pour nous foutre la trouille. Ah ça, en ville, on se débrouille bien mais dès qu'on débarque chez vous, on peut même pas chier en paix dans vos latrines, on en sort toujours en hurlant, le froc sur les chevilles, coursés par vos cochons bouffeurs de merde ! Alors à force de serrer les fesses, on rentre en ville ventre à terre avant d'avoir pu prendre un vrai bol d'air... Pareil à l'étranger. J'y suis déjà allé plusieurs fois et quand on ne connaît ni la langue ni les usages, il suffit que le type d'à côté lâche un pet de travers pour qu'on saute au plafond. Alors on fanfaronne chez soi quand on peut faire la pluie et le beau temps, mais dès qu'on se retrouve en territoire inconnu, y a plus personne ! »

Les mots crus de Guan Buyu choquèrent profondément Six : comment un homme si policé pouvait-il s'exprimer si vulgairement ? Ces propos trouvèrent cependant un écho familier aux oreilles de Deuxième Oncle, il écoutait en frottant ses joues hérissées d'un poil dru. Il avait pleuré si fort qu'on ne distinguait plus sa morve de ses larmes.

Oui, il fallait bien l'avouer, c'était un trouillard de première et cette longue nuit au poste, il l'avait passée à grelotter de peur...

Rien de tout cela ne serait arrivé s'il n'avait pas rendu visite à Dame Tofu. Tous les ouvriers quittaient Zhuhai pour fêter le Nouvel An en famille et il avait fait le voyage en train jusqu'à Nankin avec le mari de Dame Tofu. Arrivé à destination, il avait suivi Gousheng jusqu'à la gargote de sa femme et tout en se régalant de ses fameux beignets, il l'avait questionnée au sujet de ses nièces. Elle l'avait informé qu'elle n'avait pas vu Trois depuis un moment déjà et que tout le monde avait remarqué son absence sous le grand saule. La rumeur la disait malade ou partie avec un homme, tout ça faisait beaucoup de bruit mais en réalité personne ne savait rien. Ce qu'elle omit de lui dire, c'est que même Guan Buyu, toujours au fait des dernières nouvelles, ignorait ce qu'elle était devenue, et comme Cinq et Six ne venaient jamais le voir sans Trois, il avait aussi perdu leur trace.

Paniqué par ces nouvelles, Deuxième Oncle décida de partir à leur recherche avant de reprendre sa route. Dame Tofu et Gousheng avaient bien tenté de l'en dissuader, arguant que la ville de Nankin était plus grande qu'il ne pensait. Ce fut en vain : il fallait qu'il les retrouve.

Mais quand il arriva au grand boulevard, face à son défilé ininterrompu de voitures, Deuxième Oncle prit peur. La seule route qu'il connaissait menait de la gare à la station de bus, comment faire pour ne pas se perdre dans ce dédale de rues au milieu de cette foule ? Comment un paysan comme lui allait-il y retrouver seul les membres de sa famille ? Il sortit le petit sifflet en bois de saule que Trois lui avait fabriqué et souffla de toutes ses forces. Mais il n'en sortit aucun son, le bois avait séché, il était tout fendu. Apeuré et désemparé, Deuxième Oncle réfléchit longuement avant de se résoudre à rebrousser chemin. Tout bien pesé, c'était à Monsieur Guan qu'il fallait s'adresser, lui saurait sûrement où elles étaient. Et puis son bureau n'était pas loin de la gargote de Dame Tofu, il serait facile à trouver.

Malheureusement, ce n'était pas son jour de chance : quand il arriva à l'agence de Monsieur Guan, celui-ci venait tout juste de partir. Un passant lui dit que s'il avait une urgence, il pouvait l'attendre là car Guan Buyu repassait souvent à son bureau le soir, pour lire jusqu'à une heure tardive. Cela le décida à camper sur place et il ouvrit son paquetage. Il en sortit le manteau d'occasion qu'il venait d'acheter pour sa femme, s'en enveloppa, puis recouvrit ses jambes avec la veste ouatée miteuse qu'il enfilait sur le chantier la nuit pour se protéger du vent. Allongé ainsi à l'abri de quelques malles en bois, la tête sur l'un de ses autres sacs en guise d'oreiller, épuisé par les quarante-huit heures de son voyage en train, il sombra dans le sommeil du juste et ronfla comme un tuyau d'orgue.

Peu après, il fut réveillé en sursaut par de sévères injonctions et ébloui par une terrible lumière blanche.

« Qu'est-ce que tu fais là ? Pièce d'identité et lettre de recommandation ! Debout, allez, debout, je te parle ! Plus vite que ça ! »

Encore tout ensommeillé, Deuxième Oncle ne comprit pas un mot, mais à la vue de l'uniforme et de la casquette, il eut le réflexe immédiat de chercher ses papiers enfouis dans ses vêtements. Il fouillait, fouillait, fouillait encore… mais ne parvenait pas à extirper la grosse enveloppe de sa cachette. Plus il paniquait, plus ses mains tremblaient, moins il y arrivait.

Excédé, le policier durcit le ton.

« Ça vient ces papiers ou quoi ? hurla-t-il. Qu'est-ce que t'as à lambiner comme ça ? D'où ça vient, ce truc de bonne femme que t'as sur le dos ? Et encore une fois, qu'est-ce que tu fous là en pleine nuit ?

— Voilà, je… C'est bon, j'ai tout, tenez… bégaya Deuxième Oncle : carte d'identité, permis de travail, lettre de recommandation… Tout est là… Merde, j'arrive pas à les sortir…

— Pas de grossièretés ! On est en ville ici, pas chez les bouseux ! Euh… c'est tout ce que t'as à me montrer ? C'est toi là sur la photo ? On peut pas dire que tu ressembles à ce grand gaillard, avec ta barbe de grand-père ! C'est toi quand même ? Bon… On va voir ça. Et ce manteau de femme alors, il vient d'où ?

— Un manteau de femme ? » Deuxième Oncle était pétrifié. « Quel manteau de femme ?

— C'est moi qui te pose la question ! Ce que tu as sur les épaules, là, c'est bien un manteau de bonne femme, non ? Y a pas assez longtemps que tu l'as volé, alors tu sais même pas à quoi il ressemble, je me trompe ?

— C'est… c'est-à-dire que… Ah oui, maintenant ça me revient : je l'ai acheté pour ma femme.

— Ah, ça te revient ! Si c'est toi qui l'as acheté, on se demande pourquoi il te faut tout ce temps pour t'en souvenir ? Et on peut savoir où Monsieur se l'est “procuré” ? Allez, range tes affaires et suis-moi. Vous, les paysans, vous feriez mieux de cultiver vos champs que de venir grappiller en ville ! Arrivés ici, vous râlez toujours que vous ne gagnez pas assez, alors vous chapardez ici et là et rapportez le butin pour le Nouvel An. Bon, donne-moi ce manteau. Quoi ? Tu oses le remballer dans ton sac sans même prouver qu'il est à toi ? T'as déjà les mains qui te démangent à l'idée de piquer autre chose ou quoi ? »

Sans attendre de réponse, le policier sortit un drôle de machin avec un fil et se mit à brailler dedans :

« 03, 03, ici 26, terminé ! Arrestation d'un voleur sur la voie publique, ramenez-vous en vitesse, je me les caille, terminé... Deux bagages avec lui, terminé. Vous en avez chopé combien ? Terminé. Onze ? On n'aura qu'à les tasser un peu, c'est pas grave, terminé. Allez, grouillez maintenant, je vais pas tenir longtemps avec ce froid. Putain, qu'est-ce que ça caille ! Terminé. »

Le policier remit le machin dans sa veste et se tourna vers Deuxième Oncle.

« Pourquoi tu trembles ? Tiens, mets le manteau si tu as froid. On réglera cette histoire au poste, de toute façon. Tu sais, on a beau être policier, on a quand même un cœur. Je ne t'ai même pas mis les menottes, alors estime-toi heureux ! T'es déjà frigorifié, alors des menottes glacées par un froid pareil...

— J'ai... j'ai pas froid... J'ai peur... répondit péniblement Deuxième Oncle, tout recroquevillé.

— Pas froid ? Mais alors pourquoi tu trembles ? Peur ? Mais peur de quoi ? Quand on a le cran de voler, on doit aussi avoir celui d'en assumer les conséquences. Faut pas chouraver si après t'as les foies comme une fillette ! Une andouille doublée d'une mauviette, alors ça je supporte pas !

— Mais j'ai rien volé du tout ! » s'écria Deuxième Oncle, trouvant enfin le courage de protester.

Le policier en resta un instant médusé.

« Mais alors pourquoi tu trembles ? Un innocent ne sursaute pas au moindre bruit. Mais si t'as rien fait, t'as rien à craindre. Tu nous expliqueras tout ça au poste…

— Mais pourquoi je dois aller au poste si j'ai rien fait ? demanda Deuxième Oncle, soudain en pleine possession de ses moyens.

— Eh bien… bredouilla cette fois le policier, parce que tu dois fournir la preuve que tu n'as rien volé !

— La preuve ? Mais comment ça ? Puisque je vous dis que j'ai rien fait ! »

La « logique » du policier le déconcertait. Excédé, celui-ci enfonça le clou :

« Bon, je me fous de savoir si t'as volé ou pas, je t'embarque avec moi ! On trouvera bien pourquoi après. Ergoter avec un policier ne sert à rien sauf, bien sûr, si tu ne tiens pas à rentrer chez toi pour le Nouvel An… »

Deuxième Oncle s'inclina respectueusement devant le policier puis se redressa droit comme un I, abasourdi. Le policier soupira.

« Surtout, évite de chicaner une fois au poste. Si le délit n'est pas sérieux, la peine sera légère. Et souviens-toi : ne crée pas de problèmes là où il n'y en a pas, ça se retournerait contre toi. Fais-moi confiance et suis mes conseils, c'est dans ton intérêt que je te dis ça. Vous, les paysans, vous ne savez pas comment ça marche ici. Moi, je vais te le dire : à la fin de l'année, chaque unité de travail doit avoir atteint ses quotas, eh bien, pour la police, c'est pareil. Si je ne t'avais pas arrêté, un autre l'aurait fait. Ronfler dans la rue à la vue de tous, c'était se jeter dans la gueule du loup ! Mais bon, ne t'inquiète pas, tout ça n'est pas bien grave. Dis-leur que tu ne connaissais pas les règles, c'est tout. Allez, courage, ça va aller… »

Le policier poursuivit mais Deuxième Oncle n'écoutait plus. Le cerveau en surchauffe, il sombra dans la confusion puis l'hallucination. Peu à peu, la voix du policier s'estompait, couverte par celle de ses camarades de chantier qui avaient déjà été arrêtés. Voici ce qu'il les entendait hurler dans ses oreilles :

« Tu sais pas ça ? Quand les flics disent : “Clémence pour qui avoue, sévérité pour qui résiste”, en réalité, faut comprendre : “Sévérité pour qui avoue et pire pour qui résiste”. Alors garde bien ça en tête, file-leur un pot-de-vin et tu seras chez toi pour le Nouvel An… Et surtout tiens-toi, coupable ou pas, de toute façon tu te feras casser la gueule par les autres taulards en cadeau de bienvenue. Avec un peu de chance, tu t'en tireras juste avec quelques égratignures, si t'en as moins, avec un bras ou une jambe cassée. C'est comme ça, la prison, c'est fait pour rester ton pire souvenir ! Comment tu crois qu'on dissuade les criminels de récidiver ?

« Et puis surtout te rebiffe pas, ils trouveront toujours la parade.

« Accusé à tort, tu dis ? C'est que t'auras enfreint une de leurs règles sans le savoir, et dans ce cas, quel meilleur moyen de te les apprendre que de te punir pour que tu t'en souviennes ?

« Les flics sont trop cruels ? Dis-toi bien que t'as de la chance de vivre en cette “démocratie moderne”. Au temps des empereurs, c'est toute ta famille qui aurait été exécutée, probablement aussi quelques-uns de tes amis…

« Si tu crois que la politique de Réforme et d'Ouverture a été faite pour te simplifier la vie, tu te mets le doigt dans l'œil. Réfléchis un peu : quand les lois changent, ce sont les fonctionnaires qui en profitent, pas toi. Oublie ce que t'as entendu dire sur les pays étrangers et comment les gens qui vivent là-bas peuvent changer les lois. Sois donc pas si naïf. Crois-tu vraiment qu'un cul-terreux aurait son mot à dire dans le cadre fastueux d'un grand hémicycle ? Tout ça, c'est pour les riches et les puissants, pour malmener le petit peuple à leur guise… »

Deuxième Oncle repensa au contremaître qui lui devait trois ans de salaire. Certains de ses compagnons de chantier avaient bien essayé de le poursuivre, mais le tribunal les avait tous éconduits sous prétexte qu'ils n'avaient pas de contrats. Pour obtenir réparation, ils avaient alors pensé faire grève, mais leurs patrons les avaient aussitôt mis en garde. Ils travaillaient sur un chantier national majeur et tout mouvement de débrayage serait par conséquent considéré comme rébellion contre le Parti et contre l'Etat ! Qui prendrait le risque de se rendre coupable d'un chef d'accusation aussi grave ?

Depuis que Deuxième Oncle avait quitté sa campagne pour travailler en ville, il s'était toujours félicité de sa prudence. Chaque fois qu'il avait vu ses compagnons se fourrer dans le pétrin et entendu leurs doléances, c'étaient toujours eux qu'il avait trouvés idiots de ne pas apprendre à se conformer aux us et coutumes des citadins. Mais voilà qu'à présent c'était à son tour d'être arrêté… pour s'être endormi devant une porte ! Et *ça*, c'était un crime ?

Le hurlement strident d'une sirène de police le tira brusquement de ses divagations. Un minibus d'une quinzaine de places s'arrêta tous freins crissants devant eux.

« Monte ! » ordonna le policier en ouvrant la porte arrière du fourgon.

A l'intérieur, le fourgon était divisé en deux parties : les deux premières rangées de sièges étaient réservées aux policiers et au chauffeur – cinq en tout – tandis que les suspects étaient entassés à l'arrière, derrière une grille. Deuxième Oncle grimpa dans le véhicule et s'accroupit devant la porte, dos à ses compagnons d'infortune. Difficile de savoir combien ils étaient tant le fourgon était plein, mais il les sentait à plein nez : l'âcre puanteur de ces aisselles non lavées depuis des jours, l'entêtante pestilence des pieds aux fétides relents de poisson, cette odeur de poussière et de fumée propre aux tignasses crasseuses des travailleurs migrants, et l'haleine nauséabonde qui soufflait par bourrasque chaque fois que l'un d'entre eux ouvrait le bec. Deuxième Oncle n'avait jamais compris pourquoi chez les paysans, qui pourtant se brossaient les dents tous les jours, persistait une si mauvaise haleine…

Ramassé à l'arrière du van, Deuxième Oncle sentit le désespoir le submerger. Il ignorait où trouver ses nièces. Sa femme et sa famille qui l'attendaient n'avaient aucun moyen de savoir ce qui lui arrivait, et pour finir il allait croupir en prison… Comment tout cela était-il arrivé ? De gros sanglots montèrent malgré lui dans sa poitrine.

« Silence ! » mugit un des policiers du premier rang.

Deuxième Oncle fut si surpris qu'il s'en étouffa et attrapa le hoquet.

« Putain, j'ai dit silence ! Alors quel est le connard qui s'amuse à en rajouter ?

— Je suis… hic… désolé… hic… Je ne… hic… fais pas… hic… exprès… hic… dit-il en sanglotant de plus belle.

— Laisse-le tranquille. « C'était la voix du policier qui l'avait arrêté. » Le Ciel tonne, les hommes pètent, c'est dans l'ordre des choses, alors laisse courir. »

Peu après, le fourgon arriva à destination et s'arrêta dans une grande cour. Sitôt la porte arrière ouverte, un policier beugla :

« Tout le monde dehors, dépêchons ! Allez vous mettre contre le mur avec vos affaires. Tenez-vous droits, ne vous agitez pas et tous en ligne ! Plus vite que ça ! »

Deuxième Oncle, premier sorti du van, fut aussi le premier à pénétrer dans la salle d'interrogatoire. L'endroit ne devait pas excéder cinq ou six mètres carrés, juste assez pour une petite table et deux chaises.

A peine fut-il assis que le policier qui l'avait arrêté déboula dans la salle à son tour et s'adressa à celui qui était assis de l'autre côté de la table.

« Huang, j'ai fait rentrer tous les autres au poste, il fait glacial. Quand tu voudras interroger le suivant, fais-le passer par la porte de derrière, pas besoin d'aller te les geler. Bon, je repars en patrouille. Qui sait si nous n'allons pas en sauver encore quelques-uns :

c'est une nuit à mourir de froid dehors ! Tous ces crétins de paysans ne sont jamais assez couverts, à croire qu'ils veulent tous attraper la mort.

— Si tu mets ceux que nous avons déjà interrogés avec les autres, comment veux-tu que je m'y retrouve ? demanda l'atrabilaire officier Huang. Ça va encore être la pagaille !

— Il suffit de consulter le registre ! Encore onze suspects après celui-là. »

A ces mots, il ouvrit la porte pour sortir.

« Et où est-on censés mettre ceux que tu vas ramener tout à l'heure, hein ? Il fera encore plus froid cette nuit. On ne va tout de même pas les laisser plantés dans la cour ?

— Débrouillez-vous mais faites-les rentrer ! » répondit l'autre, visiblement pressé d'en finir.

L'officier Huang, pris dans le vent coulis de la porte ouverte, se mit à frissonner.

« Très bien, mais il y en a trop, comment je fais pour tous les interroger ?

— Eh bien, tu continueras demain !

— Et comment je passe le relais à l'équipe suivante ?

— C'est bon, je m'en occupe. C'est moi qui ferai des heures supplémentaires demain matin. »

Sur ce, il tourna les talons et s'en fut. Excédé, l'officier Huang feuilleta nerveusement le registre sur la table.

« Nom ? Age ? Province d'origine ?

— Li Zhongjia, quarante-deux ans, province de l'Anhui.

— Comment ça s'écrit ? *Li* comme prunier ? *Zhong* comme loyauté ? *Jia* comme famille ?

— C'est bien ça, répondit Deuxième Oncle. Mon frère aîné s'appelle Zhongguo, "Loyal envers la Nation". Mon père disait qu'après la loyauté envers son pays, le plus important était la loyauté envers sa famille, d'où mon nom. »

L'officier Huang, amusé par l'explication, faillit éclater de rire mais il se ressaisit.

« Tu as tes papiers ?

— Oui, voici ma carte d'identité, ça c'est mon permis de travail et ça la lettre de recommandation du gouvernement local. »

Deuxième Oncle avait ressorti sa grosse enveloppe et étalait ses papiers sur la table de façon à mettre en évidence les gros cachets rouges.

« C'est bon, mais où est ton permis de résidence temporaire pour Nankin ? demanda le policier tout en feuilletant négligemment les papiers et en cochant quelques entrées sur son registre.

— Quoi ? Il faut un permis pour Nankin ? »

Deuxième Oncle n'en revenait pas.

« Pour y résider ou y rester un certain temps, il en faut un, oui.

— Mais je n'avais pas l'intention d'y rester. Je suis juste de passage car je rentre chez moi et c'est sur ma route. En fait, j'attendais quelqu'un.

— Tu es arrivé quand à Nankin ? Qui attendais-tu ? Pourquoi as-tu été arrêté ?

— Je suis arrivé par le train hier et j'ai couché chez la personne avec qui j'avais voyagé… »

Deuxième Oncle s'efforçait de se souvenir de chaque détail de peur que l'officier l'accuse de dissimuler quelque chose. Mais celui-ci lui coupa la parole :

« Ecoute, je n'ai vraiment pas le temps d'écouter tous ces détails insignifiants. Dis-moi plutôt qui tu attendais.

— Son nom est… Guan Buyu…

— Et ce Monsieur Guan, il peut témoigner pour toi ? C'est quoi, son numéro de téléphone ?

— Je… je ne sais pas.

— Tu ne sais pas ? Mais alors, comment veux-tu qu'on le trouve pour qu'il témoigne en ta faveur ? Y a-t-il quelqu'un d'autre qui peut confirmer ton histoire ? Si ce n'est pas le cas, inutile d'espérer être de retour chez toi pour le Nouvel An ! »

Deuxième Oncle était horrifié à l'idée de ne jamais pouvoir quitter cet endroit.

« Je… je n'ai vraiment pas son numéro… mais je sais que tous les gens du grand saule connaissent Monsieur Guan. Il aide beaucoup de paysans à trouver du travail, d'ailleurs, mes trois nièces…

— Tu parles de l'agence pour l'emploi qui se trouve près du grand saule ?

— Oui, c'est ça.

— Et tu dis que tu as été arrêté parce que tu attendais ce monsieur ? Tu mens ! Il y a forcément une autre raison, et si tu ne me dis pas la vérité, tu seras réinterrogé demain matin et tu vas passer un sale quart d'heure. Alors c'est toi qui vois ! »

Voyant le policier prêt à s'en aller, Deuxième Oncle poursuivit :

« Attendez… Le policier qui m'a arrêté m'accuse d'avoir volé le manteau de femme que j'avais sur le dos…

— Comment ? Il dit que tu l'as volé ? Qu'est-ce que ça veut dire ? D'où vient ce manteau ?

— Je l'ai acheté d'occasion pour ma femme.

— Tu as le reçu ?

— Quel reçu ? Pour quoi faire, un reçu ?

— Mais enfin, comment veux-tu prouver que tu ne l'as pas volé si tu n'as pas de reçu ?

— Ecoutez, je vous jure que j'ai jamais rien volé à personne ! Que le Ciel me foudroie sur place si je mens ! » implora Deuxième Oncle, désespéré, en pointant le haut de sa tête.

La détresse de son suspect décontenança l'officier Huang.

« Mais qu'est-ce que c'est que cette embrouille ?

— Je vous assure, je mens pas ! C'est la vérité... »

Face au policier incrédule, Deuxième Oncle était affolé.

« Bon, ça suffit. J'en ai fini avec toi. Prends tes affaires et attends la sentence.

— La sentence ? Comment ça ? Je vais être puni ? »

Deuxième Oncle sentit ses genoux flageoler, un voile noir tomba devant ses yeux.

« Pourquoi crois-tu qu'on t'a amené ici si ce n'est pas pour te juger ? » répondit le policier en l'escortant jusqu'à la pièce voisine.

Bien qu'elle fût bondée, on aurait entendu une mouche voler. L'officier Huang désigna un autre suspect dans la foule, lui demanda son nom et, voyant qu'il ne figurait pas au registre, l'emmena pour l'interroger.

Deuxième Oncle s'assit dans le petit espace qui venait de se libérer et, faute de place, garda ses sacs sur ses genoux. Gêné par les paquets, son voisin, furieux, les repoussa en ronchonnant :

« Bordel, fais gaffe ! Tu vois pas que t'encombres ? Quelle idée de venir en taule avec tout ce barda ? Tu te prends pour qui ?

— Désolé… Pardon…

— Par ici ! Donne-moi ça, je vais les mettre sur mes genoux, dit une voix à côté de lui.

— Merci, mon ami. »

Deuxième Oncle tenta de se retourner pour identifier le visage de son bienfaiteur, mais en vain.

« C'est la moindre des choses entre compagnons d'infortune, ajouta celui-ci d'une voix éteinte.

— Est-ce que ça va ? A t'entendre, tu sembles épuisé, demanda doucement Deuxième Oncle, inquiet au sujet de son nouvel ami.

— Rien de grave… Une dispute avec ma femme. Alors je suis sorti noyer mon chagrin dans l'alcool, j'ai dû y aller un peu fort et sur le chemin du retour, j'ai pris une voiture de flic pour un taxi. Et comme si ça ne suffisait pas, j'ai engueulé le flic, pensant que c'était le chauffeur du taxi. »

Son ami n'avait pas fini sa phrase que le policier d'à côté ouvrit la porte avec rage et fustigea l'assemblée d'un ton cinglant :

« Silence ! Je ne veux plus entendre un mot. Le premier qui l'ouvre ira faire un tour dans la cour ! »

Cette nuit-là, Deuxième Oncle passa sa vie en revue comme s'il se tenait face aux portes de l'Enfer. Même si ce cauchemar devait un jour prendre fin, jamais plus il ne marcherait tête haute. Dieu sait qu'il lui avait fallu du temps pour gagner le respect des villageois. S'il avait fait la fierté de ses parents les dix premières années de sa vie, du seul fait d'être un garçon, il avait dû ensuite prouver au monde qu'il était devenu un homme. Ça n'avait pas été facile. La « mauvaise graine », comme on l'appelait chez lui parce qu'il n'avait pas de fils. Et quand il quittait le village pour se tuer à la tâche sur des chantiers, il se sentait comme une « théière sans bec » : son malheur le suivait où qu'il aille, jamais il ne pouvait déverser sa peine. Et ce séjour en prison allait le renvoyer tout droit dans les bas-fonds. En admettant que par bonheur on le laissât rentrer chez lui, ne serait-il pas l'objet de dégradantes insultes de la part des villageois ? Personne ne croirait à une méprise, tous diraient : « Depuis quand la police arrête les innocents ? »

Aux yeux de qui n'a jamais quitté sa campagne, la police faisait figure d'autorité suprême. Il se rappela la façon dont la génération de ses aïeux vénérait le président Mao. Pour eux, cet homme savait tout faire : construire une maison, coudre un ourlet, pendre un chien et faire sécher des patates douces de la façon la plus économique qui soit. Mao était un Dieu, et les policiers d'infaillibles représentants de l'Armée Céleste. Il n'y avait donc aucune échappatoire possible, c'en était fait de lui… Comme le disait sa femme, « les langues des villageois sont si acérées qu'elles peuvent vous broyer jusqu'à la mort ».

Tandis que le ciel se teintait doucement de gris perle, un faible rai de lumière filtra par la fenêtre dans la pièce, et un gémissement rauque s'éleva :

« C'est la saison des exécutions… »

Deuxième Oncle sentit son sang se glacer dans ses veines.

« Quoi ? Qu'est-ce que tu dis, Grand Frère ?

— Je dis que… reprit le gémisseur, que beaucoup d'entre nous vont être sacrifiés à Yama le roi des Enfers, en guise de cadeau de Nouvel An ! »

Deuxième Oncle frissonna.

Il se remémora les histoires de fantômes, de gens accusés à tort et condamnés à une mort inique. N'était-ce pas en leur hommage qu'on célébrait la fête des Fantômes ? Pour réhabiliter leurs mânes torturés par d'injustes tourments ? Quand viendrait le jour de cette célébration l'année prochaine, le quinze du septième mois lunaire, ferait-il partie de ces infortunés fantômes ? Mais alors ça voudrait dire… qu'il ne reverrait plus jamais sa femme ni ses enfants ! Plus jamais ses amis ni ses frères… Il réalisa tout ce que représentaient pour lui les chemins et les champs boueux de sa campagne, les tendres pousses vertes du printemps, les parfums de l'été, les couleurs dorées de l'automne et les plaisirs oisifs de l'hiver. Il se remémora aussi les quelques sourires bienveillants que lui avaient adressés ses pires ennemis : sa belle-sœur notamment, qui, bien qu'elle eût voulu le « noyer de salive » en lui crachant tout son venin à la figure, lui avait quand même offert un jour deux pénis de taureau pour « fortifier son Yang ». Finalement, les gens ne sont pas si mauvais, pensa-t-il. Si je sors d'ici vivant, je ne me mettrai plus jamais en colère. Ils pourront bien hurler et jurer tout leur saoul, ça m'est égal. La colère et le rire font partie de la vie ! Et il n'y a rien de plus beau que la vie ! Laissez-moi vivre… »

Deuxième Oncle se mit alors à prier tous les dieux qui lui venaient en tête : de Jésus-Christ à la Vierge Marie ainsi que les bodhisattvas, Guanyin, le dieu de la Richesse, le dieu du Fourneau, le maître tibétain Zangmi (dont il avait entendu parler à Zhuhai), Mazu, les Rois-Dragons… Sans oublier bien sûr le président Mao, Jiang Zemin et le petit dernier, Hu Quelque Chose… Il les pria tous sans exception et sans relâche, comme une litanie.

Mais quand la porte en fer se rouvrit et qu'une silhouette coiffée d'une grande visière se dressa devant lui en pleine lumière, toutes les divinités qui l'avaient soutenu jusque-là s'évanouirent tout à coup. Seul face à lui-même, il sentit son cœur cogner si fort dans sa poitrine qu'il crut que d'un instant à l'autre il allait bondir hors de sa bouche.

Le policier lut à haute voix une liste de noms : ceux-là devaient attendre derrière la porte. Mais quand il appela Li Zhongjia, personne ne répondit ni ne bougea.

« Li Zhongjia ? Ce n'est pas toi, Li Zhongjia ? » demanda le policier en s'avançant vers lui.

Face à la porte des Enfers, Deuxième Oncle était pétrifié.

« Je… je ne veux pas mourir ! » bredouilla-t-il en claquant des dents, pâle comme un linge.

Incapable de franchir la porte, le pauvre homme reculait en tremblant comme une feuille.

« Va attendre derrière la porte, tu pourras bientôt rentrer chez toi », ajouta le policier sans autre explication.

A ces mots « rentrer chez toi », Deuxième Oncle pensa à ces films où l'assassin s'exclame avant de tuer sa victime : « Allez, je te renvoie chez toi ! » et aussitôt il tomba à genoux devant le policier en l'implorant :

« Monsieur l'agent, je vous en prie… J'ai rien volé, rien…

— Mais voyons, qu'est-ce qui te prend ? On te renvoie chez toi, qu'est-ce que tu veux de plus ? Ta famille vient te chercher. Lève-toi et sors d'ici ! »

Ce n'est que lorsqu'il aperçut Six et Guan Buyu qui l'attendaient dans la cour qu'il fut enfin convaincu d'avoir laissé loin derrière lui la porte des Enfers.

Mais les questions de Guan Buyu ravivaient le traumatisme causé par cette pénible expérience. Deuxième Oncle ne pouvait dire un mot. Encore sous le choc, il gémissait et sanglotait, sanglotait…

Shu Tian et Guan Buyu n'avaient entendu que de sinistres histoires sur la police, aussi furent-ils soulagés de constater que Deuxième Oncle ne portait aucune trace visible de mauvais traitements. A leurs yeux, finalement, il s'en sortait plutôt bien. Tout juste si Six ne le trouvait pas un peu pleutre de geindre ainsi pour une courte nuit en prison. Aucun d'entre eux ne pouvait imaginer que ce que le pauvre homme venait de traverser reviendrait le hanter encore tant de nuits.

La Xiali rouge suivit l'Audi noire dans un quartier résidentiel de luxe, de style européen, situé près du mémorial de Sun Yat-sen, et toutes deux s'arrêtèrent devant une grande villa.

Directeur Shui les mena jusqu'à l'entrée, et tout en ouvrant la porte, il dit à Guan Buyu :

« Où étais-tu hier soir tandis que ce pauvre bougre avait la frayeur de sa vie ? On a beau dire que la police ne prend plus autant son pied à arrêter les voyous et les vagabonds au moindre faux pas, ça n'empêche que quand on se retrouve nez à nez avec un policier en uniforme, même à nous, ça nous fout les jetons ! Le problème n'est pas d'être coupable ou pas, mais plutôt de savoir si ces tyrans comprennent vraiment la loi qu'ils sont censés faire respecter…

— Ne m'en parle pas, répondit Guan Buyu en soupirant : mon ex-femme menace d'utiliser les nouvelles lois qui protègent les droits des femmes pour m'en faire voir ! Il y a trois ans, quand nous avons divorcé, le partage de notre patrimoine s'était déjà fait largement en sa faveur et aujourd'hui encore elle me prend pour une banque. Ce que je ne savais pas avant de l'épouser, maintenant crois-moi, je le sais : se marier c'est comme monter sur un bateau pirate, une fois qu'on est dessus, plus moyen d'en descendre. Et des lois sur le divorce, ils en pondent tous les jours ! Hier encore elle me courait après, elle voulait de l'argent pour s'acheter un climatiseur. J'ai dû aller me cacher, tu parles d'une vie ! »

Guan Buyu continua le récit de ses mésaventures tout en suivant Directeur Shui à l'intérieur.

« Quelle chance tu as, toi, d'être célibataire ! Tu n'as personne d'autre à nourrir que toi et tu vis dans un palace. Tu veux rester seul toute ta vie ?... Entrez, tout le monde ! dit-il en s'adressant aux trois sœurs et à leur oncle, bienvenue au palais de Directeur Shui ! »

Trois, Cinq et Six furent saisies par la magnificence du spectacle qui les accueillit. Elles se tenaient dans un immense salon d'environ cent cinquante mètres carrés, décoré à l'européenne, au centre duquel trônait un somptueux ensemble canapé-fauteuils, couleur amarante et or, élégamment frangés. Le long du mur, s'alignaient nombre de tables, bureaux, consoles et étagères sur lesquels étaient exposés une kyrielle de bibelots en tout genre : sculptures animalières en bois, objets anciens, ainsi qu'une riche collection de plantes vertes savamment disposées dans la pièce. D'élégants rideaux de velours rouge et or habillaient les quatre fenêtres, au plafond cinq magnifiques lustres de cristal scintillaient de mille feux. Au sol s'étalaient de magnifiques tapis de laine écossais aux motifs de chevaliers et de cornemuses ; du couloir qui menait à la salle à manger et aux chambres en passant par la cuisine, on pouvait apercevoir de superbes chaises finement sculptées ainsi que d'éblouissants couvre-lits en satin de soie, rouge et argent…

Guan Buyu et Shu Tian propulsèrent les trois filles hébétées jusqu'au canapé sur lequel Deuxième Oncle avait déjà pris place.

« Je vous en prie, asseyez-vous ! leur proposa Directeur Shui, j'ai quelques petits plats préparés qu'il suffit de réchauffer. Mangeons donc un morceau avant de repartir, Guan Buyu et moi-même avons une réunion qui nous attend, et Deuxième Oncle doit rentrer chez lui. »

Et tout en parlant, bedaine brimbalante il se dirigea vers la cuisine et sortit la barquette du réfrigérateur. Les sœurs perçurent le doux ronron du micro-ondes, et le délicieux parfum d'un plat de tofu fermenté au porc se répandit bientôt dans la pièce. Il s'agissait d'un ragoût de viande particulièrement apprécié dans le Sud et que Trois connaissait fort bien pour l'avoir sur la carte du restaurant. Avant que les trois sœurs aient fini leur tour du salon, Directeur Shui revint dans la pièce avec un plateau qui, disons-le, reposait quasiment sur son ventre.

« Servez-vous ! Un bol chacun et ne faites pas de manières, nous sommes entre amis. Ici, il y a un proverbe qui dit : “Le meilleur moyen de se tirer d'un mauvais pas est de trouver la bonne porte”, en d'autres mots, un bienfaiteur. Laissez-moi être votre porte… Allez, dépêchez-vous, mangez ! »

Deuxième Oncle, son bol en main, regardait ses trois nièces, en proie à des émotions contradictoires. S'il ne s'était pas inquiété à leur sujet, il n'aurait pas fait cette descente aux Enfers. Maintenant elles étaient là, toutes les trois devant lui, en pleine santé, savourant leur repas dans un cadre de rêve. Comment pouvait-on passer, en l'espace d'une seule journée, de l'Enfer au Paradis ?

« Mangez, Deuxième Oncle, intima Trois gentiment, sinon nous allons nous faire du souci. »

Le repas touchant à sa fin, Directeur Shui voulut connaître les projets de Deuxième Oncle.

« Je… je crois que je ferais mieux de rentrer tout de suite. Mes nièces suivront quand elles seront en vacances. » Deuxième Oncle regardait au loin, une ineffable expression sur son visage.

Guan Buyu réfléchit un moment et fit la suggestion suivante :

« J'ai une idée ! Si j'envoyais quelqu'un raccompagner Trois et Deuxième Oncle au restaurant de ma belle-sœur pour tout lui expliquer et lui demander de laisser Trois repartir aujourd'hui avec Deuxième Oncle ? Quant à Cinq, Directeur Shui nous a dit qu'elle était l'une de ses meilleures employées, il aura encore besoin d'elle en cette période de l'année. Juste avant le Nouvel An, il y a beaucoup de monde, alors il vaut mieux qu'elle rentre un peu plus tard, après la fête du dieu du Fourneau. Ah, Six, je te vois cogiter. Tu te demandes sans doute comment les citadins peuvent célébrer cette fête alors qu'ils n'ont justement pas de dieu du Fourneau ? Eh bien, reste et tu verras ! En ville, chaque famille dispose tout de même d'un fourneau pour faire la cuisine. C'est devant ce fourneau que nous nous inclinons et pour nous c'est comme si nous adressions nos prières au dieu du Fourneau.

— Merci à vous tous pour votre bonté ! Ça va beaucoup rassurer leurs parents ! » répondit Deuxième Oncle, profondément soulagé qu'une de ses nièces puisse faire le chemin du retour avec lui.

Non seulement il redoutait de les perdre à nouveau mais surtout il avait grand besoin de compagnie après ce qu'il venait de vivre. Il avait encore peine à croire que ce n'était pas un rêve.

« J'aurais dû y penser avant, poursuivit Guan Buyu. Au village, vous n'avez ni ordinateur, ni téléphone et la majorité d'entre vous ne sait pas lire, alors évidemment vous ne pouvez compter que sur vos proches pour avoir des nouvelles ! Mais là encore j'imagine qu'il doit être difficile pour des parents de croire sans voir. Et si vous ne les aviez pas retrouvées, je suppose que vous ne nous auriez pas crus non plus ! N'est-ce pas ? »

Soudain, les yeux de Guan Buyu s'illuminèrent...

« Shu Tian, tu n'as pas dit que tu avais un appareil photo numérique dans ta voiture ? Quand tu auras ramené les filles sur leur lieu de travail, prends donc quelques photos d'elles sur place pour que Deuxième Oncle puisse les montrer au village. Si tu te dépêches, tu peux y arriver, alors vas-y ! Le car ne part que dans quatre heures. Bon, maintenant, tout le monde dehors ! Allez, ouste ! »

Tout en parlant, Guan Buyu avait sorti une enveloppe d'une poche intérieure de son costume et il la tendit à Deuxième Oncle :

« Prenez ça aussi. C'est un petit quelque chose pour leur mère, je vous charge de le lui remettre.

— Vous, les Nankinois, vous être beaucoup plus gentils que les gens du Sud, conclut Deuxième Oncle avec une sincère reconnaissance. Vous pensez vraiment à tout ! »

Alors qu'ils étaient sur le départ et que les voitures démarraient, Directeur Shui sortit la tête par la fenêtre et interpella Guan Buyu :

« Au fait, tu ne m'as toujours pas dit qui tu avais appelé pour sortir Deuxième Oncle de prison ! Le directeur adjoint Han ou l'officier Huang ?

— Ni l'un ni l'autre ! cria Guan Buyu pour couvrir le vrombissement de son moteur. La loi qui interdisait le vagabondage a été abrogée ce matin. Apparemment, à partir de maintenant, les ruraux n'auront plus besoin de papiers du gouvernement local quand ils voudront se déplacer. On peut dire que Deuxième Oncle a eu de la chance.

— Tu parles ! Mais alors... tu veux dire que maintenant on va pouvoir bouger librement ? Je n'en reviens pas ! »

Directeur Shui en était si surpris qu'il en coupa le moteur.

« Ça m'en a tout l'air, répondit Shu Tian. Aux dires des policiers les plus âgés, avec l'abrogation de cette loi et aussi de celle qui interdisait la cohabitation, il va probablement falloir réduire les effectifs, mais ça permettra de désengorger les prisons.

— Mais c'est une putain de Révolution culturelle ! s'exclama Directeur Shui. C'est pas trop tôt, ils auraient dû faire ça il y a des lustres. Si la population ne peut pas se déplacer, l'information ne circule pas et la culture se fige. Excellente nouvelle ! Bon, je dois filer. A ce soir ! »

Aussitôt, Directeur Shui appuya sur le champignon et la berline noire disparut à l'horizon.

« A ce soir ! répondit Guan Buyu en direction de la voiture qui s'éloignait, avant de se tourner vers Shu Tian. Emmène les filles, moi je vais prendre un taxi. Mon ex-femme a engagé quelqu'un pour me prendre en filature, mieux vaut que j'y aille de mon côté, ça vous évitera des ennuis. » Sur ces mots, Guan Buyu fila vers le boulevard.

12

Une baguette vaut bien une poutre

A son retour au village, Deuxième Oncle était méconnaissable. Son sentiment d'avoir échappé de peu à la mort l'avait transformé et il débordait maintenant d'affection envers tout le monde. Il prenait dans ses bras les petits chenapans morveux qui jouaient dans la boue et allait jusqu'à enlacer le cochon de la famille tout crotté de sa journée à patauger dans la fosse d'aisances ! Quant aux membres de sa famille… ses filles et sa femme ne l'avaient jamais vu tant rire ni prendre tant soin d'elles. A chaque repas, il sélectionnait les meilleurs morceaux pour les mettre dans le bol de ses enfants ; chaque nuit, il stupéfiait et ravissait sa femme par l'ardeur et la passion de ses étreintes, passion qu'elle n'avait jusque-là jamais soupçonnée. Que lui était-il arrivé ?

Inquiète, Deuxième Tante chercha auprès de Trois les raisons de cette métamorphose. Conformément aux instructions de son oncle, celle-ci lui raconta que dans un terrible cauchemar il s'était retrouvé dans les flammes de l'Enfer et que depuis qu'il en était revenu, il n'était plus le même. Il avait décidé de profiter de la vie : quitte à perdre son âme, que ce ne soit pas pour rien !

Les photos que Deuxième Oncle avait rapportées de la ville firent aussi grand bruit et la nouvelle se répandit comme une traînée de poudre. Un flot continu de villageois curieux défilait pour les voir dans la cour de la famille Li, entretenant un brouhaha continu jusque tard dans la nuit. Le père de Trois grommelait de temps à autre en se plaignant du gaspillage d'huile qu'engendraient ces veillées tardives ; mais il ne parvenait pas à détacher ses yeux des photos où resplendissait le visage radieux de Cinq devant la bouche du dragon illuminée de feux multicolores. Que son petit laideron, que la plus sotte de ses filles pût se révéler si douée le sidérait. Parmi les photos des trois sœurs, tout le monde s'accordait pour dire que c'était Cinq qui avait le plus d'allure. A voir son père si admiratif de sa fille, Trois ne regretta plus d'avoir failli manquer le car de retour pour faire cette photo. Ils avaient tenu à attendre la tombée de la nuit pour photographier le *Palais du dragon d'eau* dans toute sa splendeur, ça en valait la peine !

Une personne se tenait pourtant en retrait de la liesse générale. La mère de Trois, qui avait remarqué un changement chez sa fille, s'inquiétait. Et tous les cris d'admiration des villageois n'y changeaient rien, quelque chose n'allait pas. Elle pressentait, dans le cœur de Trois, l'indicible menace d'un gros orage sur le point d'éclater. Souvent, le regard de la jeune fille se perdait dans le lointain et sa mère, qui ignorait la source de son vague à l'âme, se douta, pour l'avoir vécu en secret, qu'il devait s'agir des tourments du « mal d'amour ». En son temps, elle était tombée follement amoureuse d'un garçon de son village. Ils avaient grandi ensemble, s'appelaient frère et sœur, et l'idée de le perdre un jour ne l'avait jamais effleurée. Jusqu'au jour où ce jeune homme avait annoncé gaiement à sa

« sœurette » qu'il allait se marier. Elle avait brutalement réalisé qu'elle n'avait jamais été la femme de ses rêves. N'ayant personne auprès de qui s'épancher, elle n'avait pu partager sa peine…

Dans ce monde d'hommes, les lubies d'une paysanne ne trouvaient pas leur place, c'était l'homme qui choisissait sa femme, un point c'est tout. A coup sûr, on se serait moqué de son béguin, qui sait même si on ne l'aurait pas traitée de folle ?

Elle seule savait combien d'oreillers elle avait inondés de larmes, combien d'étoiles elle avait comptées et combien de semelles intérieures elle avait brodées pour lui en secret avant de les mettre en pièces. Et quand ses parents l'avaient mariée à l'aîné de la famille Li en échange d'une femme pour l'un de ses frères, elle s'était résignée à accepter son sort, et avec lui les règles ancestrales auxquelles des millions de femmes avant elles avaient dû se plier sans broncher.

Trois était-elle tombée amoureuse d'un homme qui ne lui était pas destiné ? Un homme l'aurait-il… ? Sa mère n'osa pousser son imagination plus loin et il ne lui vint pas à l'esprit de demander à Trois ce qu'il en était. N'étant pas allée à l'école, elle avait toujours laissé son instinct la guider, et le seul exemple qui lui avait été donné était celui de sa propre mère qui ne s'était jamais intéressée ni à ses joies ni à ses peines. Elle s'était contentée de lui apprendre ce qu'un homme considérait comme bon ou mauvais chez une femme. Jamais elle n'avait vu ou entendu qu'une mère et sa fille pouvaient se parler à cœur ouvert. Alors comment aurait-elle su partager la détresse de sa fille ?

A la voir dans cet état, la mère de Trois s'inquiétait aussi pour les deux autres. Etaient-elles aussi heureuses que le montraient les photos ? Pourquoi Cinq et Six n'étaient-elles pas rentrées avec leur sœur pour les offrandes au dieu du Fourneau ? Trois lui avait bien assuré qu'elles allaient bien, mais comment pouvait-elle en avoir la certitude puisqu'elles ne travaillaient pas au même endroit ? La mère de Trois, qui n'était jamais allée ne fût-ce qu'au bourg voisin, n'imaginait pas combien il était facile de communiquer en ville. Pour elle, les informations ne s'échangeaient que de vive voix. Elle habitait à cinquante kilomètres à peine de son village natal depuis son mariage, et les seules nouvelles qu'elle en recevait venaient de gens de passage ou de parents venus lui rendre visite. Communiquer par téléphone ou par ordinateur ne faisait pas partie de son monde.

Il fallut attendre l'arrivée de Cinq et Six, deux jours avant les célébrations du Nouvel An, pour voir enfin se dessiner un sourire sur le visage de leur mère. Pour la première fois, la maison de la famille Li s'emplit de rires joyeux et les conversations allaient bon train. Cinq et Six contaient leurs aventures en ville et toutes les filles du village, les épouses et les belles-mères accouraient chez elles pour les écouter, fascinées, et pour admirer encore et toujours les photos de ces rues de la ville et des gens souriants qui s'y promenaient… C'était là un nouveau monde que la vieille génération du village découvrait avec ébahissement.

Avant le dîner de Nouvel An, Trois, Cinq et Six enveloppèrent dans du papier journal les cadeaux qu'elles avaient rapportés pour leur famille. Elles s'étaient mises d'accord pour tout mettre dans un même paquet et le donner à leur mère afin que ce fût elle qui l'ouvrît. C'était leur façon de lui montrer combien ses baguettes de filles l'aimaient, combien elles étaient fières de celle qui s'était sacrifiée pour elles tout au long de sa vie. Elles voulaient lui réchauffer le cœur.

Mais quand leur mère reçut le paquet, elle se tourna aussitôt vers son mari, le chef de famille, et le lui tendit avec le plus grand respect.

« Ouvre-le, toi ! intima Li Zhongguo. C'est à toi que les filles l'ont donné.

— A moi ? » demanda leur mère, confuse.

En vingt ans de mariage, jamais son mari n'avait laissé supposer que quoi que ce fût dans cette maison lui appartînt.

« Allez, ouvre ! » répéta-t-il sur un ton qui ne souffrait plus aucune discussion.

Doucement, les mains tremblantes, elle éplucha le paquet feuille à feuille. Oh, ce n'était pas du joli papier cadeau brillant à la mode en ville, mais il n'en était pas moins précieux. Il venait des journaux anglais dont Six se servait pour pratiquer la langue. Il lui en avait coûté de se séparer de ces quelques pages. Personne dans son village n'avait jamais lu un article de journal, alors en anglais… Ils n'en auraient pas même déchiffré les lettres. Mais quelque part, Six avait voulu leur offrir ces feuillets qui témoignaient d'un monde plus vaste et d'une autre culture, cela participait du cadeau de Nouvel An.

A l'intérieur du paquet se trouvait une veste chinoise de brocart rouge, bordée d'un joli feston brodé et fermée par de superbes nœuds très sophistiqués ; une pipe en bois sculptée, décorée du visage souriant de Shou Lao, dieu de la Longévité ; une grande écharpe en tissu mélangé de couleur rose ; une paire d'épingles à cheveux en forme de papillon, une verte, une bleue ; et enfin plusieurs enveloppes ainsi qu'un ballot en tissu. C'était dans ce même tissu que, onze mois auparavant, leur mère avait enveloppé des patates douces et des galettes pour accompagner ses filles durant le voyage qui devait les conduire en ville.

Trois enroula l'écharpe autour du cou de Quatre, sa petite sœur muette ; Six présenta respectueusement la pipe à son père, et Cinq déplia la veste chinoise puis invita sa mère à l'essayer.

« Waouh !... » Toute la famille poussa un cri d'émerveillement tant leur mère était belle dans cette veste, même leur père qui ne l'avait jamais touchée devant ses enfants se surprit à mettre son bras autour de ses épaules, la faisant rougir d'émotion.

« Qui a choisi cette veste ? s'exclama le père. Voilà quelqu'un qui a vraiment l'œil !

— C'est Cinq ! répondirent en chœur Trois et Six.

— Mais comment savais-tu qu'elle m'irait si bien ? Tu ne connais pas ma taille... » s'étonna sa mère en regardant Cinq avec surprise.

Ainsi donc sa cruche de fille avait réussi à apprendre à compter !

« Je... je... Trois, s'il te plaît, aide-moi à lui expliquer, implora Cinq en rougissant.

— Bon, alors voilà comment ça s'est passé... reprit Trois pour tirer sa sœur d'embarras. Dès qu'elle est arrivée en ville, Cinq a passé le plus clair de son temps libre le nez collé aux vitrines des grands magasins et des boutiques de vêtements. Elle y restait plantée des heures à regarder les "fausses personnes" derrière la vitre, habillées des vêtements vendus à l'intérieur. J'ignorais pourquoi elle faisait ça, jusqu'au jour où, avant de rentrer à la maison, je suis allée faire des photos au *Palais du dragon d'eau*, où elle travaille. Là, Tante Wang m'a raconté qu'à chaque fois qu'elle voyait une cliente de ton gabarit, Cinq lui demandait poliment la taille de ses vêtements. Quand les clientes ont appris qu'elle se renseignait pour faire un cadeau à sa mère, elles se sont montrées ravies de l'aider et certaines l'ont même complimentée sur sa piété filiale, devenue si rare en ville. Six et moi nous savions qu'elle aimait regarder les "silhouettes" de ces "fausses personnes" mais nous ignorions ce qu'elle mijotait. Ça lui a pris des mois pour tout mettre au point, pas vrai, Six ? La pipe, c'est Six qui l'a choisie pour papa avec l'aide de ses amis étrangers, et l'écharpe, c'est moi qui l'ai trouvée. Les épingles à cheveux sont pour Grande Sœur, puisque Deux n'est plus parmi nous, autant qu'elles lui reviennent et qu'elle soit belle en son souvenir…

— Ma pauvre enfant ! » gémit sa mère.

En voyant son père tirer férocement sur sa pipe, Cinq redouta que, comme chaque année le soir du Nouvel An, sa famille ne se figeât dans un silence de mort en mémoire d'un douloureux passé, et elle poursuivit :

« Voici une boîte de boulettes de riz gluant de la part de Dame Tofu, des enveloppes rouges de la part de nos patrons et une lettre des amis étrangers de Six qui vous est adressée…

— Des étrangers ? Quels étrangers ? Tu veux dire ces diables d'étrangers aux cheveux blonds et aux yeux bleus ? Ce sont… les *amis* de Six ? »

Leur père, si avare de ses mots d'habitude, ou qui ne les distillait que pour fouailler son auditoire, ne comprenait plus rien.

« Exactement ! répondit Six en jubilant. J'ai rencontré beaucoup d'étrangers venus de différents pays. Ils sont tous très gentils et m'ont appris plein de choses.

— Et… vous travaillez ensemble ? »

Sa mère lui tirait la main, tout excitée.

« Voilà qui est typiquement féminin ! railla le père. Tu fais des suppositions alors que tu ne sais rien de ce monde ! Les étrangers viennent chez nous pour occuper des postes de cadres, alors comment veux-tu que nos filles, simples ouvrières, travaillent avec eux ? Tu n'as donc rien écouté de ce que nous a dit Deuxième Oncle ? Rien que pour apprendre leur langue, ça nous prendrait des lustres. Trois, tu viens bien de dire qu'ils nous avaient écrit une lettre ? Mais pour quoi faire ? Comment nous connaissent-ils d'abord ? Explique-toi. Et n'essaie pas de nous embobiner avec de belles formules comme les gens des villes !

— Mais enfin, papa, ce sont les amis de Six ! l'interrompit Cinq. Mes amis à moi connaissent aussi tout de maman et de toi. »

Jamais jusqu'à ce jour elle n'avait osé interrompre qui que ce soit chez elle, et encore moins son père. Aussitôt les mots sortis de sa bouche, elle baissa instinctivement la tête, attendant son châtiment avec résignation, mais rien ne vint.

« Pff ! fit son père au bout d'un moment. C'est vrai, Cinq a raison. Maintenant, lis-nous cette lettre, Six, voyons ce que ces étrangers ont de beau à nous dire », ordonna le maître de maison.

Six s'exécuta et lut la lettre à haute voix.

Mais Cinq, sous le choc, fut incapable d'en écouter le moindre mot : son père venait de lui donner raison ! Elle n'en revenait pas.

En réalité, même si elle avait pu prêter l'oreille, il est probable qu'elle n'y aurait pas compris grand-chose. Sa mère, en tout cas, ne saisit pas un mot.

« Mon enfant, dit-elle à Six, tu sais bien que ta maman n'est jamais allée à l'école. Je ne peux rien comprendre à une lettre écrite par des gens instruits. Dis-nous plutôt de quoi ça parle. »

Leur père, qui jusqu'ici était assis le cou tendu et les sourcils froncés, nageait dans un grand désarroi tant son incompréhension était totale. Aussi fut-il soulagé à l'extrême de cette remarque qui devait lui éviter de perdre la face.

« Ah, il faut toujours que les femmes s'en mêlent ! feignit-il de se plaindre. Allez, Six, reprends la lettre doucement pour ta mère. »

Cinq et Six échangèrent un regard complice. Elles s'amusaient de voir jusqu'où était capable d'aller leur père pour éviter de perdre la face.

« Eh bien, papa, dit Six, toi, maman et Quatre, vous êtes invités par mes amis étrangers et mes patrons, la famille Shu, à passer deux jours en ville avec nous à Nankin pendant la fête des Lanternes ! Nous irons tous ensemble regarder les danses des lions, marcher sur des échasses, manger des soupes de boulettes de riz gluant et admirer les lanternes. Et tout ça, sans avoir à débourser le moindre sou puisque mes amis prendront en charge le transport, les repas et le logement. Et vous pourrez aussi venir voir où nous travaillons…

— C'est fantastique ! » s'exclama Cinq, en bondissant dans tous les sens.

Même Quatre, à qui sa mère avait traduit en signes le contenu du message, semblait ravie de cette nouvelle. Elle tira sur le bras de sa mère et rougit en exprimant sa joie par quelques petits cris d'excitation. Seul leur père resta de glace. Le regard courroucé, il observa chacune de ses filles et rétorqua :

« Dépenser l'argent des autres pour célébrer en ville la fête des Lanternes ? Mais c'est une plaisanterie !

Vous n'y pensez pas sérieusement ! Nous n'avons peut-être pas de fils mais nous avons notre fierté.

— Mais papa, enfin ! dit Trois en jetant une œillade discrète à ses sœurs, nous n'avons pas besoin de dépenser l'argent des autres pour ça ! »

Quand celles-ci lui donnèrent tacitement leur accord d'un signe de la tête, elle s'empara du ballot en tissu, abandonné au milieu du papier journal, et le remit avec émotion dans les mains de sa mère.

« Maman, c'est pour toi. C'est de notre part à toutes les trois, pour te remercier et te rendre ta fierté. Ouvre-le et c'est toi qui décideras si nous allons en ville ou pas. »

A nouveau, ses mains se mirent à trembler et elle ne put s'empêcher de lancer un regard à son mari. Ce dernier, d'un signe de tête assorti d'un mouvement de pipe, lui fit signe d'ouvrir le paquet.

Tout doucement, elle déplia le tissu et découvrit trois belles liasses de billets de cent yuans, épaisses comme des briques.

« Voilà de quoi construire une nouvelle cuisine ! » s'exclama-t-elle, les yeux rougis de larmes.

Les trois filles, submergées par l'émotion, n'en dirent pas plus.

Leur père, lui aussi, resta silencieux un moment. Puis enfin, ses yeux s'embuèrent de larmes et tout bas il demanda :

« Serait-il possible que nos baguettes soient désormais capables de soutenir notre toit ? »

C'était dans un filet de voix et sur un ton encore dubitatif que ces mots venaient d'être dits. Mais cela n'avait pas d'importance. Elles les avaient attendus toute leur vie.

Epilogue

L'histoire après l'histoire

Dès que j'ai eu fini d'écrire ce livre, je l'ai envoyé à ma traductrice anglaise Esther Tyldesley, qui a toujours été ma première lectrice et surtout une amie très chère en qui j'ai toute confiance. Elle se distingue des Occidentaux de par sa connaissance profonde de la Chine rurale. Après avoir étudié le chinois à l'université d'Oxford, elle a passé quatre ans dans le Guizhou, une des provinces les moins développées de Chine, et l'acuité de son regard sur la vie des femmes chinoises continue de me surprendre. Aussi étais-je sur des charbons ardents dans l'attente de son opinion sur mon roman.

Il me fallut patienter quelque temps. Esther était alors accaparée par la correction de ses copies à l'université d'Edimbourg où elle travaille, et je savais combien il était important pour elle de laisser les choses « se mettre en place », une qualité rare de nos jours dans le monde frénétique où nous vivons. Quinze jours plus tard, un courriel m'arriva qui me remplit de joie. « Cela fait bien longtemps qu'on aurait dû révéler au grand jour l'histoire de ces baguettes, disait-elle, Dieu merci, maintenant tu l'as fait !

Une longue conversation téléphonique s'ensuivit. Nous avons discuté du temps que prendrait la traduction et échangé nos points de vue sur le sort des jeunes ouvrières migrantes en Chine. Comme il fallait s'y attendre, nous étions du même avis sur presque tous les points. Puis Esther m'annonça une bonne nouvelle : elle allait épouser son ami chinois qu'elle connaissait depuis presque dix ans. Le mariage aurait lieu, comme le veut la tradition en Chine, au village natal de son mari, et la date fut arrêtée au 1er août, date anniversaire de la fondation de l'Armée de libération du peuple. Nous avons longuement parlé du mariage et au moment de raccrocher, Esther me fit une remarque restée gravée dans ma mémoire. « J'aurais aimé savoir ce que sont devenues les trois sœurs ensuite, me confia-t-elle, et je suppose qu'un grand nombre de tes lecteurs se poseront la même question. » Je la reconnaissais bien là. Elle maîtrisait parfaitement cet art chinois qui consiste à suggérer habilement et tout en douceur une façon de parfaire les choses.

C'est à la suite de sa remarque que j'ai décidé d'écrire cet épilogue. Mais à dire vrai, je sais fort peu de chose sur ce qu'il est advenu des trois sœurs. Voici ce que je sais.

En 2003, j'ai interviewé une femme de ménage à l'hôtel Bailuzhou près du temple de Confucius à Nankin. Elle venait du nord de la province de l'Anhui et c'est elle qui m'a raconté l'histoire de sa grande sœur (Trois dans ce livre). Sa sœur avait tout tenté pour échapper à sa vie au village, me dit-elle. Elle avait travaillé en ville pendant trois ans, mais elle était tombée amoureuse d'un homme qui ne l'aimait pas. Elle était rentrée chez elle pour le Nouvel

An et ses parents l'avaient mariée à un fonctionnaire du village qui n'était jamais parti de chez lui parce qu'il boitait.

« Comment a-t-elle vécu son retour dans sa pauvre campagne après trois ans passés en ville ? Ça a dû être très difficile pour elle de se réadapter à ce mode de vie.

— Qui a dit que ça ne l'avait pas été ? Mais ma sœur était résignée. Elle s'était mis en tête qu'elle ne pouvait pas vivre au même endroit que l'homme qu'elle aimait. Je l'ai encouragée à chercher un travail ailleurs, dans une autre ville, mais elle m'a répondu que tous les hommes des villes lui rappelaient celui qui l'avait repoussée.

— Est-ce que son mari la traite bien ? »

La jeune femme me regarda comme si je venais d'une autre planète.

« Bien, mal, là où elle se trouve, qu'est-ce que ça peut bien vouloir dire ? Nous nous marions avec celui que nos parents ont choisi pour nous, c'est tout. C'est le sort de millions de femmes chinoises depuis la nuit des temps…

— Est-ce que ce sera le vôtre aussi ? »

La violence de sa réponse me médusa.

« Hors de question ! Je ne suis pas comme ma sœur. Elle a un cœur de pierre et quand elle décide quelque chose, c'est pour toujours et elle ne changera pas. Ses trois années en ville ne lui ont rien appris sur la liberté et l'indépendance des femmes. Un jour, elle m'a même mise en garde contre les mauvaises manières des citadines. Mais, vous, dites-moi, qu'est-ce qui est bien, qu'est-ce qui est mal ? Comment peut-elle être si têtue et si aveugle ? Les notions de ce qui est bien ou mal varient largement selon qu'on se trouve en ville ou à la campagne. Vous qui avez beaucoup voyagé, les étrangers ont-ils la même appréciation que nous du bien et du mal ? Même ma mère et ma grand-mère ne voient pas les choses de la même façon. Je ne rentrerai pas chez moi, je ne laisserai pas mes parents disposer de ma vie à leur guise. Et de toute façon, comme ils ne savent pas lire, ils ne me trouveront pas. »

Tout en parlant, elle gardait les mains jointes de toutes ses forces comme si elle faisait un serment à quelqu'un.

« Mais n'avez-vous pas peur de détruire la réputation de votre famille en agissant de la sorte ? Votre sœur a sûrement bonne réputation, n'est-ce pas ?

— Bonne réputation ? Pour quoi faire ? Dans nos villages, les femmes continuent de se suicider au nom de leur "bonne réputation". Mais quand elles sont mortes, vous pouvez me dire à quoi ça leur sert ? Personne ne verse une larme sur elles. Ils se servent juste de leur mort comme d'un bâton pour taper sur le dos des autres femmes. Le cœur des paysans est plongé depuis si longtemps dans la misère et l'amertume qu'il n'y reste plus une once d'humanité. »

Sur ces mots, la jeune femme se remit au travail, me laissant glacée jusqu'aux os en plein cœur de l'été.

Après notre interview, je me suis rendue là où sa sœur travaillait. L'endroit était en construction et des panneaux publicitaires affichaient un peu partout « Kentucky Fried Chicken ». Quelques petits vieux jouaient aux échecs dans l'allée adjacente et je leur ai demandé ce qui se passait. Selon eux, plusieurs bâtiments du carrefour venaient d'être rachetés par l'enseigne américaine en vue de son agrandissement.

« Vous avez connu *L'Imbécile heureux* ? »

Ils firent tous oui vigoureusement de la tête et chacun me raconta sa petite histoire.

« Oui, je me souviens, un charmant petit restaurant… Les étrangers n'en ont fait qu'une bouchée avec leur argent !

— Allons, ça ne pouvait pas marcher, de toute façon. On ne peut pas gagner de l'argent éternellement grâce à une paysanne qui fait soi-disant des miracles avec des légumes. Quelle blague !

— Ne dis pas ça. C'est toujours mieux que de remplir les poches des Amerloques !

— Et qu'est-ce que ça peut faire, à qui va l'argent ? Du moment que la vie est belle et que le pays est en paix… Qui sait ? Peut-être que *L'Imbécile heureux* s'est revendu à un bon prix et comme ils le méritaient bien, ce ne serait que justice.

— Facile à dire. Mais que penseriez-vous si notre temple de Confucius était un jour transformé en église catholique ?

— Et comment cela serait-il possible ? »

J'ai laissé mes vieux joueurs d'échecs poursuivre sans moi leur discussion. J'ai compris que toutes ces questions – qui sont aussi sur les lèvres de tant de Chinois aujourd'hui – allaient les occuper pour un moment.

A mon retour à Nankin en 2005, la jeune femme de ménage avait trouvé un autre emploi dans un hôtel cinq étoiles, le *Zhuangyuan*. Elle m'apprit que sa grande sœur venait de mettre au monde une fille et qu'elle était déjà enceinte du second. Apparemment, la pauvre femme était mortifiée à l'idée d'avoir une seconde fille, car tout comme sa mère, elle serait certainement mise au ban du village comme une femme qui ne sait même pas « pondre un œuf ». J'ai chargé sa sœur de lui donner de ma part deux petits costumes décorés des Cinq Venimeux pour ses enfants. J'espérais qu'ils lui apporteraient la paix et l'aideraient à réaliser son vœu le plus cher.

J'ai rencontré celle que j'ai appelée Six à Pékin en 2002. Neuvième enfant d'une fratrie de dix, elle venait aussi d'une région pauvre de l'Anhui. Elle avait un jeune frère en pleine santé mais quatre de ses grandes sœurs étaient mortes en bas âge. Quand je lui ai demandé comment, elle m'a répondu « de causes naturelles », mais il était difficile de savoir si elle disait ou non la vérité. Dans ces régions où sévit une extrême pauvreté, la vie des petites filles ne vaut pas plus que celle d'un âne, d'un cheval, d'une chèvre ou d'une tête de bétail.

J'étais allée dans une petite maison de thé pour savoir ce qu'était devenu le bon restaurant végétarien que je connaissais dans le coin. Six portait un uniforme traditionnel et écrivait en anglais sur une feuille de papier. Elle me dit que beaucoup de gens venaient dans la maison de thé pour poser des questions sur des établissements qu'ils connaissaient mais qu'ils ne parvenaient plus à retrouver. Aux dires de sa patronne, ce restaurant végétarien avait été détruit. Par pure curiosité, je lui ai demandé à quelle université elle étudiait et l'ai félicitée d'utiliser ses rares moments de calme, durant son service, pour étudier. Quand elle me répondit qu'elle n'était jamais allée à l'université, qu'elle était une migrante qui aimait les livres et qui voulait faire des économies pour partir étudier à l'étranger, j'en suis restée bouche bée. J'avais déjà bavardé avec plusieurs jeunes migrantes, mais jamais auparavant avec une « baguette » éprise de livres et désireuse de s'en aller faire des études à l'étranger. Ce drôle d'oiseau était plus rare encore qu'un phénix ou une licorne. J'avais hâte de l'interviewer et d'en savoir plus à son sujet.

J'ai donc pris rendez-vous avec Six lors d'un de ses après-midi libres, pour faire un tour dans la librairie qui se trouvait dans la rue commerçante de Wangfujing. Là, je lui ai acheté des cassettes et des livres qui l'aideraient à préparer le IELTS, un examen d'anglais reconnu au niveau international. Ensuite, nous sommes allées dîner dans un restaurant traditionnel de Pékin. Dans l'espoir de lui laisser en mémoire de bons souvenirs culinaires de sa mère patrie avant qu'elle ne s'envole pour l'étranger, j'ai commandé des spécialités de différentes régions : un plat appelé « Tranches de poumon façon mari et femme », composé de fines tranches de poumon de bœuf froid relevées d'épices du Sichuan ; des légumes saumurés de Mandchourie ; de la friture du delta du Yangzi ; et un bol de « dragon et tigre combattant », spécialité cantonaise à base de raviolis et de nouilles. Nous avons discuté tout en mangeant et, à la fin du dîner, j'avais écrit son histoire.

En 2003, je suis retournée à la maison de thé, enthousiaste à l'idée de la revoir. J'avais même apporté avec moi les plaquettes de différentes universités anglaises. Malheureusement, elle et sa maison de thé avaient disparu. Les voisins me confièrent que l'endroit avait été fermé pour « vente de livres interdits ». Je n'ai jamais pu la retrouver. Tout ce qui me restait était le numéro de la maison de thé et ce message qui me disait qu'il n'était désormais « plus attribué ».

On a coutume de dire : « C'est dans l'adversité que naît l'amitié », et c'est exactement comme ça que j'ai connu Cinq.

En 2003, mon mari anglais rencontra un Américain à Shanghai qui avait été stupéfait d'apprendre qu'un homme d'affaires chinois avec lequel il négociait tenait ses réunions dans des bains publics. Pour ma part, je n'avais pas été aussi surprise. D'anciens textes comme le *Canon interne de l'Empereur Jaune* montrent combien la santé et l'énergie vitale du corps occupent une place centrale dans la culture chinoise, et ce depuis des siècles. Et tandis que la découverte de cet Américain me donnait une soudaine bouffée de patriotisme, elle aiguisa simplement la curiosité de mon mari. Je pus déceler cette lueur dans ses yeux, il mourait d'envie de visiter l'un de ces « Centres de la culture de l'eau » de Shanghai afin d'expérimenter par lui-même ce regain d'intérêt pour les propriétés médicinales de l'eau.

Il était déjà tard dans l'après-midi quand nous sommes arrivés aux bains. Nous avons pris nos jetons et nos serviettes à la réception puis avons été soumis à quelques examens médicaux de routine avant d'être séparés pour la douche. Il fallait impérativement être propre avant de se plonger dans les bassins. Mais après m'être enfermée dans ma cabine de douche bleu ciel, le malheur s'abattit sur moi.

J'ouvris le robinet d'eau froide et c'est de l'eau brûlante qui en sortit. Pensant que, peut-être, chaud et froid avaient été inversés, j'ouvris le robinet d'eau chaude, mais c'est bien de l'eau chaude qui en sortit. Je tentai aussitôt de fermer les robinets mais leurs pas de vis étaient si usés que je tournais dans le vide. De surcroît, la tête de douche était placée de telle façon que l'eau – qui devenait de plus en plus chaude – aspergeait la porte, m'empêchant de l'ouvrir sous peine de me brûler encore davantage. Tout ce que je pus faire, ce fut de me plaquer dans le coin le plus éloigné du jet d'eau et d'appeler au secours.

Quelques minutes plus tard, une employée finit par entendre mes cris mais se contenta de m'expliquer avec la plus grande lenteur qu'elle n'avait aucun moyen d'ouvrir la porte de l'extérieur. Il fallait que ce soit moi qui l'ouvre. A ces mots, je devins hystérique.

« Si vous ne trouvez pas rapidement un moyen de me sortir de là, je vais être gravement blessée. Il m'est impossible de me protéger entièrement du jet et l'eau est en train de m'ébouillanter. Alors trouvez quelqu'un pour couper l'eau et vite !

— Vraiment ? »

La voix qui me répondait ne semblait toujours pas saisir l'urgence de la situation.

« Ecoutez-moi ! hurlai-je, si vous n'allez pas chercher quelqu'un rapidement, vous serez tenue pour responsable de mes blessures ! »

Quand j'y repense, ma voix devait résonner de façon terrifiante car j'ai entendu la fille détaler. En attendant son retour, j'ai essayé de changer de position pour que différentes parties de mon corps se partagent le supplice. J'avais eu le temps de compter jusqu'à deux cents quand j'ai fini par entendre des bruits de pas précipités et des cris :

« Quelle cabine ? Bon sang, je croyais pourtant qu'ils l'avaient verrouillée la nuit dernière ! Comment se fait-il qu'on ait pu l'ouvrir ? C'est celle qui ne marche pas bien. Vite ! Dépêchez-vous d'aller couper l'eau chaude. Les autres clients auront un petit peu froid mais ça ne va pas durer. Si ça crée des problèmes, j'en prends la responsabilité. Allez, remuez-vous ! Coupez-moi ce robinet ! »

Il y eut une autre envolée de bruits de pas puis l'eau chaude s'arrêta. J'ouvris la porte et me retrouvai nez à nez avec trois employées en uniforme, la bouche grande ouverte et les yeux rivés sur mon corps aussi rouge qu'une écrevisse.

« Désolées, nous sommes vraiment désolées ! s'excusèrent-elles en chœur.

— Si mon cerveau vous entend et accepte vos excuses, j'ai bien peur que mon corps ait plus de mal », répondis-je, pleine de ressentiment.

La plus jeune des trois s'avança alors vers moi et prit les choses en main de façon remarquable. Faisant signe à ses collègues de remettre l'eau chaude pour les autres clients, elle me dit qu'elle allait s'occuper de moi. Je reconnus sa voix : c'est elle qui s'était engagée à prendre sur elle la responsabilité dans l'éventualité où un client se plaindrait d'être surpris par l'eau froide.

« Je m'appelle Mei. Je vais vous conduire à la salle de soins de la peau où l'on pourra examiner vos brûlures. » Avant même de me laisser une chance d'objecter, elle plaça une serviette sur mes épaules et me conduisit à la salle de soins. Le contact de cette serviette sur ma peau m'était intolérable, mais le médecin m'assura que le baume dont il se servait ferait disparaître la douleur et les rougeurs en une demi-heure.

Il disait vrai : la douleur commença à s'estomper et je l'oubliai presque quand Mei se mit à me frotter les pieds. Tandis qu'elle me les massait, nous bavardions et j'ai découvert qu'elle aussi venait de l'Anhui. Et quand mon mari et moi avons quitté le centre tard ce soir-là, Mei et moi étions devenues de bonnes amies. C'est elle la « Cinq » de mon livre et elle était vraiment le cinquième enfant de ses parents.

Etant donné que Mei ne savait pas lire, nous n'avons pu garder contact que par téléphone et c'est ce que nous avons fait durant presque deux ans. Puis en septembre 2005, une employée du centre m'a dit qu'on l'avait envoyée suivre un « cours technique supérieur » et qu'elle n'avait pas son nouveau numéro.

Je restai perplexe. Comment pouvait-on envoyer une fille qui ne savait ni lire ni écrire suivre un « cours supérieur » ? Puis je me suis ravisée : à force de travail acharné, les Chinois ont réalisé bien des choses que d'autres croyaient impossibles.

J'ai écrit cet épilogue pendant un voyage en Tasmanie où je logeais alors dans une cabane en bois près du mont Cradle. En février, c'était le plein été là-bas et le soleil était si chaud qu'il pouvait vous brûler la peau. Mais ce jour-là, au contraire, la neige tourbillonnait derrière mes fenêtres. Et dans la montagne on disait que c'était « la Maman Ciel qui cherchait ses enfants partis jouer pendant l'été ».

La dernière nuit que j'ai passée en Tasmanie, on m'a emmenée avec tout un groupe voir une colonie de manchots pygmées. Malgré la pluie et le vent, nous étions si contents que nous avons traversé la ville sombre jusqu'à la mer en bavardant gaiement les uns avec les autres. A notre arrivée à destination, notre guide nous a demandé de faire silence. « Je vous prie de ne pas utiliser vos lampes de poche et de faire attention où vous mettez les pieds. A partir de maintenant, vous êtes en "territoire manchot". » Tout en parlant, il alluma une grosse torche spécialement conçue pour n'éclairer que faiblement. Son faisceau de lumière nous révéla une foule immense de manchots pygmées qui se tenaient juste devant nous. Ils n'étaient pas noir et blanc comme ceux dont on parle dans les livres d'école, mais bleu indigo et blanc. Le plus grand ne devait pas dépasser vingt centimètres, et tous agitaient leurs petites ailes et s'interpellaient en poussant des cris pour trouver leurs femelles. Mes compagnons et moi étions impressionnés par l'harmonie paisible dans laquelle vivaient ces petits êtres. Inconsciemment, je les saluai en chinois. Qui sait ? Je fus peut-être la première personne à m'adresser à eux dans cette langue.

Le guide nous posa trois questions : « Pourquoi ces manchots se dandinent-ils de façon si maladroite ? Pourquoi, le soir venu, s'acharnent-ils pendant cinq ou six heures d'affilée à monter de la mer jusqu'au flanc de la falaise ? Et pourquoi font-ils tant de bruit ? »

Un long silence suivit. Nous n'entendions rien d'autre que l'océan et les manchots « discuter » de notre ignorance.

Comme personne dans le groupe n'avait les réponses à ces questions, notre guide y répondit. Tandis que je l'écoutais, encerclée par le rugissement des vagues et les plaintes des petits manchots bleus, mon cœur fut envahi d'une grande tristesse.

« Premièrement, les manchots sont incapables de plier leurs pattes. Imaginez un peu combien il vous serait pénible de gravir une montagne sans genoux ! Ce que nous mettons dix minutes à grimper leur prend plusieurs heures avec beaucoup de haltes. Pourquoi le font-ils chaque jour ? Pour la bonne et simple raison que leur compagne et leurs petits se trouvent à l'abri dans un terrier creusé à flanc de falaise et qu'ils doivent leur apporter à manger. Quant au bruit… C'est l'océan qui leur a donné la vie et qui tient leurs ennemis à distance, tandis que, sur la terre ferme, eux et leur progéniture sont bien plus exposés aux prédateurs. Aussi, quand l'amour les pousse à grimper la pente pour retrouver les leurs, ils sont inquiets, affolés et livrés à eux-mêmes : entendre les cris de leurs congénères les rassure et les apaise… »

Les paroles de notre guide me semblèrent une conclusion parfaite à l'histoire de Trois, Cinq et Six, et à celle de toutes ces femmes de la campagne qui viennent travailler dans les villes de Chine ou qui continuent de s'échiner dans les champs, de l'aube au crépuscule. Elles n'ont pas eu autant de chance que nous à la naissance et il leur manque les « genoux » qui nous permettent de suivre librement notre chemin et nos choix. Beaucoup d'entre elles n'ont jamais été cajolées par leurs parents, n'ont jamais touché un livre, n'ont jamais eu de quoi se vêtir et se nourrir convenablement. Et pourtant, dans ces conditions qui pour nous seraient invivables, elles luttent pour gagner le respect et se battent pour leurs ambitions et leurs amours.

Si ces petits manchots tasmaniens se démenant pour atteindre le sommet m'avaient donné une belle leçon d'humilité, ces frêles baguettes forcent aujourd'hui mon admiration pour toute l'énergie qu'elles nous transmettent.

Les fêtes chinoises

De nombreuses fêtes sont célébrées tout au long de l'année dans les villes et les villages de Chine, et leur importance peut varier d'une région à l'autre. Voici la liste des plus importantes :

La fête du Printemps *(Chun jie)*, aussi connue sous le nom de Nouvel An chinois (du dernier jour du douzième mois lunaire au quinzième jour du premier mois lunaire). Cette fête est la plus importante de l'année. A l'origine, pour les paysans, le Nouvel An était une fête agricole au cours de laquelle ils faisaient des prières pour que les récoltes soient bonnes.

Les célébrations principales du Nouvel An chinois comportent : un banquet familial (comprenant des plats aux noms auspicieux), suivi d'une nuit de veille (gage de longévité et que certains occupent à jouer au mah-jong), la distribution d'étrennes contenues dans des enveloppes rouges et l'allumage de pétards pour chasser les mauvaises influences.

La semaine précédant le Nouvel An a lieu le « Petit Nouvel An », appelé aussi fête du dieu du Fourneau. Puis la famille procède au « grand nettoyage » de la maison et, le dernier jour de l'année, on affiche un peu partout dans la maison des souhaits écrits sur du papier rouge, symbole de chance. Il s'agit surtout de gravures colorées représentant des caractères propitiatoires comme *fu*, « bonheur », ou *chun*, « printemps » (en général, ces caractères sont collés à l'envers car « renverser », en chinois, est homophone d'« arriver » et un *fu* à l'envers signifie donc : « le bonheur est arrivé »). Traditionnellement, on colle également sur les battants extérieurs des portes des images conjuratoires, comme ces portraits effrayants à l'effigie des « dieux des portes » *(menshen)*. Les jours suivant le réveillon, les familles profitent de leurs congés pour rendre visite à leurs parents qui se trouvent loin de chez eux.

La fête des Lanternes *(Deng jie)*, aussi connue sous le nom de *Yuanxiao jie* (le 15 du premier mois lunaire). Tandis que le Nouvel An est une fête familiale, celle-ci est plutôt sociale et clôt le cycle des festivités du Nouvel An. A la tombée de la nuit, la population sort pour une promenade dans les rues, une lanterne à la main, pour admirer les illuminations. Il est de coutume de manger une soupe de *yuanxiao* (dessert éponyme de la fête) à base de boulettes de riz glutineux farcies (en majorité sucrées), cuites à l'eau, et dont la forme arrondie symbolise la réunion et la plénitude. La tradition veut qu'on joue aux devinettes qui sont écrites sur les lanternes. Ce jeu intellectuel qui date de la dynastie des Song (960-1279) a les faveurs de toutes les couches sociales. Dans la journée, de nombreuses activités artistiques sont organisées, notamment la danse du lion, la danse du dragon, la marche sur échasses, et on admire, en plus des lanternes, de magnifiques feux d'artifice.

Cette fête est célébrée depuis la dynastie des Han. Une légende populaire raconte qu'on allumait des lanternes pour que les esprits des ancêtres, venus rendre visite sur terre, puissent retrouver leur chemin.

La fête des Morts, aussi connue sous les noms de fête du Balayage des tombes *(Saomu jie)* ou fête de la Pure Clarté *(Qingming jie)* (le 12 du troisième mois lunaire). C'est le jour où l'on honore la mémoire des défunts et les familles visitent les tombes de leurs proches parents décédés. Le rituel veut qu'on commence par balayer et nettoyer la tombe, qu'on brûle de l'encens et procède à des offrandes de papier-monnaie symbolique. De nos jours, on brûle également des voitures et des maisons de papier, des représentations d'objets qui plaisaient au défunt de son vivant, et tout ce dont il pourrait avoir besoin dans l'autre monde. C'est aussi l'occasion de faire un pique-nique familial. Après avoir « pris le repas avec le défunt », on lui laisse de la nourriture avant de le quitter.

La fête du Double Cinq *(Duanwu jie)*, aussi connue sous le nom de fête des Bateaux-Dragons (le 5 du cinquième mois lunaire). Cette fête commémore la mort du grand poète chinois Qu Yuan qui se suicida en se jetant dans la rivière Miluo. Les coutumes les plus remarquables lors de cette célébration sont la course de bateaux en forme de dragons et la dégustation de *zongzi*, petits gâteaux triangulaires de riz ou de millet glutineux enveloppés de feuilles de bambou. Les nombreuses pratiques associées à cette fête ont aussi pour but de se protéger contre les maladies ainsi que contre les Cinq Venimeux (serpent, scorpion, araignée, lézard, crapaud), censés sortir de leur hibernation à cette période et causer du mal, particulièrement aux jeunes enfants. Les parents les protègent en leur offrant des vêtements décorés desdites créatures pour conjurer le mauvais sort.

La fête du Double Sept *(Qiqi jie)*, aussi connue sous le nom de fête du Bouvier *(Niu Lang)* et de la Tisserande

(Zhi Nü), (le 7 du septième mois lunaire). Cette fête des Amoureux célèbre la nuit où la divinité Zhi Nü pouvait enfin retrouver son amant, le bouvier Niu Lang. Le septième jour de la septième lune, les pies formaient un pont dans le ciel pour permettre aux deux amants d'être réunis. Ceux-ci devinrent deux étoiles, Véga (la Tisserande) et Altaïr, séparées par la Voie lactée.

La fête des Fantômes *(Gui jie)*, aussi connue sous le nom de *Zhongyuan jie* (le 15 du septième mois lunaire). La tradition veut que ce jour-là on brûle du papier-monnaie et que l'on fasse des offrandes aux esprits tourmentés des ancêtres afin qu'ils soient réconfortés et ne viennent plus troubler le monde des vivants.

La fête de la Mi-Automne *(Zhongjiu jie)*, aussi connue sous le nom de fête de la Lune (le soir du 15 du huitième mois lunaire). Considérant la pleine lune comme un symbole de réunion familiale, les Chinois donnent aussi à cette fête le nom de « fête de la Réunion ». La lune de la mi-automne est réputée être la plus belle et c'est naturellement autour d'elle que s'organisent les activités festives appelées *shang yue* (contemplation de la lune) et *zou yue* (promenade sous la lune), qui sont l'occasion d'un grand pique-nique nocturne très populaire.

Ce jour-là, les familles se régalent en dégustant les fameux « gâteaux de la lune », appelés *yuebing*, traditionnellement fourrés d'une pâte sucrée de haricots ou de dattes, enrobant souvent un jaune d'œuf de cane salé qui rappelle la lune. La surface est décorée de caractères auspicieux ou de motifs liés aux légendes populaires associées à cette fête. Parmi les plus célèbres, on trouve celle de la déesse Chang'Er, personnage de la mythologie chinoise, femme de l'archer Hou Yi. Ce conte très populaire raconte comment Chang'Er, ayant avalé à tort l'élixir d'immortalité, s'envole dans la lune d'où elle ne redescend plus.

La fête de la Mi-Automne représente l'un des deux plus importants congés du calendrier chinois avec la fête du Printemps (Nouvel An chinois).

La fête du Double Neuf *(Zhongjiu jie)*, aussi connue sous le nom de fête du Double Yang *(Zhongyang jie)* (le 9 du neuvième mois lunaire). Cette fête est célébrée de bien différentes façons mais on peut reconnaître dans ses rites actuels une fonction de protection contre les calamités et un certain rapport avec les ancêtres. L'activité principale du jour consiste à grimper sur une hauteur pour y pique-niquer. Sont associées à cette excursion l'absorption prophylactique de vin de chrysanthème (justement en pleine floraison) et la cueillette de *zhuyu* ou xanthoxyle, aux vertus conjuratoires, et dont on accroche des rameaux sur sa veste ou dans ses cheveux.

Peut-être est-ce parce que les collines sont souvent choisies comme lieu de sépulture que ce jour-là, dans certaines régions, on visite et nettoie les tombes des ancêtres comme le jour de la fête de Qingming. Ce lien avec les tombes ancestrales et le fait que le chiffre neuf *(jiu)*, homonyme de longtemps *(jiu)*, soit un symbole de longévité ont fait désigner officiellement la fête du Double Neuf comme « Journée de la personne âgée ».

Le solstice d'hiver. Le jour du solstice d'hiver, on rend hommage aux ancêtres et aux cinq dieux tutélaires (dieu de la Porte, de l'Auvent, du Puits, du Foyer, des Fenêtres) pour les remercier des récoltes.

La fête du Lari (le 8 du douzième mois lunaire, troisième jour après le solstice d'hiver). Cette fête marque le jour où le Bouddha atteignit l'illumination. Elle n'est plus célébrée que par la préparation d'une bouillie spéciale qu'on mange ce jour-là : le *labazhou*, fait de millet glutineux, de riz, de graines et de fruits.

La fête du dieu du Fourneau, aussi connue sous le nom de Petit Nouvel An (le 23 du douzième mois lunaire). Ce jour-là, le dieu du Fourneau (parfois appelé aussi « génie du Foyer ») Zaojun remonte au Ciel faire son rapport annuel sur le comportement des familles à l'Empereur de Jade (dans la mythologie chinoise, l'Empereur de Jade règne sur le Ciel). C'est pourquoi, avant son départ, les familles ont coutume de lui faire des offrandes de sucreries pour l'amadouer afin qu'il fasse un rapport favorable à l'empereur céleste (certains collent directement une sucrerie sur la bouche de son portrait pour l'empêcher de dire du mal !).

Lors de la cérémonie d'adieu au dieu du Fourneau, on brûle son effigie collée dans la cuisine et le dieu s'envole avec la fumée. Un nouveau portrait est affiché quelques jours plus tard, signalant son retour.

MBL

Mothers' Bridge of Love

En Chine, plus de la moitié de la population vit dans la pauvreté et des millions d'enfants n'ont à ce jour aucun espoir de recevoir une éducation digne de ce nom. Ces enfants nous demandent : « Comment pourrai-je un jour aller à l'école ? »

En 2004, la fondation caritative « The Mothers' Bridge of Love » (MBL) a été créée pour venir en aide à ces enfants défavorisés et pour construire un pont de mutuelle compréhension entre l'Occident et la Chine. Ces graines d'espoir, plantées en 2004 pour tous ceux qui ont souffert, ont germé grâce aux nombreux bénévoles que compte aujourd'hui cette fondation en Chine, au Royaume-Uni, ainsi que dans les vingt-sept autres pays engagés dans notre action. Deux bourgeons sont nés de leurs efforts conjoints : Sharing Chinese Culture (Partager la culture chinoise) et Helping Chinese Children (Aider les enfants chinois). J'adresse mes plus sincères remerciements à tous ceux qui ont permis à ces deux bourgeons de voir le jour.

Avant de refermer ce livre, et tandis que vous réfléchirez à l'histoire des *Baguettes chinoises*, je forme le souhait qu'elle suscite en vous le désir de vous informer sur les activités de notre fondation MBL.

Si vous voulez apporter votre soutien à l'action de cette fondation, merci d'envoyer votre chèque à l'adresse suivante :

MBL 9 Orme Court
London W2 4RL
U.K.

Si vous désirez faire un virement bancaire, veuillez alors envoyer votre don à :

The Mothers' Bridge of Love (MBL)
Code guichet : 400607
Numéro de compte : 11453130
HSBC Bank Russell Square Branch
1 Woburn Place, Russell Square
London WCIH OLQ
SWIFT Code : MIDL GB2142E

Pour faire un don en ligne, il vous suffit de vous connecter au site suivant : http://www.justgiving.com/mbl/donate

Enfin, pour avoir des informations complémentaires, n'hésitez pas à venir nous rendre visite : www.motherbridge.org

Directrice exécutive : Wendy Wu
Fondatrice : Xinran
Numéro d'enregistrement de la fondation MBL – The Mothers' Bridge of Love : 1105543

Achevé d'imprimer en Espagne par
BlackPrint Cpi Ibèrica
Sant Andreu de la barca (08740)

Dépôt légal : janvier 2011